IMMANUEL STAUCH

Die Geltung ausländischer notarieller Urkunden in der Bundesrepublik Deutschland

Schriften zum Internationalen Recht

Band 30

Die Geltung ausländischer notarieller Urkunden in der Bundesrepublik Deutschland

Von

Dr. Immanuel Stauch

DUNCKER & HUMBLOT / BERLIN

CIP-Kurztitelaufnahme der Deutschen Bibliothek

Stauch, Immanuel:
Die Geltung ausländischer notarieller Urkunden
in der Bundesrepublik Deutschland / von Immanuel
Stauch. — Berlin: Duncker und Humblot, 1983.
(Schriften zum internationalen Recht; Bd. 30)
ISBN 3-428-05523-3
NE: GT

D 21

Gedruckt 1983 bei Berliner Buchdruckerei Union GmbH., Berlin 61
Printed in Germany

ISBN 3 428 05523 3

Vorwort

Diese Arbeit lag — in nur wenig veränderter Form — im Jahr 1980 der Juristischen Fakultät der Universität Tübingen als Dissertation vor.

Deshalb konnte der Beschluß des Bundesgerichtshofes[1] nicht mehr durchgehend eingearbeitet werden, sondern wurde im wesentlichen nur noch bei den Fußnoten berücksichtigt. Zwar dürfte durch diese Entscheidung der in dieser Arbeit besonders häufig erwähnte Beschluß des OLG Hamm (und die ihm folgenden Entscheidungen) für die Praxis als überholt anzusehen sein. Da sich die Entscheidung des BGH jedoch ausdrücklich nur auf die Vergleichbarkeit der Beurkundung der Züricher Notare bezieht und damit zu den Grundsätzen für die Geltung ausländischer notarieller Urkunden und den zu fordernden Vergleichskriterien nur wenig enthält sowie die Frage der Geltung des Ortsformgrundsatzes in den streitigen Fällen ausdrücklich offen läßt, sind hierdurch bei weitem nicht alle Fragen dieses Problemkreises abschließend geklärt. Auch wenn sich an diese BGH-Entscheidung keine wissenschaftliche Diskussion mehr anschloß — was angesichts der äußerst lebhaft und kontrovers geführten Auseinandersetzung in den Jahren 1972 bis 1976 eher erstaunlich ist — dürfte sowohl für die Forschung als auch für die Praxis nach wie vor ein erhebliches Interesse daran bestehen, dogmatisierbare und sowohl die systematischen Bezüge als auch die praktischen Gegebenheiten berücksichtigende Grundlagen zu gewinnen. Hierzu möchte die Arbeit einen Beitrag leisten. Um dieser Zielsetzung gerecht zu werden, ist es notwendig, sich mit den vielerlei Äußerungen zur Frage der Geltung ausländischer notarieller Urkunden, die der genannten Entscheidung des OLG Hamm vorausgingen und nachfolgten, kritisch auseinanderzusetzen.

An dieser Stelle möchte ich meinen verehrten Lehrern, Herrn Prof. Dr. Josef Esser und Herrn Prof. Dr. Dietrich Rothoeft für die Begleitung der vorliegenden Arbeit mit Rat und Kritik herzlich danken.

---

[1] Beschuß vom 16. Febr. 1981, II ZB 8/80, veröffentlicht in BGHZ 80, 76; NJW 1981, 1160; BB 1981, 693; DNotZ 1981, 451; JZ 1981, 400; MDR 1981, 650. Die einzige größere Stellungnahme zu diesem Beschluß liegt von Geimer, DNotZ 1981, 406 — mit im wesentlichen ablehnender Tendenz — vor. Der BGH-Beschluß erging auf Grund des Vorlagebeschlusses des OLG Stuttgart (Die Justiz 1981, 19).

Ferner danke ich dem Vorstand der Reinhold-und-Maria-Teufel-Stiftung in Tuttlingen, der mir durch einen großzügigen Preis die Drucklegung ganz wesentlich erleichterte.

Tübingen, im Oktober 1983

Immanuel Stauch

Inhaltsübersicht

Einleitung 9

Erster Teil

Anwendbarkeit der Ortsform auf Grund Art. 11 Abs. 1 Satz 2 EGBGB

A. Kurze Einführung zum Ortsformgrundsatz (locus regit formam actus) 12

I. Herkunft und Entwicklung der Ortsformregel ... 12

II. Funktion des Ortsformgrundsatzes und Stellung innerhalb der Kollisionsnormen ... 15

III. Anwendung des Art. 11 EGBGB auf Rechtshandlungen ... 16

B. Grenzen des Ortsformgrundsatzes ... 17

I. Allgemein anerkannte Grenzen ... 17

II. Darüber hinaus werden folgende Meinungen zur Einschränkung des Ortsformgrundsatzes in der Literatur vertreten, wobei sich Auswirkungen besonders für die hier untersuchten Fälle der vom deutschen Recht vorgeschriebenen notariellen Beurkundung ergeben: ... 19

1. Vorrang des Geschäftsrechts ... 19
2. Ausschließlichkeit des Personalstatuts von juristischen Personen auch gegenüber der Ortsform ... 20
3. Einfluß des Verfahrensrechts (lex fori) ... 36
4. Ausdehnung des Art. 11 II EGBGB auf alle Rechtsgeschäfte, die sachenrechtliche Auswirkungen haben und auf alle Verfügungsgeschäfte ... 39
5. Nichtanwendbarkeit des Ortsformgrundsatzes bei Umgehung deutscher Formvorschriften ... 43
6. Einschränkung des Ortsformgrundsatzes durch die Vorbehaltsklausel ... 51
7. Notarielle Beurkundung als Inhaltserfordernis und nicht bloße Formvorschrift ... 59
8. Verweise auf das ausländische Recht ... 64

C. Zusammenfassung der Untersuchungen des ersten Teils ... 67

Zweiter Teil

Anerkennung ausländischer notarieller Urkunden bei Geltung deutschen Geschäftsrechts

A. Einführung ... 69

B. Feststellung des Vergleichsmaßstabs ... 73

C. Feststellung der Funktionen der deutschen Beurkundungsvorschriften 74

D. Feststellung der Bestimmungen des deutschen Beurkundungsrechts, die den Kern dieser Bestimmungen ausmachen ... 82

I. Abgrenzungsversuch nach den Mußvorschriften des BeurkG ... 82

II. Abgrenzungsversuch nach den Gesetzesmaterialien ... 88

III. Abgrenzungsversuch nach unabdingbaren und verzichtbaren Amtspflichten des Notars ... 90

IV. Ergebnis ... 98

E. Steht die notarielle Prüfungs- und Belehrungspflicht einer Ersetzung der deutschen durch eine ausländische Beurkundung entgegen? ... 99

F. Prüfung der Voraussetzungen der Ersetzbarkeit der deutschen notariellen Beurkundung bei Tatsachenbeurkundungen ... 118

G. Beurkundung der Auflassung über ein deutsches Grundstück nur durch deutschen Notar ... 119

H. Prüfung der Vergleichbarkeit einer ausländischen notariellen Beurkundung am Beispiel des englischen Notars ... 124

I. Einleitung ... 124

II. Überblick über den gegenwärtigen Rechtszustand des Notariats in England ... 127

III. Entspricht der englische Notar den im 2. Teil dieser Arbeit gefundenen Kriterien der Gleichwertigkeit ... 136

1. Umfassende juristische Ausbildung ... 136
2. Unabhängigkeit der Notare ... 137
3. Aufsicht über die Tätigkeit des Notars ... 137
4. Gleichwertigkeit des Beurkundungsverfahrens ... 138

Literaturverzeichnis 141

Einleitung

Der Umfang des Ortsformgrundsatzes nach Art. 11 I 2 EGBGB in den Fällen, in denen das deutsche Recht eine notarielle Beurkundung vorschreibt, und die Anerkennung ausländischer notarieller Urkunden bei Maßgeblichkeit deutschen Rechts auch für die Form, sind in den letzten Jahren von einer Vielzahl von Autoren[2] sehr engagiert und kontrovers diskutiert worden. Auch wurden mehrere Gerichtsentscheidungen[3] zu diesem Fragenkomplex veröffentlicht, die von der früheren allgemeinen Meinung abweichen. Dieses Aufgreifen an sich alter und früher anscheinend geklärter Fragen sowohl durch Gerichte, als auch durch Wissenschaftler und Praktiker läßt es angezeigt erscheinen, diese Fragen zu erarbeiten und darzustellen. Da jedoch — insbesondere bei den Problemen des II. Teils — allein die Betrachtung aus theoretischer Sicht ein unvollständiges und verzerrtes Bild ergäbe, weil die bestehenden, hier besonders relevanten gesetzlichen Bestimmungen oft nur den Charakter von Rahmenbestimmungen haben, die der Ausfüllung und Veranschaulichung durch konkrete Beispiele bedürfen, und auch die theoretischen Grundlagen weitgehend nicht so erforscht und ausgestaltet sind wie für andere Rechtsgebiete, ist es unverzichtbar, auch auf die praktischen Gegebenheiten der notariellen Beurkundung und die Bedürfnisse des internationalen Rechtsverkehrs einzugehen.

---

[2] *Kleinmann* in NJW 1972, 373 f.; *Winkler* in NJW 1972, 891, 1973, 222, 1974, 1032 und in Rechtspfleger 1978, 44; *Bokelmann* in NJW 1972, 1729 und 1975, 1625; *Wuppermann* in AWD des BB 1974, 255; *van Randenborgh* in BB 1974, 483; *Stephan* in NJW 1974, 1596; *Müller-Gindullis* in RabelsZ 38 (1974), 640; *Mann* in ZHR 138 (1974), 448; *Maier-Reimer* in BB 1974, 1231; *Schmidt* in DB 1974, 1216 und 1976, 2202; *Kuntze* in NJW 1974, 2167 und DB 1975, 193; *Brambring* in NJW 1975, 1255 und DNotZ 1976, 501; *Saupp* in NJW 1975, 2134; *Kropholler* in ZHR 140 (1976), 394; *Wolfsteiner* in DNotZ 1978, 532; *Geimer* in DNotZ 1981, 406; Palandt / *Heldrich*, BGB, Anm. 2 - 4 zu Art. 11 EGBGB; Erman / *Arndt*, BGB, RNr. 11 zu Art. 11 EGBGB; *Behrens* in Hachenburg, GmbHG, RNr. 98 ff. der Einleitung; Staudinger / *Großfeld*, BGB, RNr. 290 ff. zu IntGesR; *Spellenberg* in Münchner Kommentar, BGB, RNr. 9 f. und 19 zu Art. 11 EGBGB; *Rothoeft*, S. 113; Kersten / Bühling / *Appell*, S. 22; *Ferid*, S. 84, 127, 184; *Neuhaus*, S. 142, 351; *Kegel*, S. 279; Raape / *Sturm*, S. 327.

[3] Beschluß des OLG Hamm vom 1. 2. 1974 — 15 Wx 6/74 — in NJW 1974, 1057 ff. = DNotZ 1974, 476 ff. = DB 1974, 669 und BB 1974, 482 ff. Beschluß des LG München I vom 5. Mai 1976 — 11 HKT 3099/76 — in DNotZ 1976, 501 und DB 1976, 2202; dieser Beschluß wurde aufgehoben durch Beschluß des BayObLG vom 18. Okt. 1977. NJW 1978, 500 f. (= DNotZ 1978, 170; Rechtspfleger 1978, 58; MDR 1978, 408). Beschluß des OLG Karlsruhe vom 10. April 1979 in RIW/AWD 1979, 567.

Die Gliederung der Arbeit in zwei Teile ergibt sich aus der Logik des zu behandelnden Rechtsgebietes: Für ausländische notarielle Urkunden gibt es zweierlei mögliche Geltungsgründe, nämlich

1. wenn und soweit das deutsche Recht die Ortsform zuläßt und das Ortsrecht die notarielle Beurkundung vorsieht und
2. die Anerkennung der ausländischen notariellen Beurkundung als Ersatz für eine nach deutschem materiellem Recht vorgeschriebene notarielle Beurkundung, wenn deutsches Recht (auch) Formstatut ist.

In einem konkreten Fall ist immer zuerst die erste kollisionsrechtliche Frage zu entscheiden, bevor die zweite Frage überhaupt untersucht werden kann, weil die zweite Fragestellung eine Ablehnung der Ortsform als Formstatut voraussetzt. Daraus ergibt sich auch die Reihenfolge der beiden Teile der vorliegenden Arbeit. In dem abschließenden Kapitel des II. Teils sollen die Ergebnisse des II. Teils an dem konkreten Beispiel der notariellen Beurkundung in England angewandt werden.

Zum Gegenstand des II. Teils der Arbeit sind noch folgende Abgrenzungen vorzunehmen:

Untersucht wird hier nur die Geltung ausländischer notarieller Urkunden, wenn das deutsche Recht notarielle Beurkundungen als Wirksamkeitserfordernis voraussetzt. Dagegen werden die Fälle, in denen notariell oder öffentlich beglaubigte Urkunden nach deutschem materiellen oder Verfahrensrecht verlangt werden, nicht herangezogen. Für diese Fälle geht die allgemeine Meinung davon aus, daß an die Stelle der deutschen notariellen Beglaubigung auch eine ausländische notarielle Beglaubigung treten kann, weil die Formvorschrift der notariellen Beglaubigung nur der Beweissicherung[4] dient. Außerdem werden in dieser Arbeit die Fragen der internationalen Beurkundungszuständigkeit und der territorialen Begrenzung des Amts des Notars[5] sowie der Legalisierung[6] von notariellen Urkunden, die im

---

[4] So mit überzeugender Begründung Keidel / Kuntze / *Winkler*, RNr. 50 vor BeurkG und *Winkler*, NJW 1972, 981 (988); ebenso KG in IPR-Spr. 1926/27, S. 169 f.; die abweichende Meinung hierzu von *Mosheim* in DNotZ 1953, 250 ff., *Saage* in NDotZ 1953, 584 ff. und *Weber* in NJW 1955, 1784 ff., die von der Unersetzbarkeit auch der notariellen Beglaubigung ausging, kann heute als aufgegeben angesehen werden. Auch *Jansen*, RNr. 32 vor BeurkG ist wohl so zu verstehen, obwohl diese Ausführungen hinsichtlich dieser Frage in sich widersprüchlich gelesen werden können. Die Fälle, in denen statt öffentl. Beglaubigung nur notarielle Beglaubigung verlangt wird (§ 23 I 2 AktG und § 2 II GmbHG), sind wohl nur als Redaktionsversehen einzuordnen, ohne daß diese Abweichung einen inhaltlichen Grund hat.

[5] Vgl. zu den Fragen der internationalen Zuständigkeit *Jansen*, RNr. 29 f. Einl. BeurkG; Keidel / Kuntze / *Winkler*, RNr. 44 vor BeurkG; *Eder* in BW-

Ausland verwandt werden sollen, nicht behandelt, obwohl sie in einem gewissen sachlichen Zusammenhang mit dem Thema dieser Arbeit stehen. Ausschlaggebend hierfür war die Überlegung, daß diese — für die Praxis nicht unwesentlichen — Fragen meist positiv-rechtlich geregelt sind oder — wenn eine solche Regelung fehlt — im großen und ganzen unbestritten sind. Auch hätte eine Ausdehnung des Gegenstandes der Arbeit deren Rahmen gesprengt.

Vorweg noch eine Bemerkung zur Terminologie: Um des besseren allgemeinen Verständnisses und der größeren Klarheit willen wurden anstelle der häufigen formelhaften Fremdwörter die deutschen Begriffe verwendet[7] und auch auf eine Abwechslung der verschiedenen Ausdrucksweisen verzichtet, obwohl dadurch Einbußen bei der Lesbarkeit hingenommen werden mußten.

NotZ 1982, 74 ff.; sowie zu den Fragen der territorialen Begrenzung *Jansen*, RNr. 29 (am Anfang) vor BeurkG; Keidel / Kuntze / *Winkler*, RNr. 37 vor BeurkG.

[6] Inwieweit ein solches Verfahren notwendig ist, ist teilweise in internationalen Vereinbarungen (Staatsverträge; Haager Übereinkommen über die Apostille vom 5. 10. 1961 — BGBl. II, 1965, 875 ff.; Text auch bei Meikel / Imhof / *Riedel*, RNr. 81 zu § 29 GBO) geregelt; wenn vertragliche Regelungen nicht eingreifen, müssen ausländische Urkunden grundsätzlich legalisiert sein (vgl. z. B. *Horber*, Anm. 7 b zu § 29 GBO; *Hildebrandt / Steckhan* in Schlegelberger, RNr. 8 zu § 12 HGB). Zu dem Haager Übereinkommen s. *Weber* in DNotZ 1967, 469 ff.; über die verschiedenen Abkommen und das Vorgehen im vertragslosen Verkehr s. amtl. Übersicht in Die Justiz 1976, 457 ff.

[7] So insbes. Ortsformgrundsatz statt locus regit formam actus; Ersetzbarkeit statt Fungibilität; Geschäftsrecht statt lex causae; Vorbehaltsklausel statt ordre public; Verfahrensrecht statt lex fori; Umgehung statt fraus legis.

Erster Teil

Anwendbarkeit der Ortsform auf Grund Art. 11 Abs. 1 Satz 2 EGBGB

A. Kurze Einführung zum Ortsformgrundsatz (locus regit formam actus)

I. Herkunft und Entwicklung der Ortsformregel

1. Nach unbestrittener Meinung der Rechtshistoriker geht diese Kollisionsregel entgegen früherer Begründungsversuche nicht auf das römische Recht, sondern auf die mittelalterlichen Rechtsschulen in Oberitalien zurück[8]. Im jetzt üblichen Wortlaut und mit der jetzigen Bedeutung wird sie zum ersten Mal bei *Cinus de Pistoia* (1270 - 1336), einem Lehrer des *Bartolus,* nachgewiesen[9]. In der mittelalterlichen Rechtslehre des gesamten, vom römischen Recht beeinflußten Europa galt diese Regel, wobei allerdings in den verschiedenen Territorien und Rechtskreisen unterschiedliche Einschränkungen, (insbes. von dem Recht der belegenen Sache her) galten[10]. Außerdem wurde die Ortsformregel teilweise zwingend, teilweise fakultativ neben der Form des Geschäftsrechts angewandt[11].

2. In den umfassenden Kodifikationen des ausgehenden 18. — und des beginnenden 19. Jahrhunderts wurde die Ortsformregel teilweise

---

[8] Dazu ausführlich *Wächter,* AcP 24 (1842), 264 ff.; *Parra,* S. 2 ff., 18 ff. Zur versuchten Begründung aus dem römischen Recht vgl. *Wächter,* AcP 24 (1842), 276 ff.

[9] *Parra,* S. 26 f., dort auch die nähere Begründung des Cinus de Pistoia, der diesen Grundsatz an den Testamentsformen entwickelte; nach *Meijers,* Recueil des Cours, 49 (1934), 543 (601), soll Cinus de Pistoia diesen Satz von Guilelmus de Cuneo übernommen haben. Zur Entwicklung des Grundsatzes s. *Parra,* S. 28 ff.; zur Ausdehnung auf die Form aller Rechtsgeschäfte und -handlungen bei Dumoulin, s. *Parra,* S. 50 ff. Eine kurze rechtsgeschichtliche Übersicht gibt Staudinger / *Firsching,* RNr. 14 zu Art. 11 EGBGB.

[10] Dazu gibt *Parra,* S. 48 ff. eine ausführliche Übersicht. Die verschiedene Entwicklung und Ausgestaltung in den Rechtsschulen Mitteleuropas schildert er ab S. 56 für Frankreich, ab S. 78 für die Niederlande und ab S. 110 für den anglo-amerikanischen Rechtskreis. Auch *Wächter,* AcP 24 (1842), 288 ff. stellt die verschiedenen Ausgestaltungen der Ortsformregel und der dafür gegebenen Begründungen dar; einen kurzen Überblick darüber gibt Staudinger / *Firsching,* RNr. 11 und 14 zu Art. 11 EGBGB.

[11] Ausführlich hierzu, auch mit historischer und rechtsvergleichender Darstellung, *Parra,* S. 226 bis 242.

ausdrücklich übernommen[12] oder wurde ihre Geltung ohne ausdrückliche Erwähnung im Gesetzestext — als Gewohnheitsrecht — angenommen[13]. Im gemeinen Recht Deutschlands gehörte diese Kollisionsnorm zum überall anerkannten Gewohnheitsrecht[14].

Beim Entwurf und der Beratung des BGB und des EGBGB war die Übernahme dieser Regel grundsätzlich nicht umstritten. Jedoch gab es über den Umfang der Anwendung Meinungsverschiedenheiten[15]. Aus der Entstehungsgeschichte des Art. 11 EGBGB ist besonders zu erwähnen, daß nach dem Entwurf der 2. Kommission (§ 2240) und dem des Bundesrats (§ 2365) der Ortsformgrundsatz an das Geschäftsrecht angebunden war[16]. Diese Koppelung wurde dann in der IPR-Kommission des Bundesrates ersatzlos gestrichen[17]. Ein sehr einschränkender Änderungsvorschlag der Hansestädte[18] während des Gesetzgebungsverfahrens wurde von der Mehrheit abgelehnt, die die Ortsformregel in weitgehendem Umfang anerkannte[19]. Nach einem Vorschlag des auswärtigen Amtes im Gesetzgebungsverfahren sollte auch diese Kollisionsnorm aus politischen Rücksichten nur als einseitige Kollisionsnorm ausgestaltet werden[20]. Auch dieser Antrag hatte jedoch keinen Erfolg[21]. Bei der endgültigen Formulierung des heutigen Art. 11 EGBGB wurde in der Sitzung des Justizausschusses vom 16. Januar 1896 ausdrücklich bemerkt, daß die Anwendung des Ortsformgrundsatzes durch die Vorbehaltsklausel nicht eingeschränkt, sondern unbedingt Geltung haben soll[22].

---

12 So insbesondere in Frankreich, s. *Parra*, S. 168 ff. unter Darstellung der Entstehungsgeschichte. Eine rechtsvergleichende Übersicht des geltenden Rechts gibt Staudinger / *Firsching*, RNr. 12 und 13 zu Art. 11 EGBGB und *Rabel*, Conflict of Laws, 2. Aufl. 2. Band, S. 488 ff.

13 So in Österreich, s. *Kralik*, Festschrift für Schima, S. 229 ff.; ebenfalls in Preußen, s. *Savigny*, S. 364 ff.

14 *Savigny*, S. 351, 359, 367; Staudinger / *Firsching*, RNr. 14 (am Schluß) zu Art. 11 EGBGB.

15 So war insbes. der Hanseatische Entwurf sehr kritisch gegenüber dem Ortsformgrundsatz, vgl. IPR-Materialien, S. 267 f. und 300 f.; zur weiteren Behandlung des Hanseatischen Entwurfs s. S. 336 f. und 373.

16 IPR-Materialien, S. 211 und 253.

17 IPR-Materialien, S. 373 mit der Begründung, auf ausschließliche Formvorschriften ausländischer Rechtsordnungen brauche keine Rücksicht genommen zu werden.

18 IPR-Materialien, S. 267 f. und 300 f.

19 Beschlußfassung in der IPR-Kommission des Bundesrats; s. IPR-Materialien, S. 373.

20 IPR-Materialien, S. 325 f. und S. 336 f.

21 Siehe Beschlußfassung in der zweiten Lesung der IPR-Kommission des Bundesrats, IPR-Materialien, S. 373.

22 IPR-Materialien, S. 403.

3. Der so entstandene Art. 11 EGBGB wurde seither in seinem Wortlaut nicht verändert. In der obergerichtlichen Rechtsprechung zu dieser Bestimmung finden sich einige Entscheidungen, die für das hiesige Thema einschlägig sind: Bereits am 11. Juli 1901 entschied das OLG Karlsruhe[23] zu der Frage der Form der Abtretung eines deutschen GmbH-Anteils, daß das nach Art. 11 I 2 EGBGB an sich berufene schweizer Recht durch die Vorbehaltsklausel ausgeschlossen werde, da die (vermeintliche) Formfreiheit dieses Vertrages nach schweizer Recht gegen den Zweck des § 15 GmbHG verstoße. Mehrere obergerichtliche Entscheidungen ergingen zur Anwendung des § 313 BGB auf Kaufverträge über ausländische Grundstücke[24], sowie zur Durchsetzung dieser Formvorschrift über die Vorbehaltsklausel bei Abschluß eines Kaufvertrags über ein deutsches Grundstück im Ausland[25]. Ferner ist die Entscheidung des Reichsgerichts vom 22. 3. 1939[26] zu erwähnen, wonach der Ortsformgrundsatz nur dann Anwendung finden kann, wenn das Recht des Abschlußortes ein unserem Rechtsgeschäft im wesentlichen vergleichbares Institut kennt. In der Rechtslehre wurden diese Entscheidungen — mit Ausnahme der des OLG Karlsruhe — weitgehend anerkannt[27]. Seit langer Zeit kämpfen jedoch die Vertreter einer Mindermeinung dafür, daß der Ortsformgrundsatz nur dann anwendbar sein soll, wenn das in erster Linie berufene Geschäftsrecht diesen zuläßt[28]. Demgegenüber geht die h. M., insbes. auch die höchstrichterliche Rechtsprechung sowohl des RG, als auch des BGH davon aus, daß der Ortsformgrundsatz eine völlig selbständige Kollisionsnorm darstellt, die — nach deutschem Recht — unabhängig vom Geschäftsrecht anzuwenden ist[29]. Die Anwendbarkeit des § 313 BGB auf ausländische Grundstücke wurde vom RG — wenn nicht besonders vereinbart — verneint[30]; nach einer Entscheidung des BGH kann eine solche Vereinbarung auch stillschweigend erfolgen und durch Auslegung ermittelt werden[31]. Außer-

---

23 Abgedruckt in OLGE 3 (1901), 263 (264).

24 RGZ 63, 18 (19 f.); OLG Nürnberg in IPRSpr. 1929, Nr. 26.

25 RGZ 121, 154 (157) = RG in JW 1928, 2454; RG in JW 1931, 572.

26 RGZ 160, 225 (231).

27 So z. B. *Melchior*, S. 384, 393; *Frankenstein*, I, S. 201, 557; *Raape*, S. 215 ff.; *Asch* in JW 1928, 2455.

28 So insbes. *Frankenstein*, I, S. 524 ff.; *Raape*, S. 213, 229 ff. nur für die Rechtsgeschäfte des Personen-, Familien- und Erbrechts; ebenso Staudinger / *Raape* (1931), S. 173 (oben).

29 So z. B. RGZ 88, 191 (192) für die Form der Eheschließung und BGH in NJW 1967, 1177 für die Form der Testamentserrichtung; dazu zustimmend *Kropholler*, NJW 1968, 1561 f.

30 RGZ 63, 18 (19 f.).

31 BGH in NJW 1969, 1760; dazu ablehnende Anmerkung von *Wengler* in NJW 1969, 2237 und dem BGH zustimmende Anmerkung von *Samtleben* in NJW 1970, 378.

dem ist in einer Entscheidung des BGH ausgeführt, daß Art. 11 I 2 EGBGB durch Parteivereinbarung — die auch stillschweigend möglich sein soll — ausgeschlossen werden kann[32]. Diese Ausschließbarkeit und die damit verbundene Einschränkung des Grundsatzes des favor negotii ist jedoch in der Literatur umstritten[33].

II. Funktion des Ortsformgrundsatzes und Stellung innerhalb der Kollisionsnormen

Die Hauptfunktion des Ortsformgrundsatzes liegt eindeutig in der Erleichterung des Rechtsverkehrs; nach der Entscheidung des Gesetzgebers, die an eine lange Rechtstradition anschließt, wurde das Interesse an der Durchsetzung deutscher Formvorschriften — obwohl diese zwingendes Recht sind — dem Verkehrsinteresse an praktikablen Ergebnissen untergeordnet. Darin liegt ein teilweiser Verzicht auf die Geltung deutscher Bestimmungen, wobei wohl davon ausgegangen wurde, daß für bestimmte wichtige, grundlegende Rechtshandlungen auch in ausländischen Rechtsordnungen den Überlegungen, die nach deutschem Recht zur Formbindung führten, in einer akzeptablen Weise Rechnung getragen wurde, ohne daß diese Erwartung im Gesetzestext einen Niederschlag fand. Dieser gesetzgeberischen Entscheidung liegt offenbar eine verschiedene Gewichtung hinsichtlich der Durchsetzung der materiell-rechtlichen Erfordernisse und der Formerfordernisse nach deutschem Recht zugrunde. Im Gegensatz zu der absoluten Geltung der inhaltlichen Voraussetzungen eines Vertrages, einer Ehe, eines Testaments usw. wurden die Formvorschriften des deutschen Rechts als gegenüber den Bedürfnissen des internationalen Rechtsverkehrs nachzuordnende Größe eingestuft[34].

Nach der allgemeinen Fassung dieser Bestimmung im EGBGB ist dieser Grundsatz auf alle Arten von Rechtsgeschäften anwendbar. Aus seiner Stellung innerhalb der Kollisionsnormen ergibt sich, daß der Ortsformgrundsatz zum „Allgemeinen Teil“ der Kollisionsnormen gehört[35] und auf alle Sachgebiete des bürgerlichen Rechts (einschließlich

---

32 BGH in NJW 1972, 385.

33 Ablehnend *Jayme* in NJW 1972, 1618 und *Marsch*, S. 48 f.

34 Motive zu den Regelungen zum IPR sind nicht veröffentlicht worden. Aus der in den Motiven zum EGBGB S. 300 f. abgedruckten Begründung des Abänderungsvorschlags der hanseatischen Städte — der abgelehnt wurde — ergeben sich im Umkehrschluß die Motive für die gesetzliche Regelung; auch *Wächter*, AcP 25 (1842), 372, schreibt ausdrücklich, daß eine solche Herabstufung der Formvorschriften in internationalprivatrechtlicher Hinsicht gerechtfertigt sei, da bei diesen eher ein „Gefühl des Willkürlichen“ mitbestimmend sei.

35 Dies wird z. B. auch dadurch deutlich, daß *Ferid*, S. 127 ff. die Form der Rechtsgeschäfte (insbes. Art. 11 EGBGB) in „§ 5 Das IPR des Allgemeinen Teils des Bürgerlichen Rechts“ behandelt.

des Handels- und Gesellschaftsrechts) anwendbar ist. Nach dem ausdrücklichen Willen des Gesetzgebers wird bei Rechtsgeschäften aller Art für deren Form eine von der materiell-rechtlichen Anknüpfung möglicherweise unterschiedene Anknüpfung vorgenommen[36]. Dies kann für das Recht der Verfügungen von Todes wegen auch noch aus Art. 24 III 2 EGBGB entnommen werden. Diese besondere Erwähnung ist wohl darauf zurückzuführen, daß für die Begründung dieses Grundsatzes früher insbes. auf die praktischen Erfordernisse bei der Errichtung einer Verfügung von Todes wegen verwiesen wurde[37] und der Grundsatz in diesem Rechtsgebiet am besten ausgearbeitet war.

Nach der Formulierung des Art. 11 EGBGB gilt der Ortsformgrundsatz fakultativ gleichberechtigt neben dem Grundsatz, daß auch die Form eines Rechtsgeschäfts sich nach dem den Inhalt des Rechtsgeschäfts beherrschenden Geschäftsrechts richtet. Diese beiden Grundsätze stehen nebeneinander, ohne daß es zwischen ihnen ein Regel-Ausnahme-Verhältnis gibt[38].

III. Anwendung des Art. 11 EGBGB auf Rechtshandlungen

Nach dem Wortlaut des Gesetzes trifft diese Bestimmung nur auf die Form von Rechtsgeschäften zu. Nach allgemeiner Meinung, die sich alsbald nach der Verabschiedung des EGBGB bildete, ist Art. 11 EGBGB jedoch auch auf Rechtshandlungen von Privatpersonen anwendbar, wenn für diese eine besondere Form vorgeschrieben ist[39]. Ein sachlicher Grund für eine Andersbehandlung der Form der Rechtshandlungen gegenüber derjenigen von Rechtsgeschäften ist nicht ersichtlich, weshalb dieser allgemeinen Meinung zuzustimmen ist.

---

[36] So z. B. RGZ 133, 161 (163); BGHZ 29, 137 (138 ff.); Staudinger / *Firsching*, RNr. 3 zu Art. 11 EGBGB.

[37] *Wächter*, AcP 24 (1842), 371 f.; *Savigny*, S. 349 f.; *Raape*, S. 213.

[38] So z. B. *Kegel*, IPR, S. 279 f.; Soergel / *Kegel*, RNr. 1 und Staudinger / *Firsching*, RNr. 1 je zu Art. 11 EGBGB, wo das grundlegende Verhältnis der beiden Grundsätze behandelt ist. Daß Staudinger / *Firsching*, RNr. 140 zu Art. 11 EGBGB den Ortsformgrundsatz als Ausnahme für die dort untersuchte Frage der Heilung von Formmängeln bezeichnet, schränkt den Grundsatz, daß Geschäftsrecht und Ortsrecht nebeneinander über die Form bestimmen können, nicht ein.

[39] Staudinger / *Firsching*, RNr. 34, 102 bis 104; so auch schon Planck / *Flad*, Anm. 2 (am Ende) jeweils zu Art. 11 EGBGB; so auch ausdrücklich *Frankenstein*, I, S. 558.

B. Grenzen des Ortsformgrundsatzes

Auch dieser Grundsatz steht nicht uneingeschränkt zu anderen Rechtsnormen, vielmehr ergeben sich Einschränkungen und Grenzen sowohl aus anderen gesetzlichen Bestimmungen, als auch aus denknotwendigen Voraussetzungen für seine Anwendung.

I. Allgemein anerkannte Grenzen

1. Nach ausdrücklicher gesetzlicher Regelung in Art. 11 II EGBGB gilt der Ortsformgrundsatz bei sachenrechtlichen Verfügungsgeschäften nicht. Die historische Entwicklung nach dem Aufkommen des Ortsformgrundsatzes führte zum Vorrang des Rechts der belegenen Sache (lex rei sitae)[40], wobei dieser Grundsatz für Grundstücke allgemein anerkannt war[41]. Dagegen war die Anwendung des Belegenheitsrechts bei Mobilien lange Zeit umstritten[42]; bei der Kodifizierung des IPR entschied sich der Gesetzgeber — entsprechend der im 19. Jahrhundert zunehmend vertretenen Auffassung[43] — jedoch dafür, den Vorrang des Rechts der belegenen Sache unabhängig von der Art dieser Sache für alle Verfügungsgeschäfte zu normieren[44].

2. Ferner ist allgemein anerkannt, daß der Fall der sog. „Normenleere" der Anwendung des Ortsformgrundsatzes entgegensteht[45]. Dies bedeutet, daß Art. 11 I 2 EGBGB nur dann anwendbar ist, wenn dem Ortsrecht ein Rechtsgeschäft oder eine Rechtshandlung bekannt ist, die dem vorzunehmenden Rechtsakt entspricht. Hierzu ist jedoch nur erforderlich, daß die Regelung des Ortsrechtes mit derjenigen des Geschäftsrechtes in den Grundzügen übereinstimmt, insbes. daß das Ortsrecht überhaupt ein Rechtsgeschäft der vorzunehmenden Art kennt; eine Übereinstimmung in allen Einzelheiten muß nicht vorliegen[46].

---

40 Vgl. dazu ausführlich *Parra*, S. 48 ff. insbes. zur Entwicklung des Spannungsverhältnisses zwischen Ortsformgrundsatz und Vorrang des Rechts der belegenen Sache.

41 *Savigny*, S. 352 f.

42 Dazu sehr ausführlich *Wächter*, AcP 24 (1842), 249 f., 274 f., 284, 292 ff.; AcP 25 (1842), 24, 190 ff., 384 ff.; s. auch *Parra*, S. 62 ff. Im Gesetzgebungsverfahren des BGB beantragten die Hansestädte, die sachenrechtliche Bestimmung (und damit auch die Einschränkung des Ortsformgrundsatzes hinsichtlich der sachenrechtlichen Verfügungsgeschäfte) auf Grundstücke zu beschränken; s. IPR-Materialien, S. 274 f. und 306 f. Auch das Auswärtige Amt hatte die ersatzlose Streichung der sachenrechtlichen Kollisionsnorm beantragt, womit keine dem Art. 11 II EGBGB vergleichbare Sonderregelung für sachenrechtliche Verfügungsgeschäfte mehr bestanden hätte, s. IPR-Materialien, S. 326 und 339.

43 z. B. *Wächter*, AcP 25 (1842), 384 ff.; *Savigny*, S. 353; *Bar*, S. 344.

44 IPR-Materialien, S. 87 ohne nähere Begründung.

45 Dieser Begriff geht auf *Raape*, S. 215 zurück; vgl. dazu RGZ 160, 225 (231); ferner Staudinger / *Firsching*, RNr. 129 ff. zu Art. 11 EGBGB.

3. Nach einer Entscheidung des BGH soll der Ortsformgrundsatz durch Parteivereinbarung ausgeschlossen werden können, und zwar auch durch eine stillschweigende Abmachung zwischen den Parteien[47]. Diese Rechtsprechung ist in der Literatur auf Widerspruch gestoßen; so hat insbes. *Jayme*[48] dieser vereinzelt gebliebenen Meinung widersprochen; nach seinem Dafürhalten ist zur Ausschließung des Ortsformgrundsatzes auf jeden Fall eine ausdrückliche Parteivereinbarung zu verlangen.

Unter Berücksichtigung des Grundsatzes des favor negotii, auf dem der Ortsformgrundsatz mit aufbaut[49], muß der von *Jayme* vertretenen Meinung der Vorzug gegeben werden. Wenn die Parteien eine Einschränkung der Wirksamkeitsmöglichkeiten für ihr Rechtsgeschäft erwünschen, so muß dies ausdrücklich im Rechtsgeschäft vereinbart werden; aus anderen Umständen kann — entgegen der Meinung des BGH — auf einen solchen Ausschluß nicht geschlossen werden, da die Ausschließung des Ortsformgrundsatzes eine Vereinbarung gegen den Bestand des gewollten Rechtsgeschäfts darstellt. Deshalb ist im Interesse des redlichen Rechtsverkehrs davon auszugehen, daß — wenn keine ausdrücklichen Vereinbarungen entgegenstehen — die Parteien von den ihrem Vertrag oder sonstigen Rechtsgeschäft freundlicheren gesetzlichen Regelungen ausgehen. Allerdings ist die Möglichkeit eines ausdrücklichen Ausschlusses der Ortsformregel anzuerkennen[50]; dies führt dann dazu, daß auch für die Form des Rechtsgeschäftes bzw. der Rechtshandlung in einem solchen Fall ausschließlich das Recht, das den Inhalt des Rechtsgeschäfts bzw. der Rechtshandlung bestimmt, anwendbar ist.

---

[46] Staudinger / *Firsching,* RNr. 131 f. zu Art. 11 EGBGB; *Reithmann,* RNr. 143.

[47] NJW 1972, 385.

[48] NJW 1972, 1618.

[49] So z. B. Staudinger / *Firsching,* RNr. 140 (S. 249 in der Mitte) zu Art. 11 EGBGB; dazu ausführlich *Marsch,* S. 34 ff. (48 f.) mit insoweit zustimmender Anmerkung von *Neuhaus,* RabelsZ 41 (1977), 802.

[50] So auch Staudinger / *Firsching,* RNr. 53 f. zu Art. 11 EGBGB, wobei er allerdings in der bewußt falschen Angabe des Abschlußorts einen stillschweigenden Ausschluß sieht.

II. Darüber hinaus werden folgende Meinungen zur Einschränkung des Ortsformgrundsatzes in der Literatur vertreten, wobei sich Auswirkungen besonders für die hier untersuchten Fälle der vom deutschen Recht vorgeschriebenen notariellen Beurkundung ergeben:

1. Vorrang des Geschäftsrechts

Diesen Ansatz brachte vor allem *Frankenstein*[51] zur Geltung. Die Ansicht von Frankenstein, die später insbes. von *Raape*[52] teilweise übernommen wurde, baut auf der These auf, daß der Ortsformgrundsatz eine sekundäre Anknüpfung darstellt, die nur in den Fällen, in denen die Ortsform vom Geschäftsrecht zugelassen wird, zum Zuge kommen kann. Dies bedeutet, daß vor Anwendung des Ortsformgrundsatzes stets zu prüfen ist, ob das das Rechtsgeschäft — nach anderen Kollisionsregeln — insgesamt beherrschende Geschäftsrecht für das hier vorliegende Rechtsgeschäft bzw. Rechtshandlung die Form des Abschlußortes ausreichen läßt oder möglicherweise sogar vorschreibt. Nur in diesen Fällen soll der Ortsformgrundsatz eingreifen. Für diese Ansicht verweist *Frankenstein* insbes. auf den internationalen Entscheidungseinklang und eine vereinzelt gebliebene Reichsgerichtsentscheidung[53]. Diese Auffassung vertrat *Frankenstein* auch entgegen der kontinuierlichen Rechtsprechung des Reichsgerichts und der Oberlandesgerichte[54]. *Raape* hat diesen Ansatz hinsichtlich der personen-, familien- und erbrechtlichen Rechtsgeschäfte und Rechtshandlungen übernommen[55]. Er stützt diese Einschränkung der Ortsformregel auf eine — nicht näher begründete — Analogie zu Art. 11 II EGBGB und verteidigt seine Ansicht auch gegenüber der von den Oberlandesgerichten und dem BGH[56] nach dem II. Weltkrieg fortgesetzten Rechtsprechung des RG. Soweit ersichtlich, wird diese Auffassung jetzt kaum mehr vertreten[57].

---

51 IPR, I (1926), S. 524 ff.

52 IPR (1961), S. 214, 219 ff. unter Beschränkung auf personen-, familien- und erbrechtliche Rechtsgeschäfte, so auch in Staudinger / *Raape* (9. Aufl., 1931), S. 173 oben; diese Meinung wurde von Staudinger / *Firsching*, RNr. 58 (Schlußsatz) zu Art. 11 EGBGB, ausdrücklich aufgegeben. Dagegen vertritt Staudinger / *Gamillscheg*, RNr. 414 ff. zu Art. 15 EGBGB weiterhin die Meinung Raapes für die Form der Eheverträge.

53 RG in JW 1913, 333, wo bei der Überprüfung der formgerechten Errichtung eines Testaments bei österreichischem Erbstatut nur das österreichische Recht herangezogen wurde und das Ortsrecht unberücksichtigt blieb.

54 OLG Hamburg in OLGE 35, 295; KG in IPRSpr. 1934, Nr. 71; RGZ 88, 191 (192); 133, 161 (163).

55 IPR, S. 229 ff.

56 Vgl. die in FN 54 angegebenen Entscheidungen, ferner: OLG Düsseldorf in NJW 1963, 2227 und BGH in NJW 1967, 1177.

57 Von der von *Sturm* bearbeiteten 6. Aufl. des Lehrbuchs von *Raape* liegt bisher nur der 1. Band vor, in dem diese Probleme nicht behandelt sind. Hinsichtlich der Form der Eheverträge finden sich Anklänge an die von

Gegen diesen Einschränkungsversuch spricht der klare Wortlaut des Gesetzes. Nach grammatikalischer Auslegung steht der Ortsformgrundsatz als völlig selbständige Kollisionsnorm neben der Anknüpfung an das Geschäftsrecht nach Art. 11 I 1 EGBGB. Dadurch, daß im Gesetzgebungsverfahren eine Formulierung, woraus der Vorrang des Geschäftsrechts geschlossen werden konnte, gestrichen wurde[58], läßt sich der eindeutige gesetzgeberische Wille entnehmen, daß nach deutschem Kollisionsrecht unabhängig von den Bestimmungen des jeweiligen Geschäftsrechtes immer der Ortsformgrundsatz fakultativ anwendbar sein soll. Daß dadurch der internationale Entscheidungseinklang gestört wird, wird vom Gesetzgeber in Kauf genommen. Deshalb läßt sich, insbes. bei Berücksichtigung der Entstehungsgeschichte, eine von der grammatikalischen Auslegung abweichende Meinung begründeterweise nicht vertreten. Vielmehr kann aus den Materialien in diesem Fall eindeutig nachgewiesen werden, daß der Ortsformgrundsatz in seiner Anwendung nicht von dem Zurücktreten des Geschäftsrechts abhängig sein soll. Hierauf stützt sich auch die ganz h. L.[59], insbes. die höchstrichterliche Rechtsprechung. Bei der eindeutigen Gesetzeslage gibt es keine Möglichkeit, das an sich wünschenswerte Ziel der internationalen Entscheidungsharmonie durch Auslegung zu erreichen; hierzu wäre eine gesetzgeberische Entscheidung erforderlich. Der aufgezeigte Begründungsansatz von *Frankenstein* und *Raape* ist deshalb de lege lata abzulehnen.

2. Ausschließlichkeit des Personalstatuts von juristischen Personen auch gegenüber der Ortsform

a) Ausgangspunkt für diesen Einschränkungsversuch ist, daß nach der in der Bundesrepublik Deutschland herrschenden Meinung, insbes. nach der höchstrichterlichen Rechtsprechung, das Personalstatut bei juristischen Personen (insbes. den Handelsgesellschaften) zwingend festgelegt ist. Eine Rechtswahl ist insoweit nicht möglich[60]. Aus diesem zwingend anwendbaren Recht am Sitz der Verwaltung der Gesellschaft oder Personenvereinigung wird geschlossen, daß das Recht am Ort des Verwaltungssitzes auch alle Rechtsgeschäfte und Rechtshandlungen beherrscht, die die juristische Person selbst betreffen (nicht Rechtsgeschäfte, die die juristische Person vornimmt). In einem Aufsatz von *Winkler*[61] — dem sich das OLG Hamm und das LG München I anschlos-

---

Raape vertretene Meinung bei Staudinger / *Gamillscheg*, RNr. 414 ff. zu Art. 15 EGBGB.

58 IPR-Materialien, S. 373, dort auch die folgende Begründung.

59 z. B. BGH in NJW 1967, 1177.

60 So insbes. BGHZ 53, 181 = NJW 1970, 998.

61 NJW 1972, 981 ff. In diesem Aufsatz findet sich die erste ausführliche Begründung dieser Meinung; im Ergebnis ebenso bereits *Beitzke*, S. 76 f. ohne

sen[62] — wird nun diese Herrschaft des aus dem Personalstatut der juristischen Person hergeleiteten Geschäftsrechts mit der bereits genannten Ausschließlichkeit auch auf die Form ausgedehnt, was zur Folge hat, daß für solche Statusakte der juristischen Personen mit Verwaltungssitz in der Bundesrepublik Deutschland der Ortsformgrundsatz nicht mehr eingreift.

Zur Begründung dieser These wird auf den sozialrechtlichen Charakter dieser Rechtsgeschäfte und -handlungen verwiesen. Unter diesem sozialrechtlichen Charakter wird verstanden, daß diese Rechtsakte nicht nur die unmittelbar Beteiligten, sondern auch andere Personen (Gesellschafter) in ihren Rechten betreffen können; wegen dieser möglichen Auswirkung wird auf die Notwendigkeit eines einheitlichen Rechtes geschlossen. Unter diese Rechtsakte mit sozialrechtlicher Natur werden sowohl die statusbegründenden und -verändernden Rechtsakte bei juristischen Personen, als auch die Hauptversammlungen bei Aktiengesellschaften und die Rechtsgeschäfte über Mitgliedschaftsrechte bei der GmbH (Geschäftsanteilübertragung) begriffen[63]. Für den zuletzt genannten Fall wird darauf verwiesen, daß es den Gesellschaftern einer GmbH nicht gleichgültig sein kann, an wen ein Geschäftsanteil veräußert wird; daraus wird hergeleitet, daß ein solches Rechtsgeschäft — weil es die Rechte der Gesellschaft, bzw. der übrigen Gesellschafter berührt — auch hinsichtlich der Form vom Recht des Personalstatuts der Gesellschaft beherrscht werden muß[64].

b) Diese Begründung übernahm dann das OLG Hamm in seinem Beschluß vom 1. 2. 1974[65], in dem entschieden wurde, daß eine Gesell-

---

weitere Begründung, wobei diese Auffassung sicherlich auch vom Zeitgeist beeinflußt gewesen sein dürfte. Ferner kommen *Fikentscher* in MDR 1957, 71 (73), *Rabel*, Conflict of Laws, 2. Aufl. 2. Band, S. 498 und *Schilling* in Hachenburg (6. Aufl.), Anm. 48 der Einl. hinsichtlich der Einschränkung des Ortsformgrundsatzes, nicht jedoch hinsichtlich der Unersetzbarkeit des deutschen Notars zum gleichen Ergebnis. *Rabel* und *Schilling* begründen ihr Ergebnis nicht näher, *Fikentscher* lediglich mit dem Satz: „... weil für Form und Inhalt das gleiche Statut gelten sollte."

[62] NJW 1974, 1057 und DNotZ 1976, 501 (vgl. FN 3). a. A. OLG Stuttgart, Die Justiz 1981, 19 f. unter besonderer Hervorhebung des Umstandes, daß der Bundesgesetzgeber bei der Neuordnung des Rechts der GmbH durch Gesetz vom 4. Juli 1980 die Frage der Anwendbarkeit des Ortsformgrundsatzes auch auf gesellschaftsrechtliche Akte nicht positivrechtlich geregelt habe und deshalb eine Abweichung vom Grundsatz der alternativen Geltung der Ortsform *nicht* geboten sei. *Bokelmann* in ZRP 1978, 33 (35) hatte angeregt, der Gesetzgeber solle die seit 1972 streitige Frage aus Anlaß der GmbH-Novelle endgültig regeln.

[63] So außer *Winkler* (FN 61) auch *Schmidt*, DB 1974, 1216 (1219); *Kuntze*, DB 1975, 193 (194) und *Brambring*, NJW 1975, 1255.

[64] So *Winkler*, NJW 1974, 1032 und ihm folgend *Kuntze*, DB 1975, 193 (194).

[65] NJW 1974, 1057 ff.

schaftsversammlung einer GmbH mit Sitz in der Bundesrepublik Deutschland nicht im Ausland stattfinden kann, wenn dabei über eine Änderung des Gesellschaftsvertrags Beschluß gefaßt wird[66]. Über die vorstehend zusammengefaßte Begründung von *Winkler* hinaus werden in diesem Beschluß keine weiteren Gründe für diese Auffassung angeführt. Außerdem entschied das LG München I in einem Beschluß vom 5. 5. 1976[67], daß die Übertragung von GmbH-Geschäftsanteilen nicht durch einen ausländischen Notar beurkundet werden könne; bei dieser Entscheidung wird — zumindest soweit sie veröffentlicht ist — zwar nur auf die Vergleichbarkeit der ausländischen Beurkundung eingegangen, die im II. Teil der vorliegenden Arbeit untersucht wird. Offenbar geht jedoch auch das LG München I von dem Ansatz *Winklers* aus, daß in diesem Fall das Ortsrecht wegen des zwingend anwendbaren, vom Personalstatut festgelegten Geschäftsrecht, ausgeschlossen wird[68]. Obwohl dieser Beschluß vom BayObLG aufgehoben wurde[69], erscheint eine Auseinandersetzung damit sowohl aufschlußreich als auch notwendig, insbes. weil der Beschluß des LG München I verschiedentlich Zustimmung fand[70].

c) Um diesen Ansatz verstehen zu können, erscheint es notwendig, die Funktion des Personalstatuts aufzudecken und dann auf das Verhältnis zwischen Personalstatut und Formstatut einzugehen, wobei insbes. die gesetzgeberische Bewertung der beteiligten Interessen zu beachten ist. Die Frage des Personalstatuts ist ausschlaggebend für die Anwendbarkeit von Gesetzen auf eine juristische Person oder eine Personenvereinigung. Die Entscheidung über das Personalstatut ersetzt bei juristischen Personen oder Personenvereinigungen den Anknüpfungspunkt Staatsangehörigkeit bzw. Domizil, nach denen sich für natürliche Personen die Anwendung der Gesetze im allgemeinen richtet. Im deutschen Recht ist für die Festlegung des Personalstatuts nach ganz h. M. die sog. Verwaltungssitztheorie maßgebend[71]. Da somit für

---

66 Außerdem wurde entschieden, daß ein solcher Beschluß nur von einem deutschen Notar beurkundet werden kann. Dieser Teil der Entscheidung ist im II. Teil der vorliegenden Arbeit zu untersuchen.

67 DNotZ 1976, 501 mit zustimmender Anmerkung von *Brambring* und in DB 1976, 2202 mit zustimmender Anmerkung von *Schmidt*.

68 Wie bereits oben in der Einleitung dargestellt, setzt die Entscheidung der Frage der Ersetzbarkeit einer deutschen durch eine ausländische notarielle Beurkundung logischerweise die Verneinung der Möglichkeit der Anwendung der Ortsform voraus. So allg. Meinung, z. B. BayObLG in NJW 1978, 500 (501 unten). Auch der BGH (vgl. FN 1) geht von dieser logischen Rangfolge aus, auch wenn — wegen Bejahung der Vergleichbarkeit als zweiter Frage — die erste Frage ausdrücklich unentschieden blieb.

69 Durch Beschluß vom 18. 10. 1977, NJW 1978, 500 f. mit ablehnender (teils unsachlicher) Besprechung von *Winkler* in Rechtspfleger 1978, 44 ff.

70 *Brambring* in DNotZ 1976, 502 ff.; *Schmidt* in DB 1976, 2202 f.

diese Festlegung ein Faktum maßgebend ist, besteht für das Personalstatut nach deutschem Recht keine Wahlmöglichkeit. Der Grund hierfür ist darin zu sehen, daß für juristische Personen und Handelsgesellschaften, die ihren Verwaltungssitz in der Bundesrepublik Deutschland haben, zwingend deutsches Recht anwendbar sein soll, was insbes. in den deutschen Publikations- und Konzernbestimmungen[72] begründet sein dürfte.

d) Nach dem Aufbau des EGBGB besagt jedoch die Festlegung der Staatsangehörigkeit bei natürlichen Personen (als generellem Anknüpfungspunkt nach deutschem IPR) nichts über die Frage aus, welcher Form Rechtsgeschäfte bedürfen, die den Status der zum Staatsverband gehörenden Personen berühren. Wie bereits oben ausgeführt, ist Art. 11 I EGBGB für Rechtsgeschäfte und Handlungen aus allen Gebieten des bürgerlichen Rechts und Handelsrechts, auch des Personen-, Familien- und Erbrechts maßgebend[73]. Deshalb ist für die Form auch solcher Rechtsgeschäfte gesondert anzuknüpfen und Art. 11 I EGBGB in beiden Alternativen hierauf anwendbar. Bei keiner Art von Rechtsgeschäften — mit Ausnahme der sachenrechtlichen Verfügungsgeschäfte — ist die Anwendung des Ortsformgrundsatzes neben der Form des Geschäftsrechts von vornherein ausgeschlossen. Daß nach deutschem Recht der Ortsformgrundsatz auch für Rechtsgeschäfte dieser Rechtsgebiete — und zwar auch solche, die den Status einer Person begründen oder verändern — anwendbar ist, ist unstreitig. Selbst *Raape*[74] stellt dies nicht in Abrede, obwohl er — wie oben[75] dargestellt — für Rechtsgeschäfte aus diesen Sachgebieten den Vorrang des Geschäftsrechts vor dem Ortsrecht aufstellt. *Raape* vertritt trotz dieses Ausgangspunkts im Ergebnis für die Fälle, in denen deutsches Recht Geschäftsrecht ist, die gleiche Auffassung wie die h. M.; denn auch nach *Raapes* Auffassung hat der deutsche Gesetzgeber den Vorrang des Geschäftsrechts vor dem Ortsrecht im Personen-, Familien- und Erbrecht nicht angeordnet. Des-

---

71 BGHZ 53, 181 = NJW 1970, 998; *Meyer-Landrut* in Großkommentar zum AktG, Anm. 5 zu § 5; Staudinger / *Großfeld*, RNr. 18 ff., insbes. 61 ff. zu IntGesR; eine ausführliche rechtsvergleichende Übersicht hierzu gibt *Rabel*, Conflict of Laws, 2. Aufl. 2. Band, S. 33 ff. a. A. *Fikentscher* in MDR 1957, 71 ff. und neuerdings *Behrens*, RNr. 87 der Einleitung.

72 So stellt z. B. *Großfeld*, RabelsZ 41 (1977), 399 (400 f.) mit ausführlicher Begründung entscheidend auf die Untrennbarkeit der öffentlichen Interessen von der Privatrechtsregelung bei den Kapitalgesellschaften zur Begründung der Verwaltungssitztheorie ab. Hinsichtlich der Konzern- und Wettbewerbsvorschriften geht auch *Fikentscher*, MDR 1957, 74 f. vom Verwaltungssitz bzw. dem tatsächlichen Bestehen der Wettbewerbssituation aus, weil er diese Bestimmungen als solche des öffentlichen Rechts qualifiziert.

73 Staudinger / *Firsching*, RNr. 34 zu Art. 11 EGBGB m. w. N.

74 IPR, S. 214.

75 s. FN 52.

halb ist nach allgem. Meinung[76] sowohl für die statusbegründenden, als auch für die statusverändernden Rechtsgeschäfte des Familienrechts (Eheschließung, Verlöbnis, Adoptionsvertrag) der Ortsformgrundsatz anwendbar. Ob diese Meinung hinsichtlich der jetzt geltenden Adoptionsvorschriften, bei denen kein Vertrag mehr geschlossen wird[77], noch aufrechtzuerhalten ist, erscheint fraglich; das Adoptionsrecht ist nach der letzten Novellierung nur noch ein Antragsverfahren der FGG. Es erscheint deshalb naheliegend, daß die in diesem Verfahren erforderlichen Erklärungen des oder der Annehmenden auch hinsichtlich der Form von dem Verfahrensrecht beherrscht werden[78].

e) Von dieser gesicherten und aus der jetzigen Gesetzeslage eindeutig sich ergebenden Rechtslage im Familienrecht ausgehend, muß die These von der Ausschließlichkeit des Personalstatuts bei juristischen Personen gegenüber dem Ortsformgrundsatz überprüft werden[79]. Zur sachlichen Begründung dieser Meinung wird auf die „sozialrechtliche Natur"[80] der Gesellschaftsvorgänge, die den Status der juristischen Person oder Personenvereinigung betreffen, verwiesen. Unter sozialrechtlicher Natur wird dabei verstanden, daß das vorzunehmende Rechtsgeschäft bzw. die Rechtshandlung Auswirkungen auf andere Personen hat, die an dem Rechtsgeschäft oder der Rechtshandlung nicht teilnehmen. Mit dieser Begründung kann jedoch nur eine Sonderbehandlung von Gesellschafterversammlungen begründet werden, bei denen nicht alle Gesellschafter anwesend sind. Nur in diesen Fällen trifft der Ausgangspunkt zu, daß von dem vorgenommenen Rechtsgeschäft bzw. der Rechtshandlung andere in ihren Rechten betroffen sind, denn sowohl beim Abschluß des Gesellschaftsvertrags, als auch bei der Veräußerung eines GmbH-Anteils müssen alle Beteiligten mitwirken. In einigen Aufsätzen[81] wird die Meinung vertreten, von der Veräußerung eines GmbH-Anteils seien nicht nur die Vertragsparteien des Veräußerungs-

---

[76] So schon *Zitelmann*, II, S. 141; so ausdrücklich Staudinger / *Firsching*, RNr. 34, 104 zu Art. 11 EGBGB; BGHZ 29, 137 (138) für die Eheschließung; BGHZ 28, 375 (377) für das Verlöbnis; OLG Köln in FamRZ 1964, 466 (468) für die Adoption.

[77] Vgl. § 1752 BGB in der seit 1. Jan. 1977 geltenden Fassung; dazu näher unten Nr. 3 in diesem Kapitel.

[78] Gleiches muß für den Antrag auf Ehelicherklärung nach §§ 1723, 1740 a BGB (in der Fassung des Nichtehelichengesetzes) gelten, da auch dieser Antrag unmittelbar keine Gestaltungswirkung (mehr) hat, sondern nur noch formeller Antrag ist. Anderes gilt wohl für die Form der erforderlichen Einwilligungserklärungen; nach allgem. Meinung gilt hierfür der Ortsformgrundsatz, vgl. Staudinger / *Firsching*, RNr. 104 zu Art. 11 EGBGB.

[79] Parallelen zwischen Gesellschaftsrecht und Familienrecht zieht auch *Beitzke* in Festschrift für Walter Hallstein, S. 14 (20 ff.).

[80] *Winkler*, NJW 1972, 981 (982); OLG Hamm, NJW 1974, 1057 (1058); *Winkler* außerdem in NJW 1974, 1032 f.

[81] *Winkler*, NJW 1974, 1032 (r. Sp.); *Kuntze*, DB 1975, 193 (194 r. u.).

vertrages, sondern sowohl die anderen Gesellschafter, als auch die Gesellschaft selbst betroffen. Zur Begründung dieser Ansicht wird darauf verwiesen, daß es den Gesellschaftern nicht gleichgültig sein könne, wer Mitgesellschafter ist[82]. Auch wird darauf hingewiesen, daß der Erwerber eines GmbH-Anteils sich durch eine ununterbrochene Kette von Abtretungserklärungen legitimieren muß[83]. Wenn die Gesellschafter einer GmbH darüber eine Kontrolle haben wollen, wer Mitgesellschafter wird, bzw. werden kann, müssen sie die Zustimmung zur Abtretung durch die Gesellschaft oder die übrigen Gesellschafter im Gesellschaftsvertrag vereinbaren, was möglich ist und auch häufig vorkommt. In einem solchen Fall kann die Beteiligung der zustimmungspflichtigen Personen an einem Veräußerungsvertrag über einen GmbH-Geschäftsanteil nicht zweifelhaft sein. Da der Abschluß des Abtretungsvertrags im Ausland nach dortigen Formvorschriften jedoch die Zustimmungsbedürftigkeit nicht berührt, insbes. eine solche Zustimmungsbedürftigkeit nicht dadurch umgangen werden kann, sind die Personen, deren Zustimmung materiellrechtlich erforderlich ist, durch eine Veräußerung eines GmbH-Anteils in ihren Rechten nicht betroffen[84]. Ein derartiges Betroffensein ist jedoch Voraussetzung für die Annahme der sozialrechtlichen Natur dieser Rechtsgeschäfte. Deshalb ist der Meinung, auch die Veräußerung eines GmbH-Geschäftsanteils sei wie die Gesellschafterversammlung als „sozialrechtlicher Akt“ zu behandeln, nicht zu folgen. Damit fehlt es für diese Geschäfte auch an der sachlichen und logischen Voraussetzung für die Begründung des Vorrangs des Rechts des Personalstatuts gegenüber dem Ortsrecht.

Noch besonders zu untersuchen ist, ob eine Fusion zwischen zwei juristischen Personen als ein Rechtsakt mit sozialrechtlicher Natur zu qualifizieren ist[85]. Dabei muß zwischen dem Fusionsvertrag und der nach § 340 AktG[86] erforderlichen Zustimmung der Gesellschafterver-

---

[82] So *Winkler* in NJW 1974, 1032 (r. Sp.) und *Kuntze* in DB 1975, 193 (194 r. u.).

[83] So Staudinger / *Firsching*, RNr. 97 zu Art. 11 EGBGB unter Berufung auf *Frankenstein*, I, S. 200. Vgl. dazu ausführlich unten k) insbes. FN 122 ff.

[84] So für das franz. Recht — wo die Zustimmung der Mehrheit der Gesellschafter vorgeschrieben ist — ausdrücklich Staudinger / *Firsching*, RNr. 97 zu Art. 11 EGBGB. Darauf weist auch *Meier-Reimer*, BB 1974, 1230 (1234, FN 45 a) zu Recht hin.

[85] Zu den Formproblemen bei der Fusion vgl. *Beitzke* in Festschrift für Walter Hallstein, S. 14 (23); außerdem *Winkler* in NJW 1972, 981 (982 r. Sp.); *van Randenborgh* in BB 1974, 483 f.

[86] Bei der Verschmelzung einer GmbH mit einer AG oder einer KGaA gilt das gleiche. Die Verschmelzung mehrerer GmbHs ist erst seit dem 1. Jan. 1981 nach §§ 19 ff. KapErhG möglich. Die Regelungen in diesem Gesetz entsprechen weitgehend den Bestimmungen über die Verschmelzung von Aktiengesellschaften. So wurde in der amtlichen Begründung des entsprechenden Entwurfs für die Beurkundungspflicht des Verschmelzungsvertrags le-

sammlungen der beiden beteiligten Gesellschaften streng unterschieden werden. Wenn der Fusionsvertrag vor den Zustimmungsbeschlüssen abgeschlossen wird, steht er unter dem Vorbehalt der Genehmigung durch diese[87]; die Rechte der Gesellschafter werden somit erst durch die Gesellschafterversammlungen, in der über die Frage der Fusion abgestimmt wird, tangiert; daß diese Gesellschafterversammlungen „sozialrechtliche Akte" sind, ist eindeutig[88]. Somit ergibt sich, daß ausschließlich die Gesellschafterversammlungen, nicht jedoch der Abschluß eines Gesellschaftsvertrages, eines Fusionsvertrages und eines Geschäftsanteilsübertragungsvertrages einen Rechtsakt mit sozialrechtlicher Natur darstellt. Für diese Fälle der Gesellschafterversammlungen ist nunmehr zu untersuchen, ob das Personalstatut auch hinsichtlich der Formfragen den behaupteten Vorrang haben muß.

f) Aus dem Hinweis auf die sozialrechtliche Natur der Gesellschafterversammlungen ist zu entnehmen, daß diese Überlegungen nur dem Schutz der möglicherweise in ihren Rechten betroffenen Gesellschafter dienen können[89]. Da somit der sachliche Grund für die angebliche Sonderbehandlung „sozialrechtlicher Akte" im Schutz der nicht erschienenen bzw. überstimmten Gesellschafter zu sehen ist, ist Voraussetzung für die Annahme des behaupteten Vorranges, daß auch die Bestimmungen des deutschen Rechts, die für bestimmte sozialrechtliche Akte eine besondere Form vorschreiben und die entgegen dem Ortsrecht zur Geltung gebracht werden sollen, dem Schutz der Interessen des gleichen Personenkreises dienen. Deshalb ist zunächst der Zweck der

---

diglich auf die entsprechende Bestimmung in § 341 I AktG verwiesen; für die Beurkundungspflicht für die auf Verschmelzung gerichteten Beschlüsse der Gesellschafterversammlungen der beteiligten GmbHs ist darauf verwiesen, daß diese „die Grundlagen der Gesellschaft so wesentlich berühren", daß sie wie Gesellschaftsvertragsänderungen der Beurkundungspflicht unterworfen werden. Insoweit wurde der Regierungsentwurf im Gesetzgebungsverfahren weder vom Bundesrat noch vom Rechtsausschuß des Bundestags geändert oder angegriffen. (Vgl. Bundestags-Drucksachen 8/1347, S. 49, 50, 69 und 8/3908, S. 28/29, 51.)

[87] *Schilling* in Großkommentar zum AktG, Anm. 5 zu § 340. Nur die Hauptversammlungen der beteiligten Gesellschaften beschließen über die Fusion; die Vorstände sind an diese Beschlüsse gebunden. Das Recht der Hauptversammlungen, über eine Fusion zu beschließen, kann nicht auf andere Organe übertragen werden, s. *Schilling*, Anm. 4 zu § 340 AktG.

[88] Eine Gesellschafter- oder Hauptversammlung, in der über eine Fusion beschlossen wird, ist grundsätzlich nicht anders zu behandeln als eine Versammlung über eine Satzungsänderung oder Auflösung bzw. eine übliche Hauptversammlung einer AG.

[89] Auf dieses Betroffensein anderer als der unmittelbar mitwirkenden Personen stellt *Winkler* in NJW 1972, 981 (982); NJW 1973, 222 f.; NJW 1974, 1032 und Rechtspfleger 1978, 44 (45) entscheidend ab. Ihm folgen mit dieser Begründung ausdrücklich OLG Hamm, NJW 1974, 1057 (1058 l. Sp.) und *Kuntze* in DB 1975, 193 (194).

Beurkundungspflicht bei derartigen gesellschaftsrechtlichen Vorgängen festzustellen. Als mögliche Kenntnisquellen hierüber kommen die Gesetzesmaterialien zu den Bestimmungen, in denen die Beurkundungspflicht enthalten ist, in Betracht. Außerdem können aus der Systematik der Organisation der verschiedenen Gesellschaften Rückschlüsse über den Sinn und Zweck der unterschiedlichen Ausgestaltung gezogen werden.

g) Die notarielle Beurkundung der Gesellschafterversammlung einer GmbH und der Hauptversammlung (früher Generalversammlung) einer Aktiengesellschaft kann nicht einheitlich behandelt werden, weil bei der Aktiengesellschaft (und der Kommanditgesellschaft auf Aktien) jeder Beschluß der Hauptversammlung beurkundungspflichtig ist[90], während bei der GmbH die notarielle Beurkundung nur für solche Beschlüsse der Gesellschafterversammlung vorgeschrieben ist, durch die der Gesellschaftsvertrag abgeändert wird[91]. Bemerkenswert dabei ist, daß bei den Personalgesellschaften des Handelsrechts und bei der Gesellschaft des bürgerlichen Rechts eine Beurkundungspflicht weder für den Gesellschaftsvertrag, noch für Abänderungen desselben oder sonstige Gesellschafterversammlungen vorgeschrieben ist[92], obwohl auch bei diesen Gesellschaften die Gesellschafterversammlungen als Rechtsakte mit sozialrechtlicher Natur angesehen werden müssen, da auch bei den Handelsgesellschaften und der Gesellschaft bürgerlichen Rechts mindestens de facto Mehrheitsbeschlüsse die Regel sind und es deshalb überstimmte oder nicht erschienene Gesellschafter gibt. Daß die Kapitalgesellschaften eine wirtschaftlich größere Bedeutung spielen als die Personalgesellschaften, kann in so genereller Weise nicht behauptet werden, da zumindest gegenüber den GmbH's sehr häufig wirtschaftlich bedeutendere Personalgesellschaften (insbes. KG's) bestehen. Am deutlichsten wird die Divergenz, wenn bei einer GmbH & Co KG eine kapitalmäßig unbedeutende und am Vermögen der KG überhaupt nicht beteiligte Geschäftsführungs-GmbH den persönlich haftenden Gesellschafter stellt, wie dies in einer großen Anzahl von Fällen vorkommt. Bei diesen ineinandergeschobenen Gesellschaften tritt dann das für Laien paradox erscheinende Ergebnis ein, daß bei der wirtschaftlich meist weniger bedeutenden GmbH sowohl der Gesellschaftsvertrag, als auch jede Abänderung desselben und jede Übertragung eines Geschäftsanteils notariell beurkundet werden müssen, während für der-

---

90 §§ 130, 278 III i. V. m. § 285 AktG.

91 § 53 II GmbHG,

92 Für diese Akte der Personalgesellschaften war in Art. 92 und 145 des Entwurfs eines HGB für die preußischen Staaten (1857) die Schriftform vorgesehen, die jedoch nicht in das ADHGB übernommen wurde (vgl. Entwurf der HGB-Kommission, Band V der Beilagen, Art. 85 II und 150 III).

artige Geschäfte bei der wirtschaftlich viel stärker im Vordergrund stehenden KG keine Form vorgeschrieben ist[93]. Diese Feststellung legt den Schluß sehr nahe, daß die Beurkundungspflichten im Recht der Kapitalgesellschaften aus völlig anderen Gründen als dem Schutz von nicht erschienenen oder überstimmten Gesellschaftern bei Gesellschafterversammlungen eingeführt wurden. Hierzu müssen auch die Beurkundungspflichten von nicht „sozialrechtlichen Akten" berücksichtigt werden.

Der Zweck der Beurkundungspflicht für die statusbezogenen Vorgänge bei der GmbH und der AktG kann meines Erachtens sinnvollerweise nur darin gesehen werden, daß im Interesse des Rechtsverkehrs, insbes. der (künftigen) Geschäftspartner und Gläubiger der Gesellschaft, die wesentlichen Rechtsverhältnisse der Kapitalgesellschaft klar und unzweideutig, sowie gegen nachträgliche Veränderungen geschützt und jedermann zugänglich festgelegt werden. Damit steht — zumindest für die statusbezogenen Rechtsakte bei Kapitalgesellschaften (bei der GmbH sind nur solche beurkundungspflichtig) — der Beweiszweck eindeutig an oberster Stelle; der sich aus der vorgeschriebenen Beurkundungspflicht ergebende Schutz der Gesellschafter ist nur ein Reflex der Beurkundungspflicht, jedoch nicht Zweck dieser Vorschriften. Dies ergibt sich insbes. aus den gesetzgeberischen Materialien zu den verschiedenen Vorschriften, in denen die notarielle Beurkundung von statusbezogenen Akten der juristischen Personen vorgeschrieben ist. In den Motiven zum Entwurf eines HGB für die preußischen Staaten[94] ist zur Begründung der Beurkundungspflicht der Satzung einer KGaA (damals noch als stille Handelsgesellschaft auf Aktien bezeichnet) ausdrücklich auf den „Schutz des Publikums und der späteren Aktionäre" verwiesen. In deren Interesse wurde die „sichere Feststellung der Bedingungen des Gesellschaftsvertrags" für erforderlich gehalten. Als Mittel zur Erreichung dieses Zweckes wurde die Beurkundungspflicht des Gesellschaftsvertrags benützt. Daneben wird als weiterer Nutzen der Beurkundung genannt, daß hierdurch der Gesellschaftsvertrag entsprechend den gesetzlichen Bestimmungen abgeschlossen wird. Auf diese Begründung wurde bei der Beurkundungspflicht für die Satzung der AG[95] und die satzungsändernden Haupt-

[93] Dabei müssen Beurkundungspflichten aus anderen Gründen z. B. wegen § 313 BGB und die nicht konstitutive Handelsregistereintragung, die eine notariell beglaubigte Anmeldung voraussetzt, bei den hier angestellten Untersuchungen außer Betracht bleiben, weil diese Beurkundungs- bzw. Beglaubigungspflichten mit dem individuellen Schutz eines überstimmten oder zur Gesellschafterversammlung nicht erschienenen Gesellschafters nicht das geringste zu tun haben.

[94] Herausgegeben 1857, S. 83, Begründung von Art. 157.

[95] Begründung von Art. 181 II; S. 91.

versammlungsbeschlüsse[96] verwiesen. Da das allgemeine deutsche HGB aus dem Jahr 1861 weitgehend auf dem vorstehend genannten preußischen Entwurf aufbaut, sind dessen aufschlußreiche Motive hier verwertbar, auch wenn das preußische HGB nicht Gesetzeskraft erlangte. Die vorstehend genannten Begründungen sind die ältesten veröffentlichten Motive für ein deutsches Aktienrecht[97]; bei den späteren Änderungen des Aktienrechts im deutschen Rechtsraum ist die jeweils nur übernommene und evtl. etwas modifizierte Beurkundungspflicht für die Satzung und diese ändernde Hauptversammlungsbeschlüsse nicht besonders begründet[98].

Im GmbHG ist von Anfang (1892) an die notarielle Beurkundung des Gesellschaftsvertrags und der diesen ändernden Gesellschafterversammlungen vorgeschrieben[99]. Interessant ist, daß diese Form für solche Rechtsakte erst durch die Reichstagskommission eingeführt wurde[100]; im Regierungsentwurf des GmbHG war für den Gesellschaftsvertrag nur die Schriftform mit der Begründung verlangt worden, daß ein Interesse an der Schaffung sicherer Grundlagen bestehe, im Unterschied zu den Vorschriften bei der AG sei wegen der geringeren wirtschaftlichen Bedeutung der GmbH die notarielle Beurkundung jedoch verzichtbar[101].

---

[96] Begründung von Art. 184, S. 93. Bis zur Aktienreform des Jahres 1884 waren nur die satzungsändernden Beschlüsse einer Hauptversammlung beurkundungspflichtig.

[97] Die Materialien zum preußischen Aktiengesetz vom 9. Nov. 1843 (Gesetzessammlung für die Königlich-preußischen Staaten 1843, S. 341 ff.), das das erste ausführliche, allgemeine Aktiengesetz eines deutschen Gesetzgebers ist (vgl. dazu und zu seinen Vorläufern *Schumacher*, S. 3 f.), wurden nicht veröffentlicht; *Schumacher* (S. 47 ff.) verweist insoweit immer auf die Akten des preußischen Justiz- und Gesetzgebungsministeriums. In diesem Aktiengesetz war nur für den Gesellschaftsvertrag selbst in § 2, nicht jedoch für seine Abänderung die notarielle Beurkundung vorgeschrieben.

[98] Bereits bei den Beratungen zum allgemeinen deutschen HGB (ADHGB) in den Jahren 1857 - 61 war die Beurkundungspflicht für die satzungsbezogenen Rechtsakte bei der AG und KGaA nicht bestritten und wurde deshalb nicht besonders begründet; lediglich die Beurkundungszuständigkeit der Gerichte neben den Notaren wurde besonders begründet, vgl. Protokolle der HGB-Kommission, Bd. I, S. 316. In den Motiven zum HGB (1897), das im 3. und 4. Abschnitt des 2. Buches die Rechtsverhältnisse der AG und KGaA regelte, ist für die Beurkundungspflicht keine besondere Begründung gegeben (vgl. Entwurf eines HGB mit EG nebst Denkschrift, S. 130, 156 f., wo lediglich einige Formalitäten reichsrechtlich geregelt wurden). Ebenso wurden in den Materialien zum AktG 1937 und AktG 1965, die auch die Beurkundungspflicht von statusbezogenen Rechtsakten übernahmen, Begründungen dazu offenbar für überflüssig gehalten, da diese Bestimmungen bereits seit langem bestanden und nicht umstritten waren (vgl. zum AktG 1965: Bundestags-Drucksache IV/171, S. 105 und 152).

[99] RGBl. I, 1892, S. 477 ff.; §§ 2 I, 53 II, wobei neben der notariellen auch die gerichtliche Beurkundung vorgesehen war.

[100] Vgl. Bericht der 25. Kommission des Reichstags, 6. Anlagenband zu den stenographischen Protokollen, 8. Legislaturperiode I. Session 1890/92, S. 4005 (4007).

Demgegenüber wies die Reichstagskommission daraufhin, daß „der Gesellschaftsvertrag die rechtliche Grundlage der Gesellschaftsverhältnisse bildet, durch denselben der Betrag der Stammeinlagen und damit die Haftung jedes Gesellschafters festgestellt wird“ und deshalb das Erfordernis der notariellen Errichtung gerechtfertigt sei[102]. Außerdem wurde dieses Formerfordernis auch für die satzungsändernden Beschlüsse der Gesellschafterversammlung einer GmbH eingeführt, wofür allerdings eine Begründung nicht ausdrücklich gegeben wurde[103]. Diese gesetzlichen Regelungen blieben seither unverändert bestehen[104].

Außer dieser Begründung aus den gesetzlichen Materialien für die oben aufgestellte These kann hier darauf verwiesen werden, daß auch *Häsemeyer*[105] die hier untersuchten Formvorschriften zu denen aus Verkehrsinteresse zählt.

h) Da bei der Aktiengesellschaft jedoch nicht nur die statusbezogenen, sondern alle Beschlüsse der Hauptversammlung beurkundungspflichtig sind, muß besonders untersucht werden, ob die Beurkundungspflicht des § 130 AktG dem Schutz der überstimmten bzw. nicht erschienenen Aktionäre zu dienen bestimmt ist. Aus den Gesetzesmaterialien zu dieser Vorschrift ergibt sich folgendes: Bei der Aktienreform 1884 wurde die bis dahin nur für satzungsändernde Hauptversammlungsbeschlüsse bestehende Beurkundungspflicht auf alle Hauptversammlungsbeschlüsse augedehnt. Dabei wurde zur Begründung auf die Wichtigkeit dieser Beschlüsse für „Aktionäre, Verwaltungsorgane und Gesellschaftsgläubiger“ hingewiesen. Außerdem ist darin erwähnt, daß „die Anwesenheit eines Richters oder Notars zugleich dazu beitragen wird, daß Gesetz und Statut bei den Beschlüssen sorgfältiger beobachtet werden“[106]. Außerdem erscheint hierbei wesentlich, daß nach

---

101 So im Entwurf eines GmbHG vom 11. 2. 1892, 5. Anlagenband zu den stenographischen Protokollen des Reichstags, 8. Legislaturperiode, I. Session 1890/1892, S. 3715 ff. (Einzelbegründung S. 3733).

102 Vgl. FN 100.

103 Vgl. den in FN 100 zitierten Kommissionsbericht, S. 4010. Der Regierungsentwurf sah für Beschlüsse der Gesellschafterversammlung, auch wenn der Gesellschaftsvertrag geändert wurde, keine besondere Form vor (vgl. den Gesetzentwurf vom 11. 2. 1892 — FN 101 —, S. 3720 — § 54 — und 3753). Als Grund für die aufgrund des Kommissionsvorschlags Gesetz gewordene strenge Form darf wohl eine weitgehende Anpassung an die AG angenommen werden, womit die o. g. Motive für die dortige Regelung auch für diejenige bei der GmbH Geltung beanspruchen können.

104 Durch das BeurkG v. 28. 8. 1969 wurde lediglich die alternative Möglichkeit der gerichtlichen Beurkundung beseitigt, hinsichtlich der hier allein interessierenden notariellen Beurkundung trat keine Rechtsänderung ein.

105 S. 183 f.

106 Vgl. Regierungsentwurf zur Änderung des Rechts der Kommanditgesellschaft auf Aktien usw., 3. Anlagenband zu den stenographischen Proto-

§ 130 I 2 AktG neben den Beschlüssen der Hauptversammlung auch jedes Minderheitsverlangen in die notarielle Niederschrift aufzunehmen ist. Als geschützte Personen aus der Beurkundungspflicht für Hauptversammlungen der AG können aus diesen Materialien und der genannten Modifizierung sowohl die gegenwärtigen und zukünftigen Aktionäre der Gesellschaft, der Aufsichtsrat und Vorstand als Organe und auch die Gesellschaftsgläubiger unter besonderer Hervorhebung der überstimmten Aktionäre erschlossen werden. Was die potentiellen Gesellschaftsgläubiger betrifft, soll insbes. auch auf die Mitteilungspflicht hinsichtlich aller Hauptversammlungsprotokolle an das Handelsregister nach § 130 V AktG und die dadurch bewirkte Publizierung hingewiesen werden, die zusammen mit der Beurkundungspflicht im Jahre 1884 eingeführt wurde und die „Kenntnisnahme von der Lage der Gesellschaft für alle Beteiligten“ besonders erwähnt[107]. Der Schutzzweck wird darin zu sehen sein, daß im Interesse der genannten Beteiligten zu deren Rechtssicherheit klare, eindeutige und manipulationssichere Urkunden über die gefaßten Beschlüsse der Hauptversammlung und die Minderheitsverlangen geschaffen werden. Zur Klarstellung muß jedoch ausdrücklich festgestellt werden, daß durch die Beurkundungspflicht nur die Beweissicherungsinteressen der genannten Personen geschützt sind und nicht die Interessen der Aktionäre an Aufklärung und Belehrung über ihre evtl. Rechte und Konsequenzen. Dies ergibt sich eindeutig daraus, daß es sich bei der Beurkundung der Hauptversammlung um eine Tatsachenbeurkundung handelt, bei der für den beurkundenden Notar nur eingeschränkte Amtspflichten bestehen. So hat der beurkundende Notar nach der h. M.[108] insbes. nur eine äußerst eingeschränkte Belehrungs- und Hinweispflicht, da die

kollen des Reichstags, 5. Legislaturperiode, IV. Session 1884, Aktenstück 21, S. 215 ff. (334 f.). In den späteren Gesetzesmaterialien sind für die Beurkundungspflicht der Hauptversammlung keine besonderen Begründungen mehr enthalten.

107 Vgl. den in FN 106 genannten Regierungsentwurf, S. 335.

108 *Eckardt* bei Geßler / Hefermehl, RNr. 54 ff. zu § 130 AktG mit besonders ausführlicher und klarer Begründung; *Barz* in Großkommentar zum AktG, Anm. 18 zu § 130; Godin / *Wilhelmi*, Anm. 5 zu § 130 AktG; *Will* in BWNotZ 1977, 133 ff. m. w. N.; *Röll* in DNotZ 1979, 644 ff.; so auch schon Staub / *Pinner*, Anm. 4 c zu § 259 HGB: „Ein Recht oder eine Pflicht zur Beratung hat der Notar nicht“, wobei jedoch eine Hinwirkungspflicht auf klare Anträge und eine Hinweispflicht bei Gesetzes- und Satzungsverletzungen bejaht werden, damit nichtige Beschlüsse möglichst vermieden werden. Vgl. dazu auch *Daimer / Reithmann*, RNr. 724 ff. a. A. nur *Zöllner* in Kölner Kommentar z. AktG, RNr. 62 ff. zu § 130, wo zur Begründung auf § 17 BeurkG verwiesen wird. Auch der BGH (vgl. FN 1) erwähnt unter III Abs. 3 „die in § 17 BeurkG vorgesehene Prüfungs- und Belehrungsfunktion“ im Zusammenhang mit § 53 II GmbHG. Die zuletzt genannten Stimmen übersehen offenbar, daß die von ihnen herangezogene Vorschrift des BeurkG bei Tatsachenbeurkundungen wie Gesellschafterversammlungen nicht anwendbar ist.

§§ 17 ff. BeurkG für derartige Tatsachenbeurkundungen nicht anwendbar sind[109].

Zusammenfassend läßt sich als Ergebnis der Untersuchung des Schutzzwecks der Beurkundungspflicht von Gesellschafterversammlungen bei der GmbH und Hauptversammlungen bei der AG feststellen, daß diese Formvorschriften nur bei der Beurkundungspflicht von Hauptversammlungen der AG's mit dem Schutz der überstimmten bzw. nicht erschienenen Aktionäre in Verbindung gebracht werden können. In allen anderen Fällen der beurkundungspflichtigen Rechtsgeschäfte und Rechtshandlungen bei Kapitalgesellschaften stand die Einführung der Beurkundungspflicht in keinem Zusammenhang mit dem Schutz der Individualinteressen der durch den vorzunehmenden Rechtsakt in ihren Rechten möglicherweise betroffenen Gesellschafter, die an dem beurkundungspflichtigen Rechtsakt nicht teilgenommen oder diesem nicht zugestimmt haben. Damit kann dieser Ansatz — mit Ausnahme der Beurkundungspflicht der Hauptversammlung einer AG — zu keiner Einschränkung der Zulässigkeit des Ortsformgrundsatzes bei gesellschaftsrechtlichen Vorgängen der Kapitalgesellschaften führen.

Aus dieser Argumentation folgt nichts darüber, ob eine Gesellschafterversammlung einer deutschen Kapitalgesellschaft im Ausland eventuell aus anderen Gründen nicht möglich ist. Lediglich kann hinsichtlich der Zulässigkeit der Wahl eines ausländischen Ortes für eine Gesellschafterversammlung nichts aus der nach deutschem Recht vorgeschriebenen Beurkundungspflicht abgeleitet werden. Aus der Entscheidung des OLG Hamm[110] kann entnommen werden, daß bei einer entsprechenden Satzungsbestimmung im Gesellschaftsvertrag der GmbH eine Gesellschafterversammlung im Ausland möglich sein muß, wenn das Problem der deutschen Formvorschriften ausgeräumt ist. Nachdem die tragenden Gründe dieses Beschlusses durch die vorstehenden Ausführungen als widerlegt angesehen werden können, bleiben wohl nur die Schutzüberlegungen für die Gesellschafter, mit denen sich *Kleinmann*[111] befaßt und diese zumindest für verzichtbar hält. *Schmidt*[112] bejaht ausdrücklich die Möglichkeit einer ausländischen Gesellschafterversammlung bei der GmbH, wenn die Beschlüsse nicht beurkundet werden müssen. Schmidt sieht als einzigen Grund dafür, daß eine satzungsändernde Gesellschafterversammlung einer deutschen GmbH im Inland stattfinden muß, das Beurkundungserfordernis, da er

---

[109] Daß §§ 17 ff. BeurkG nicht auf Tatsachenbeurkundungen anzuwenden sind, ergibt sich aus §§ 36 ff. BeurkG, insbesondere als argumentum e contrario aus § 38 II BeurkG, vgl. dazu unten 2. Teil, C, IV.

[110] NJW 1974, 1057.

[111] NJW 1972, 373.

[112] DB 1974, 1216.

davon ausgeht, daß ein ausländischer Notar nicht beurkunden kann. *Kuntze*[113] meint hingegen, aus der Entscheidung des OLG Hamm die Tendenz entnehmen zu können, Gesellschafterversammlungen deutscher GmbH's seien im Ausland schlechthin unzulässig, ohne sich jedoch endgültig festzulegen. Worauf eine solche Unzulässigkeit gestützt werden kann (außer auf die Schutzüberlegungen für die Gesellschafter, die jedoch auf einen solchen Schutz verzichten können), ist nicht ersichtlich. Deshalb muß mit *Kleinmann* und *Bokelmann*[114] davon ausgegangen werden, daß bei einer GmbH, zumindest bei einer entsprechenden Satzungsbestimmung, eine Gesellschafterversammlung im Ausland zulässig ist. Daß hierfür ein erhebliches praktisches Interesse besteht (z. B. wenn alle Gesellschafter im Ausland wohnen) betont *Schmidt*[115] zu Recht.

Das für die GmbH gewonnene Ergebnis müßte dann wohl auch für eine AG mit vinkulierten Namensaktien gelten, da bei der „normalen" PublikumsAG mit den börsengängigen Inhaberaktien wohl nur der Schutz der Aktionäre vor einem im Ausland gelegenen Hauptversammlungsort entgegenstehen dürfte. Selbst für diese Fälle bejaht *Eckardt*[116] die Möglichkeit einer Hauptversammlung im Ausland. Demgegenüber geht die h. M. — wohl zu Recht — für die AG davon aus, daß die Hauptversammlungen im Inland stattfinden müssen.

i) Für den Sonderfall der Hauptversammlung einer AG muß noch geprüft werden, ob der oben festgestellte Zweck des Schutzes auch der Interessen der überstimmten oder abwesenden Aktionäre zu der behaupteten Ausschließlichkeit des Rechts des Personalstatuts hinsichtlich der Form führen muß. Wenn davon ausgegangen wird, daß die Beurkundungspflicht für Hauptversammlungen im Interesse aller Organe, Geschäftspartner und insbes. aller Aktionäre der AG besteht, so ist in einem Fall der Vereitelung dieser Zwecke möglicherweise Art. 30 EGBGB verletzt. Ob dann bei Prüfung der Voraussetzungen der Vorbehaltsklausel die in Frage stehende Formvorschrift des § 130 AktG zu dem unverzichtbaren Bestand deutscher Bestimmungen gerechnet wird, ist eine Wertentscheidung, die später bei der Frage der Einschränkung des Ortsformgrundsatzes durch Art. 30 EGBGB zu untersuchen ist. Meines Erachtens ist dort der systematisch richtige Platz zur Prüfung und Entscheidung dieser Frage. Ich halte es für systemwidrig und verwirrend, wenn wegen dieses einzigen Falles, in dem eine Beurkundungspflicht im Recht der Kapitalgesellschaften auch den Interessen der von

---

[113] DB 1975, 193 (194).

[114] NJW 1972, 1729 f.

[115] DB 1974, 1216.

[116] In *Geßler / Hefermehl*, RNr. 42 zu § 121 AktG.

einer Mehrheitsentscheidung betroffenen Gesellschafter dienen soll, ein völlig neues Rechtsinstitut zur Eingrenzung und Beschränkung des Ortsformgrundsatzes geschaffen wird. Meines Erachtens können diese Fälle viel klarer und systematisch richtiger über Art. 30 EGBGB entschieden werden. Ich gehe deshalb hier davon aus, daß auch hinsichtlich der Beurkundungspflicht der Hauptversammlungen kein Vorrang des Personalstatuts vor dem Ortsformgrundsatz besteht, obwohl ich einräume, daß mit dieser Argumentation — bei Bejahung der Voraussetzungen des Art. 30 EGBGB — das praktisch gleiche Ergebnis erreicht wird. Angesichts der durch die Einführung des Schlagworts vom Vorrang des Personalstatuts entstandenen Verwirrung erscheint es mir jedoch sinnvoller, um der Klarheit der Begriffe und Übersichtlichkeit der Systematik willen diesen Ansatz insgesamt abzulehnen.

k) Von einigen Autoren[117] und dem LG München I wird im Anschluß an die These vom Vorrang des Personalstatuts vor der Ortsform insbes. die Einhaltung der Beurkundungspflichten nach § 15 III und IV GmbHG verlangt. Wie bereits oben ausgeführt, kann jedoch in der Abtretung eines GmbH-Anteils kein Rechtsgeschäft mit sozialrechtlichen Auswirkungen gesehen werden, da diese Abtretung die Interessen der übrigen Gesellschafter nicht berührt. Allein daraus, daß eine Anzeigepflicht gegenüber der Gesellschaft besteht und — wenn das Stammkapital der Gesellschaften noch nicht voll aufgebracht ist — neben dem bisherigen Gesellschafter noch eine weitere Person für die Aufbringung des Stammkapitals gesamtschuldnerisch mithaftet[118], kann kein „in den Rechten Betroffensein" abgeleitet werden. Auch dann, wenn die Abtretung eines Geschäftsanteils von der Genehmigung der Gesellschaft und/oder der Gesellschafter oder einer Mehrheit davon abhängig gemacht wurde[119], sind weder die Gesellschaft noch die übrigen Gesellschafter von einer Abtretung betroffen, da zur Wirksamkeit einer Abtretung in einem solchen Fall die Zustimmung der im Gesellschaftsvertrag genannten Personen unabhängig vom Ort des Vertragsschlusses und der Form des Abtretungsvertrages erforderlich ist[120]. Es ist zu Recht

---

[117] *Schmidt* in DB 1974, 1218 (1219); *Kuntze* in DB 1975, 193 (194 f.); *Winkler* in NJW 1974, 1037 und Rechtspfleger 1978, 44 ff.; LG München I in DNotZ 1976, 501 mit zustimmender Anmerkung von *Brambring* und in DB 1976, 2202 mit zustimmender Anmerkung von *Schmidt*. Bereits früher war von *Rabel*, Conflict of Laws, II, 498 und Staudinger / *Firsching*, RNr. 97 (am Schluß) zu Art. 11 EGBGB die Auffassung vertreten worden, für die Beurkundungspflichten des § 15 GmbHG gelte der Ortsformgrundsatz nicht, weil diese Beurkundungspflichten über bloße Formvorschriften hinausgingen. Auf diese Begründung wird unten unter Nr. 7 ausführlich eingegangen.

[118] Diese Pflicht bzw. Rechtsfolge ergibt sich aus §§ 16, 22, 24 GmbHG.

[119] Was im Gesellschaftsvertrag enthalten sein muß, § 15 V GmbHG.

[120] Darauf weist auch *Maier-Reimer*, BB 1974, 1230 (1234, FN 45 a) ausdrücklich hin.

darauf hingewiesen worden[121], daß allein wegen der möglichen Zustimmungserfordernisse oder der Anzeigepflicht ein Wechsel der Mitgliedschaftsrechte bei der GmbH genausowenig ein „sozialrechtlicher Akt“ ist wie die Übertragung eines Miterbenanteils. In diesem Zusammenhang ist auch darauf hinzuweisen, daß bei Grundstücksübertragungsverträgen, die einer behördlichen Genehmigung bedürfen, die Genehmigungskörperschaft durch einen solchen Vertrag noch lange nicht im Rechtssinne betroffen ist.

Außerdem muß für den Fall der Beurkundungspflichten nach § 15 GmbHG berücksichtigt werden, daß dieser gesetzlichen Vorschrift eine eindeutig festlegbare ratio legis zugrunde liegt. Aus den Motiven zum GmbHG[122] ergibt sich mit einer sonst nicht anzutreffenden Klarheit und Deutlichkeit, daß die Beurkundungspflicht nur zur Unterbindung bzw. Erschwerung eines Handels mit GmbH-Anteilen eingeführt wurde. Damit sollte die Zwischenstellung der GmbH zwischen der AG (als Kapitalgesellschaft mit börsengängigen Anteilscheinen und ständig wechselndem Gesellschafterkreis) und den Personenhandelsgesellschaften (als stark personenbezogen) gewährleistet und eine zu starke Annäherung der GmbH an die AG verhindert werden[123]. Von irgendwelchen Schutzüberlegungen für die Beteiligten oder die Gesellschaft bzw. die anderen Gesellschafter ist hierbei nicht die Rede. Es wäre auch schwierig zu begründen, warum ausgerechnet bei der Übertragung von GmbH-Anteilen durch die notarielle Beurkundung ein so starker Schutz der Gesellschafter vorgeschrieben ist, da weder bei den Perso-

---

121 Von *Mann* in ZHR 138 (1974), 448 (452).

122 Protokolle des Reichstags, 8. Legislaturperiode, 1. Session, 1890/92, 5. Anlagenband, S. 3715 ff. (Aktenstück Nr. 660), insbes. S. 3728 f. und 3737 f.; vgl. dazu auch *Schlüter* in der Festschrift für Bartholomcyczik, S. 359 ff.

123 Vgl. dazu insbes. folgende Sätze aus der amtlichen Begründung: (FN 122, S. 3729) „Entscheidendes Gewicht ist auf die Form zu legen, welche für die Übertragung der Geschäftsanteile vorgeschrieben wird; denn die formalen Voraussetzungen der Übertragung müssen in erster Linie Gewähr dafür bieten, daß die Anteilsrechte der neuen Gesellschaften nicht zu einem Gegenstande des Handelsverkehrs werden. ... Man wird vielmehr weitergehen und eine Form für die Übertragung wählen müssen, für welche die von der Gesellschaft ihren Mitgliedern etwa ausgestellten Bescheinigungen ganz ohne rechtliche Bedeutung sind. ... Andererseits muß, wenn die Übertragung ohne die Grundlage eines zur Legitimation des Erwerbers dienenden Anteilsscheins zugelassen wird, die Form des Übertragungsaktes selbst eine derart authentische sein, daß Zweifel und Unklarheiten über die Tatsache der Übertragung nicht entstehen können. Aus diesen Gründen rechtfertigt es sich, die Veräußerung der Geschäftsanteile durch die Gesellschafter nicht anders als durch notariellen oder gerichtlichen Vertrag zu gestatten. ... Für die neue Gesellschaft wird die Formvorschrift auch auf obligatorische Geschäfte, welche zur Veräußerung von Geschäftsanteilen verpflichten, auszudehnen sein, da der spekulative Handel mit Gesellschaftsbeteiligungen, welcher hier verhindert werden soll, sich vornehmlich in Geschäften der bezeichneten Art zu vollziehen pflegt.“

nenhandelsgesellschaften noch bei der AG die Übertragung der Beteiligung nach dem Gesetz formgebunden ist. Insbesondere von der wirtschaftlichen Bedeutung der allermeisten GmbH-Anteile her läßt sich eine derartige Andersbehandlung als die übrigen Gesellschafterbeteiligungen nicht begründen. Unter Berücksichtigung dieses Zwecks der Beurkundungspflicht wurde § 15 GmbHG auch immer von der höchstrichterlichen Rechtsprechung ausgelegt[124]. Aus dem genannten wirtschafts- und marktpolitischen Zweck heraus ergibt sich, daß die in § 15 GmbHG normierten Beurkundungspflichten keinerlei Zusammenhang mit den Überlegungen zum Interessenschutz der beteiligten Vertragsparteien oder der GmbH und deren übrige Gesellschafter aufweisen[125]. Deshalb ist — auch ohne Rücksicht darauf, ob es sich um einen „sozialrechtlichen Akt" handelt — für die Durchsetzung dieser Beurkundungspflichten eine Argumentation aus Gründen des Schutzes für die am Abtretungsvertrag nicht unmittelbar beteiligten Personen nicht möglich, da völlig verschiedene Zielrichtungen zwischen diesen Beurkundungspflichten einerseits und der die These vom Vorrang des Personalstatuts tragenden Bewertung des Schutzes der von „sozialrechtlichen Akten" betroffenen Beteiligten andererseits bestehen[126].

3. Einfluß des Verfahrensrechts (lex fori)

Dieser Ansatz zur Einschränkung der Ortsformregel geht auf einen Aufsatz von *Mann*[127] zurück. In diesem Aufsatz ist ausgeführt, Rechtsgeschäfte und -handlungen wie Gesellschaftsverträge und satzungsändernde Beschlüsse gehörten wegen des sich notwendig anschließenden Eintragungsverfahrens beim Handelsregister bereits zum Registerverfahren und würden deshalb auch hinsichtlich der Form von dem das Registerverfahren beherrschenden Verfahrensrecht bestimmt. Einen ähnlichen Ansatzpunkt vertritt *Kropholler*[128], der wegen des besonderen öffentlichen Interesses an der Registrierung und Publizität der statusbezogenen Rechtsakte der Kapitalgesellschaften nach deutschem Recht eine Analogie zu Art. 11 II EGBGB zieht und damit zu einem Aus-

---

124 RGZ 135, 70 (71 ff.; „hier dient die ... Beurkundung ... dem Zwecke der Verhinderung eines spekulativen Handels in solchen Anteilen, ... ohne daß dabei der Gedanke eines Schutzes der Anteilsberechtigten gegen vorschnelle Bindungen in Betracht käme"); 164, 162 (170 ff.); BGHZ 13, 49 (51 ff.).

125 So ausdrücklich Staudinger / *Großfeld*, RNr. 308 zu IntGesR; a. A. Staudinger / *Firsching*, RNr. 153 zu Art. 11 EGBGB (für § 15 IV GmbHG) und *Kuntze*, DB 1975, 193 (194); vgl. auch FN 239.

126 Obwohl *Behrens*, RNr. 101 Einl. einen ganz anderen Ausgangspunkt hat, kommt er — insoweit — zum gleichermaßen differenzierenden Ergebnis; auch Staudinger / *Großfeld*, RNr. 311 zu IntGesR läßt insoweit wenigstens die ausländische Beurkundung genügen.

127 ZHR 138 (1974), 448 (453).

128 ZHR 140 (1976), 394 (402 ff.).

schluß des Ortsrechts in gleichem Umfang wie *Mann* kommt. *Kropholler* sieht als tragendes Prinzip des Art. 11 II EGBGB hinsichtlich der Immobiliarsachenrechte das starke öffentliche Interesse hieran, das in dem Erfordernis der zusätzlichen Registrierung seinen Niederschlag findet. Diesen Ansätzen folgte bisher sonst niemand; lediglich *Brambring*[129] erwähnt den Aufsatz *Manns* als mögliche weitere Begründung für die Einschränkung des Ortsformgrundsatzes.

Bei der Überprüfung dieser Eingrenzung des Ortsformgrundsatzes ist zu berücksichtigen, daß für nahezu alle Vorgänge des Grundstücksrechts und Handels- bzw. Gesellschaftsrechts zur Wirksamkeit oder doch zumindest für bestimmte, für die Parteien besonders wesentliche Auswirkungen, die Eintragung in ein Register erforderlich ist. Dabei handelt es sich entweder um zusammengesetzte Rechtsgeschäfte (bei konstitutiven Eintragungen) oder doch um diesen angenäherte Geschäfte, weil im Handels-, Vereins- und Genossenschaftsrecht der erwünschte Erfolg der Rechtsgeschäfte (nämlich Haftungsbeschränkung, Publizität der Vertretungsmacht usw.) gegenüber Dritten von der Eintragung abhängig ist. Deshalb erscheint es gerechtfertigt, auch diese Fälle der deklaratorischen Eintragung in ein Register wie zusammengesetzte Rechtsgeschäfte zu behandeln, zumal de facto eine Gleichbehandlung gegeben ist.

Bei diesen zusammengesetzten Rechtsgeschäften und den Rechtsgeschäften, bei denen zur Erreichung eines gewünschten Erfolgs eine Eintragung in ein Register erforderlich ist, haben beide Teile für sich jeweils einen eigenständigen Wert. Der erste, rechtsgeschäftliche Teil steht so selbständig neben dem des Registereintrags, daß von einem einzigen zusammenhängenden Verfahren nicht gesprochen werden kann. So sind insbes. die Beteiligten schon vor der Eintragung in das Register an das abgeschlossene Rechtsgeschäft bzw. den gefaßten Beschluß gebunden[130]. Deshalb kann der rechtsgeschäftliche Teil des Gesamtvorgangs nicht bereits zum Verfahren vor dem Registergericht gezählt werden[131]. Nur auf dieses Verfahren erstreckt sich das Verfahrensrecht des Registergerichts. Zu diesem Verfahren kann nur die Anmeldung bzw. der Antrag auf Eintragung gezählt werden, der zwischen dem rechtsgeschäftlichen und dem (öffentlich-rechtlichen) „Register-Teil" des Geschäfts steht. Für solche Anträge und Anmeldungen geht

---

129 NJW 1975, 1255 (r. u.).

130 Dies war z. B. auch ein Argument für die besonders strenge Form des Adoptionsvertrags, s. Motive z. BGB, IV, S. 972 (Text s. FN 235).

131 Wie dies *Mann* in ZHR 138 (1974), 448 (453) tut. Ablehnend dazu *Behrens,* RNr. 99 (am Schluß) unter Betonung der Trennung des Registerverfahrens vom rechtsgeschäftlichen Teil und Staudinger / *Großfeld,* RNr. 299 zu IntGesR. Zweifel an der Meinung *Manns* äußert auch *Kropholler,* ZHR 140 (1976), 394 (403).

das Verfahrensrecht nach allgemeiner Meinung dem Ortsformgrundsatz vor[132]. Nach deutschem Recht ist jedoch für solche Anträge und Anmeldungen in keinem Fall die notarielle Beurkundung, sondern lediglich die öffentliche Beglaubigung vorgeschrieben[133]. Anders dürfte jedoch das Adoptionsrecht nach der Novellierung zum 1. Januar 1977 zu behandeln sein; entgegen der früheren Systematik ist jetzt für die Adoption kein Vertrag zwischen den Parteien, sondern lediglich ein Antrag des Annehmenden an das Vormundschaftsgericht erforderlich[134]. Dieser Antrag bedarf der notariellen Beurkundung. Da diese Erklärung keine unmittelbare rechtsgestaltende Wirkung mehr hat, muß sie als bloßer Teil des Adoptionsverfahrens der freiwilligen Gerichtsbarkeit angesehen werden. Gleiches dürfte für den Antrag auf Ehelicherklärung[135] eines nichtehelichen Kindes gelten, da auch hierbei dem Antrag selbst keine Gestaltungswirkung zukommt[136]. Damit kann dieser Begrenzungsversuch nur für diese beiden Fälle Auswirkungen haben, nicht jedoch für die große Anzahl von Rechtsgeschäften und -akten, die einer Registrierung bedürfen und bei denen eine Anmeldung, ein Antrag oder dergleichen dazwischengeschaltet ist[137]. Als weiteres Argument für die Ablehnung dieses Ansatzes kann darauf verwiesen werden, daß bei konsequenter Durchführung desselben alle oben genannten Rechtsgeschäfte sowohl des Handels- und Gesellschafts-, als auch des Sachen- und Familienrechts[138] auch in ihrem rechtsgeschäftlichen Teil von der Geltung des Ortsformgrundsatzes ausgeschlossen wären und damit die gesetzgeberische Entscheidung, den Ortsformgrundsatz als eine allgemeine Kollisionsnorm aufzustellen, weitestgehend rückgängig gemacht wäre. Die Ortsformregel wäre damit nur noch für die schuldrechtlichen Verpflichtungsgeschäfte anwendbar[139]. Da für die Verfügungen von

---

[132] Vgl. z. B. *Jansen*, RNr. 31 Einl. z. BeurkG.

[133] z. B. §§ 29 GBO, 12 HGB, 77 BGB, 157, 11 IV, 28 II, 84 III GenG.

[134] Vgl. §§ 1741 ff., insbes. 1752 BGB.

[135] Nach §§ 1723, 1740 a BGB i. d. F. des NichtehelichenG.

[136] Anderes (nämlich der Ortsformgrundsatz) gilt für die erforderlichen Zustimmungserklärungen, so z. B. Staudinger / *Firsching*, RNr. 104 zu Art. 11 EGBGB.

[137] Auch *Kropholler*, ZHR 140 (1976), 394 (403) unterscheidet nicht zwischen formeller Anmeldung und rechtsgeschäftlichem Teil des Gesamtaktes, sondern stellt ohne Einschränkung den Zusammenhang zwischen Registereintrag und Rechtsgeschäft her.

[138] Es wäre wohl selbst für Eheverträge wegen deren Eintragung im Güterrechtsregister ein Einfluß des Verfahrensrechts zu vertreten; nach allg. Meinung gilt jedoch dafür der Ortsformgrundsatz. Staudinger / *Felgenträger*, RNr. 10 zu § 1410 BGB; *Herb* in BWNotZ 1962, 150 (152) m. w. N.; Staudinger / *Gamillscheg*, RNr. 411 ff. zu Art. 15 EGBGB, wobei er allerdings Einschränkungen i. S. Raapes — s. FN. 52 — macht.

[139] Dies trifft aber gerade nicht zu, so z. B. Staudinger / *Firsching*, RNr. 43 zu Art. 11 EGBGB.

Todes wegen aufgrund des Haager Übereinkommens[140] Sonderrecht gilt, kann dieses umfassende Rechtsgebiet hier nicht mehr berücksichtigt werden. Gegenüber der Begründung *Krophollers*[141] ist einzuwenden, daß er schon bei Feststellung des — nach seiner Meinung — tragenden Prinzips des Art. 11 II EGBGB diese Bestimmung auf einen Teil ihrer Anwendungsfälle nach der gesetzlichen Regelung verkürzen muß[142]. Meines Erachtens läßt sich die Entstehung und auch die Bewertung des Art. 11 II EGBGB nur historisch erklären[143]. Die von *Kropholler* angestellten Überlegungen gehören eher in den Bereich der Vorbehaltsklausel[144].

4. Ausdehnung des Art. 11 II EGBGB auf alle Rechtsgeschäfte, die sachenrechtliche Auswirkungen haben und auf alle Verfügungsgeschäfte

In einem Aufsatz von *van Randenborgh*[145] wird eine extensive Auslegung des Art. 11 II EGBGB befürwortet. Van Randenborgh geht von der Voraussetzung aus, daß Art. 11 II EGBGB die Sicherheit des Rechts der belegenen Sache über die Interessen des internationalen Rechtsverkehrs stellt. Da manche Rechtsgeschäfte sachenrechtliche Auswirkungen haben, obwohl sie keine sachenrechtlichen Verfügungsgeschäfte sind (z. B. Fusionen von juristischen Personen), wird eine entsprechende Analogie gezogen. Außerdem geht *van Randenborgh* davon aus, daß der Begriff der „Sache" in Art. 11 II EGBGB ein anderer ist als der in § 90 BGB[146]. Daraus und aus dem vorstehend genannten Zweck des

---

140 Vom 5. Okt. 1961 (BGBl. 1965, II, 1145 ff.).

141 ZHR 140 (1976), 394 (402 ff.).

142 S. 402 (oben) und S. 403 (oben).

143 Vgl. nachstehend Nr. 4.

144 Vgl. dazu unten Nr. 6 e, wo das gleiche Ergebnis m. E. systemgerechter und auf die Fälle der notariellen Beurkundung beschränkt begründet wird.

145 BB 1974, 483 ff.; ihm voll zustimmend *Schmidt* in DB 1974, 1216 (1219); ferner ohne Kritik übernommen von *Kuntze*, DB 1975, 193 (195) und *Brambring*, DNotZ 1976, 502; so auch Keidel / Kuntze / *Winkler*, FN 4 zu RNr. 52 der EinlBeurkG; Staudinger / *Großfeld*, RNr. 297 ff. zu IntGesR zieht diese Argumentation zur Begründung der Ablehnung der Ortsform heran, stützt sich letztlich (FN 298 am Schluß) jedoch darauf, daß das „öffentliche Interesse" von Rechtsakten, die sich auf die Verfassung einer juristischen Person beziehen, „im gleichen Maß wie bei Grundstücksgeschäften berührt" ist. Auch das OLG Karlsruhe (RIW/AWD 1979, 567) nennt diesen Ansatz, ohne sich für die Begründung der Ablehnung der Ortsform letztlich zu entscheiden. Ausschlaggebend war die Überzeugung des Senats von dem „besonderen öffentlichen Interesse an der Beurkundung durch den deutschen Notar". Aus diesen Begründungen ergibt sich m. E. deutlich, daß diese Überlegungen richtigerweise bei Prüfung des Art. 30 EGBGB anzustellen sind.

146 Wozu auf Art. 52 EGBGB verwiesen wird, der sich auf die Surrogation von dinglichen Rechten an enteigneten Sachen bezieht und von *van Randenborgh* auch auf andere enteignete Gegenstände analog angewandt wird.

Art. 11 II EGBGB wird geschlossen, daß diese Ausnahme vom Ortsformgrundsatz verallgemeinerungsfähig ist und auf alle dinglichen Verfügungsgeschäfte (insbes. Abtretung von Mitgliedschaftsrechten und Forderungen) anwendbar ist. Für den GmbH-Anteil wird davon ausgegangen, daß dieser am Sitz der Gesellschaft belegen ist; für eine GmbH mit dem Sitz in der Bundesrepublik Deutschland bedeutet dies dann, daß eine Geschäftsanteilabtretung — und auch das der Abtretung zugrundeliegende Kausalgeschäft — nur in der Form des § 15 III, IV GmbHG möglich ist. Van Randenborgh befindet sich damit ausdrücklich im Widerspruch mit der früheren Reichsgerichtsrechtsprechung und der allgem. Meinung zu Art. 11 II EGBGB[147]; er lehnt deshalb diese Rechtsprechung expressis verbis ab. Er ist der Meinung, der von ihm gezogene Schluß ergäbe sich zwingend aus dem o. g. Beschluß des OLG Hamm. Voraussetzung für diese Analogieschlüsse ist, daß die Interessenlage und die Beweggründe, die der Regelung des Art. 11 II EGBGB zugrundeliegen, auch bei anderen Verfügungsgeschäften oder Rechtsgeschäften, die sachenrechtliche Auswirkungen haben, vorliegen. Da Art. 11 II EGBGB eindeutig Ausnahmecharakter hat, ist er nur unter diesen Voraussetzungen analogiefähig[148]. Für die Fälle der Rechtsgeschäfte, die sachenrechtliche Auswirkungen haben, ohne daß ein besonderes sachenrechtliches Verfügungsgeschäft erforderlich ist, kommen nur die nach deutschem Recht bekannten Universalsukzessionen in Betracht[149]. Diese sind im wesentlichen die Erbfolge, die Begründung der ehelichen Gütergemeinschaft, eine Sonderrechtsnachfolge bei den BGB- und Personenhandelsgesellschaften, sowie der Miterbengemeinschaft und die Fusion von juristischen Personen[150]. Da sich aus dem Wortlaut des Art. 11 II EGBGB zu einer Ausdehnung nichts entnehmen läßt, ist der Rückgriff auf die Entstehungsgeschichte dieser Bestimmung notwendig. Über die geschichtliche Entwicklung des Vorrangs der lex rei sitae und dessen Übernahme in das EGBGB läßt sich folgendes feststellen[151]: Bereits unter der Geltung des gemeinen Rechts in Deutschland galt für Verfügungsgeschäfte über Grundstücke, insbes. für die Übertragung des

---

147 RGZ 160, 225 (231).

148 s. dazu *Larenz*, S. 329.

149 In allen anderen Fällen ist ein besonderes Verfügungsgeschäft erforderlich, wenn von den Übertragungen im Weg der Zwangsvollstreckung (z. B. § 90 ZVG) oder durch öffentl.-rechtliche Eingriffe (z. B. Enteignung) abgesehen wird; s. Soergel / *Baur*, RNr. 4 ff. und Staudinger / *Seufert*, RNr. 2 ff. je zu § 925 BGB; ferner *Horber*, Anm. 2 A b zu § 20 GBO m. w. N.

150 *Baur*, Sachenrecht, S. 67, 151, 160 f.; umfassende Zusammenstellung hierzu bei *Meikel / Imhof / Riedel*, RNr. 7 ff. zu § 20 GBO.

151 Zur Form der sachenrechtlichen Übereignung von Grundstücken im deutschen Recht, vgl. *Conrad*, Band I, S. 223 ff. und 567 ff.; zur Entwicklung der Auflassung als Ersatz der realen Besitzübergabe des Grundstücks s. *Sohm* in Festgabe für Thöl, S. 79 ff.; zur Entwicklung der Zuständigkeiten der Auflassung vgl. *Riedel*, DNotZ 1955, 521 ff.

Eigentums an Grundstücken, eine Ausnahme vom Ortsformgrundsatz. Der Grund hierfür ist darin zu sehen, daß für Grundstücke sehr unterschiedliche, den örtlichen Gebräuchen angepaßte Vorschriften für die Übereignung bestanden: In ländlichen Gegenden wurde die Auflassung durch besondere symbolische Handlungen in Gegenwart von Zeugen erklärt; in den Städten, die teilweise sehr früh Grundstücksregister angelegt hatten, mußte die Auflassung vor offenem Buch, also vor der Registerbehörde erklärt werden. Da somit die Mitwirkung einer ortsgebundenen Behörde bzw. die Vornahme an Ort und Stelle erforderlich war, schied eine Vornahme an einem anderen Ort und damit nach einem anderen Recht schon aus rein tatsächlichen Gründen aus[152]. Auch war wohl keine wesentliche Mobilität des Grundstücksverkehrs über den Ort der Belegenheit hinaus festzustellen, so daß ein Verkehrsinteresse für die Zulassung der Ortsform insoweit nicht bestand. Aufgrund dieser historischen Gegebenheiten und Entwicklungen ist die Ausnahmeregel des Art. 11 II EGBGB zu verstehen; im Zusammenhang damit muß ferner gesehen werden, daß noch das BGB in seiner ursprünglichen Fassung nur die Auflassung der Grundstücke vor dem Grundbuchamt (vor offenem Buch) kannte. Die Beurkundungszuständigkeit der Amtsgerichte und der Notare wurde erst später eingeführt[153]. Bei der Formulierung des Art. 11 II EGBGB war stark umstritten[154], ob der Vorrang der lex rei sitae nur für Grundstücksgeschäfte oder auch für Verfügungsgeschäfte über Mobilien gelten sollte. Aus Gründen der Einheitlichkeit — und wohl auch als Zugeständnis an die Gegner der weitgehenden Geltung des Ortsformgrundsatzes — wurde dann der Vorrang der lex rei sitae für alle sachenrechtlichen Verfügungsgeschäfte normiert. Andererseits kann festgestellt werden, daß schon vor der Kodifizierung und auch nach Erlaß des EGBGB der Vorrang des Rechts der belegenen Sache nur bei dem Erfordernis eines besonderen sachenrechtlichen Verfügungsgeschäfts galt, daß dagegen die Fälle der Universalsukzession — die immer sachenrechtliche Aus-

---

152 Hierauf stellt *Savigny,* S. 352 f. bei der Begründung der Ausnahme des Rechts der belegenen Sache entscheidend ab.

153 Verordnung vom 11. Mai 1934 (RGBl. I, 378), wodurch die Zuständigkeit der Notare reichsrechtlich eingeführt wurde und Verordnung vom 9. Jan. 1940 (RGBl. I, 46), wo die Zuständigkeit aller Amtsgerichte und — für den Fall des Abschlusses eines Vergleichs — auch der übrigen Gerichte begründet wurde. Zum vorherigen Rechtszustand nach landesgesetzlicher, sehr zersplitterter Regelung s. Staudinger / *Keidel* (9. Aufl. 1929), Anm. 3 A zu Art. 143 EGBGB.

154 So hatten z. B. die Hansestädte beantragt, die sachenrechtlichen Bestimmungen des IPR und damit auch den Vorrang der lex rei sitae auf die Grundstücke zu beschränken, s. IPR-Materialien, S. 274 f. und 306 f.; zum Streit über das auf Mobilien anzuwendende Recht sehr ausführlich, *Wächter,* AcP 24 (1842), 249 f., 274, 284, 292 ff.; AcP 25 (1842), 24, 190 ff.; eigene Stellungnahme *Wächters,* AcP 25 (1842), 384 ff.; so differenziert noch heute *Kropholler,* ZHR 140 (1976), 394 (401 f.).

wirkungen haben und ein besonderes sachenrechtliches Verfügungsgeschäft überflüssig machen — nicht davon betroffen waren[155]. In diesen Fällen ging seit jeher das Gesamtstatut dem Einzelstatut vor und ließ damit die Ortsform fakultativ neben dem Geschäftsrecht gelten. So nahm die allgemeine Meinung immer an, daß Art. 11 II EGBGB die Möglichkeit der Ortsform bei Verfügungen von Todes wegen, Eheverträgen, Erbteilsübertragungen, Regelungen über die Nachfolge bei Gesellschaften und für Fusionen juristischer Personen, auch wenn in diesen Rechtsgeschäften über deutsche Grundstücke oder Rechte an diesen verfügt wurde, nicht ausschließt. In dem Aufsatz *van Randenborghs*, in dem nunmehr die Ausdehnung des Vorrangs der lex rei sitae vertreten wird[156], wird lediglich der Fall der Fusion von Kapitalgesellschaften herausgegriffen, ohne daß auf die gleichgelagerten Fälle der Universalsukzession nach sonstigen gesetzlichen Bestimmungen eingegangen wird. In diesem Aufsatz wird ausschließlich vom Ergebnis her von einer vergleichbaren Situation zur Vornahme eines sachenrechtlichen Verfügungsgeschäftes gesprochen, obwohl der Unterschied gerade darin besteht, daß ein solches nicht erforderlich ist. Wie vorstehend ausgeführt, waren für die Normierung des Ausnahmegrundsatzes des Art. 11 II EGBGB Gründe ausschlaggebend, die heute nur noch historisch erklärbar sind. Es kann deshalb lediglich aus einer Ähnlichkeit des Erfolges kein Analogieschluß gezogen werden. Die Interessen der Allgemeinheit hinsichtlich der Publizität der sachenrechtlichen Verfügungen liegen bei Vornahme eines einzelnen Verfügungsgeschäftes völlig anders als bei der Universalsukzession[157]. Bei einer Universalsukzession ist der Erfolg der Änderung der sachenrechtlichen Zuordnung lediglich eine Nebenwirkung. Wegen dieser Auswirkung allein kann das der

155 Eine besonders anschauliche Darstellung der verschiedenen Interessensituationen bei Einzel- und Singularsukzessionen gibt *Wächter* in AcP 25 (1843), 198 ff.; eine ausführliche Darstellung der früheren Vertreter dieser Meinung gibt *Wächter* in AcP 25 (1843), 188 ff.; Wächter untersucht das Verhältnis von Singular- zu Universalsukzession für die einzelnen damals bekannten Fälle ebd., S. 362 ff., wobei er sowohl für die Universalsukzession im Erbrecht als auch im Güterrecht zur umfassenden Geltung des „Heimatrechts" kommt und lediglich einen Vorrang für Sonderstatuten (entsprechend Art. 28 EGBGB) anerkennt. Hinsichtlich der Form von Rechtsgeschäften, die sich auf eine Universalsukzession beziehen, finden sich bei *Wächter*, ebd., S. 368 ff., nur Ausführungen zum Testament. Diese sind jedoch unter Berücksichtigung der grundlegenden Ausführungen zum Verhältnis von Universal- und Einzelsukzession auch für Rechtsgeschäfte, die andere Arten der Universalsukzession regeln, anwendbar. Auch *Bar*, Theorie und Praxis, S. 344 teilt diese Auffassung.

156 BB 1974, 483 ff.; hinsichtlich der Verfügungsgeschäfte ähnlich bereits *Reithmann*, RNr. 145 ff.

157 Auf diesen Interessenschutz zielt der Vorrang des Rechts der belegenen Sache gerade ab; vgl. dazu *Kropholler* in ZHR 140 (1976), 394 (401 ff.) aufgrund der Ausführungen *Bars* in Theorie und Praxis, S. 616; vgl. dazu auch *Wächter* in AcP 25 (1842), 198 ff.

Universalsukzession zugrundeliegende Rechtsgeschäft nicht insgesamt unter den Ausnahmesatz des Art. 11 II EGBGB gestellt werden[158].

Aus der dargestellten geschichtlichen Entwicklung des Vorrangs des Rechts der belegenen Sache ergibt sich auch, daß diese Regel nur auf sachenrechtliche (ursprünglich Immobiliarrecht), nicht aber auch auf andere Verfügungsgeschäfte wie Forderungs- oder Anteilsabtretungen anwendbar ist. Dafür, daß der Vorrang des Belegenheitsrechtes sich aus der Natur der Verfügungsgeschäfte als besonders grundlegende Rechtsgeschäfte zwingend ergibt[159], finden sich weder im Wortlaut noch in der Entstehungsgeschichte des Art. 11 II EGBGB Anhaltspunkte. Auch ist bei den Verfügungsgeschäften im allgemeinen nicht das gesteigerte Allgemeininteresse wie an den sachenrechtlichen Verfügungen festzustellen. Deshalb kann der Analogie van Randenborghs auch insoweit nicht gefolgt werden.

5. Nichtanwendbarkeit des Ortsformgrundsatzes bei Umgehung deutscher Formvorschriften

a) Diese Einschränkung wird insbes. von *Winkler*[160] vertreten und wird aus dem Sinn und Zweck des Ortsformgrundsatzes hergeleitet: Unter Hinweis auf *Raape*[161] sieht Winkler den Zweck des Ortsformgrundsatzes darin, den internationalen Rechtsverkehr zu erleichtern, nicht aber den Parteien den Vorteil der leichteren Form zu verschaffen. Aus diesem Zweck und der zwingenden Natur der Formvorschriften im deutschen materiellen Recht schließt *Winkler*, daß die Anwendung des Ortsformgrundsatzes auf Fälle der absichtlichen Verlegung des Abschlußortes ins Ausland, um die dortige leichtere Form oder Formlosigkeit zu erreichen, nicht vom Inhalt des Ortsformgrundsatzes gedeckt ist und ein in dieser Absicht im Ausland vorgenommenes Rechtsgeschäft formnichtig ist. *Winkler* verweist weiterhin darauf, daß der Ortsformgrundsatz gegenüber dem Grundsatz der Anwendbarkeit des Geschäftsrechts nach Art. 11 I 1 EGBGB einen Ausnahmetatbestand darstellt und, daß Ausnahmetatbestände nach allgemeinen juristischen

---

158 So hinsichtlich der Erbfolge ausdrücklich *Bar*, Theorie und Praxis, S. 344.

159 Davon geht *van Randenborgh* in BB 1974, 483 (485) aus und damit begründet er den Analogieschluß.

160 NJW 1972, 981 (983 ff.); so auch *Wolfsteiner*, DNotZ 78, 532 (536).

161 IPR, S. 213; so auch Staudinger / *Firsching*, RNr. 51 zu Art. 11 EGBGB; beide ziehen jedoch nicht den von *Winkler* gezogenen Schluß hieraus, sondern erklären eine absichtliche Verlegung des Abschlußortes in das Ausland ausdrücklich für unschädlich: *Raape*, S. 219 und Staudinger / *Firsching*, RNr. 149 zu Art. 11 EGBGB. Andererseits soll nach Staudinger / *Firsching*, RNr. 152 zu Art. 11 EGBGB in einem solchen Fall jedoch Art. 30 EGBGB eingreifen.

Auslegungsgrundsätzen eng auszulegen seien[162]. Als Abgrenzungskriterium für eine unzulässige Rechtswahl kann nach *Winkler* nur der Wohnsitz oder eine sonstige dauernde Beziehung der Beteiligten zum Abschlußort gelten. Die Rechtsgrundlage für die Unwirksamkeit in den Fällen, in denen eine solche dauernde Beziehung der Beteiligten zum Abschlußort fehlt, sieht *Winkler* in der Vorbehaltsklausel des Art. 30 EGBGB. Nach Ansicht *Winklers* greift die Vorbehaltsklausel in all den Fällen ein, in denen der Zweck des Ortsformgrundsatzes — Erleichterung des internationalen Rechtsverkehrs — nicht vorliegt und deshalb von den zwingenden Bestimmungen des deutschen Rechts über die Form der Rechtsgeschäfte eine Abweichung nicht zugelassen werden kann.

b) Welche Auswirkungen die Wahl eines ausländischen Abschlußortes bei Geltung deutschen Geschäftsrechts hinsichtlich der Anwendbarkeit deutscher Formvorschriften hat, ist seit langem umstritten. Auch ist die dogmatische Einordnung der Umgehung im IPR streitig: Teilweise wird die Norm des Sachrechts[163], teilweise die des Kollisionsrechts[164] als umgangen bzw. ergangen ansehen. Über das Institut der Gesetzesumgehung im IPR liegen zwei umfassende Untersuchungen vor[165], wobei bemerkenswert ist, daß diese zu diametralen Ergebnissen kommen. Während *Bertram* in ihrer Dissertation zu dem Ergebnis kommt, daß ein besonderes Rechtsinstitut der Gesetzesumgehung im IPR abzulehnen und nur die Fälle, die von der Vorbehaltsklausel erfaßt werden, als rechtlich relevant zu behandeln sind[166], kommt *Römer*[167] in seiner Untersuchung zu dem Ergebnis, daß außer den von der Vorbehaltsklausel erfaßten Fällen auch noch weitere Umgehungstatbestände rechtlich relevant sind und — bei Mißbilligung der illegitimen Anknüpfung — durch Unwirksamkeit sanktioniert werden müssen.

In der Rechtsprechung[168] und der überwiegenden Zahl der Kommentare[169] und Lehrbücher[170] wird bisher zumindest für den Bereich des

---

162 Der Hinweis auf Staudinger / *Firsching*, RNr. 140 zu Art. 11 EGBGB kann die Meinung *Winklers* nicht tragen, weil *Firsching* den Ausnahmecharakter des Ortsformgrundsatzes nur für eine sehr untergeordnete Nebenfrage (nämlich darüber, welches Recht über Formverletzungen zu entscheiden hat) behauptet, in der grundlegenden Erläuterung RNr. 1 jedoch ausdrücklich von zwei Grundsätzen spricht, die nebeneinanderstehen.

163 So z. B. *Raape*, IPR, S. 127 und *Römer*, S. 62 ff.; ebenso: Raape / *Sturm*, S. 327 (unter Nr. 5) m. w. N. (FN 15).

164 So z. B. *Kegel* in Soergel / Siebert, RNr. 55 vor Art. 7 EGBGB und Lehrbuch, S. 217 und Staudinger / *Gamillscheg*, RNr. 211 vor Art. 13 EGBGB.

165 Von *Helene Bertram*, 1928 (Bonner jur. Diss.) und *Gustav Römer*, 1955.

166 *Bertram*, S. 4; insbes. S. 84 ff. (90/91).

167 S. 89 ff. (92/93).

168 OLG Hamburg in IPRSpr. 1934 Nr. 15; OLG Frankfurt/M. in OLGZ 1967, 374 (377)

Art. 11 EGBGB übereinstimmend angenommen, daß bei der jetzigen Gesetzeslage für die Berücksichtigung der Motive, die zum Geschäftsabschluß im Ausland führten, kein Raum ist. Entgegen dieser weit verbreiteten Meinung wird neuerdings von verschiedenen Praktikern (Notaren)[171] der Zweck der gesetzlichen Regelung besonders stark herausgestellt und von diesem Zweck her die Anwendbarkeit des Ortsformgrundsatzes in all jenen Fällen verneint, bei denen die der gesetzlichen Regelung zugrundeliegende typische Fallgestaltung nicht vorliegt. Dieser Argumentation wurde häufig widersprochen[172]; dabei wurde insbes. auch auf die große Beeinträchtigung der Rechtssicherheit bei einer derart einengenden Auslegung hingewiesen. Insbes. für das hier zu untersuchende Rechtsgebiet stellt eine Einflußnahme der Motive, die zum Abschluß des Rechtsgeschäfts im Ausland führten, eine starke Beeinträchtigung der Geltung einer ausländischen Urkunde dar, da dieser Urkunde regelmäßig nichts darüber zu entnehmen ist, welche Beweggründe zur Geschäftsvornahme im Ausland führten[173]. Außerdem wird gegen die Berücksichtigung einer etwaigen Umgehung geltend gemacht, daß ein so formaler Anknüpfungspunkt wie der Abschlußort nicht erschlichen werden könne, denn wenn das Gesetz auf ein solch äußerliches Faktum abstelle, sei kein Raum für die Berücksichtigung subjektiver Momente[174]. Diesen Argumenten ist der Vorzug zu geben, insbes. auch deshalb, weil der Gesetzgeber in Art. 30 EGBGB eine Möglichkeit geschaffen hat, die wesentlich erscheinenden Bestimmungen des deutschen Rechts auch gegenüber „erschlichenem" ausländischem Recht durchzusetzen[175]. Im IPR — insbes. im Bereich der Formvorschriften —

---

[169] Staudinger / *Firsching*, RNr. 149; Soergel / *Kegel*, RNr. 56 vor Art. 7 und RNr. 30; Erman / *Arndt*, RNr. 12 und Palandt / *Heldrich*, Anm. 3 je zu Art. 11 EGBGB. Demgegenüber vertritt *Spellenberg* in Münchner Kommentar, RNr. 14 zu Art. 11 EGBGB einen sehr differenzierenden Standpunkt.

[170] *Kegel*, S. 130; *Raape*, S. 551; *Wolff*, S. 126 f.; *Lewald*, S. 68; *Melchior*, S. 376 f.; Raape / *Sturm*, S. 332; *Ferid*, S. 87 ff.; trotz einiger Einschränkungen ist wohl auch *Neuhaus*, S. 195 f., 351 so zu verstehen.

[171] So schon von *Reithmann*, RNr. 134 ff. unter Berufung auf *Vischer* und *Vetsch* (die allerdings den schweizerischen Standpunkt behandeln); ausführlich dann insbes. *Winkler*, NJW 1972, 981 (983 ff.); so auch *Wolfsteiner*, DNotZ 78, 532 (536 f.).

[172] z. B. *Bokelmann* in NJW 1972, 1729 (1734); *Schmidt*, DB 1974, 1216 (1217); *Kropholler* in ZHR 140 (1976), 394 (396 f.); Erman / *Arndt*, RNr. 12 zu Art. 11 EGBGB; *Rothoeft*, S. 120.

[173] So insbes. *Kropholler*, ZHR 140 (1976), 394 (397 f.) mit vielen Literaturnachweisen (FN 15).

[174] So *Bokelmann*, NJW 1972, 1729 (1734 l. o.); so muß auch *Ferid*, S. 87 (3 - 176 Absatz 2) verstanden werden; ähnlich *Mann*, ZHR 130 (1974), 448 (450, FN 9).

[175] *Ferid*, S. 88 (3 - 188 f.) betont, daß gegen die Umgehung der Formvorschriften evtl. die Vorbehaltsklausel eingreifen könne. Für den Bereich des Art. 11 I 2 EGBGB so ausdrücklich *Bertram*, S. 86. Auch *Kropholler*, ZHR 140 (1976), 394 (399) möchte im Einzelfall evtl. die Vorbehaltsklausel anwen-

hat der Gesetzgeber darüber hinaus keine einschränkenden Maßnahmen ergriffen. Da der Gesetzgeber in anderen Fällen, in denen eine Umgehung deutschen Rechtes naheliegend ist, ausdrückliche Bestimmungen gegen derartige Umgehungen erlassen hat[176], kann von einer Regelungslücke, die durch die Rechtslehre zu schließen wäre, nicht die Rede sein.

c) Es erscheint notwendig, noch kurz auszuführen, aus welchen Gründen den Ausführungen *Römers*, insbes. hinsichtlich seiner grundlegenden Beurteilung der Umgehung nicht gefolgt werden kann, obwohl auch er für einen Großteil der hier relevanten Fälle zu einem übereinstimmenden Ergebnis kommt[177]. *Römer* geht von der objektiven Umgehung eines inländischen Rechtssatzes aus, die er als illegitim bezeichnet[178], knüpft jedoch die Rechtsfolge, ob diese Rechtsfolge zu mißbilligen ist oder nicht, an die Entscheidung darüber an, ob die illegitime Umgehung nach dem Inhalt des umgangenen Rechtes zuzulassen oder abzulehnen ist[179]. Zu dieser Einteilung stellt *Römer* ganz wesentlich auf den Zweck der deutschen Sachnorm ab und macht die Entscheidung letztlich davon abhängig, ob der Zweck der deutschen Sachnorm durch die illegitime Anknüpfung an eine ausländische Rechtsordnung beeinträchtigt ist[180]. Diese Argumentation zeigt meines Erachtens deutlich, daß das Problem der Gesetzesumgehung im IPR richtigerweise im Zusammenhang mit der Vorbehaltsklausel behandelt wird. Wie bereits oben ausgeführt, gab hierdurch der Gesetzgeber das Instrumentarium an die Hand, den Zwecken deutscher Gesetze zum Durchbruch zu verhelfen, wenn diese durch ausländisches Recht tangiert und für wesentlich erachtet werden. Es erscheint — zumindest für den Bereich des Art. 11 I 2 EGBGB — höchstens von akademischem Interesse und der Verwirrung dienlich, wenn neben der Vorbehaltsklausel eine ganz

---

den. Staudinger / *Firsching*, RNr. 149 zu Art. 11 EGBGB will die Umgehungsproblematik bei der Ortsreform nur im Rahmen des Art. 30 EGBGB berücksichtigen. So auch *Spellenberg* in Münchner Kommentar, RNr. 14 zu Art. 11 EGBGB. Ähnlich wohl auch *Rothoeft*, S. 118, wo die Formvorschriften einer Rechtsverordnung zu deren „Essentialia" gerechnet werden.

176 z. B. § 42 AO, § 6 AbzG.

177 Für das Gebiet des hier behandelten Art. 11 I 2 EGBGB bringt *Römer*, S. 143 ff. (153 - 159) eine Zusammenfassung seiner Ergebnisse, wobei er in den Fällen, in denen die Beteiligten auf den Schutz einer Formvorschrift bewußt verzichten und den formlosen oder -leichteren Abschluß im Ausland vorziehen, zur Unbeachtlichkeit der Umgehung kommt (S. 153).

178 S. 69, 153; das Erfordernis einer Umgehungsabsicht lehnt er ausdrücklich ab, vgl. dazu S. 42 - 46.

179 S. 69, 152. Er verlangt eine doppelte Auslegung, sowohl der Sach- als der Kollisionsnorm (S. 67).

180 S. 46, 64 ff. (77), wobei das konkrete Ergebnis der Umgehung herangezogen und mit dem Ergebnis bei Anwendung der üblicherweise anwendbaren Norm verglichen wird (S. 46).

ähnlich gelagerte Bewertung im Rahmen einer Umgehungsprüfung vorgenommen wird. Da es sich in vorliegender Arbeit nur um die Konsequenzen bei Umgehung deutschen Rechtes handelt[181], besteht keine Veranlassung, eine Schutzbestimmung zur Durchsetzung von umgangenem ausländischen Recht einzuführen. Möglicherweise sind die Voraussetzungen für das Eingreifen der Vorbehaltsklausel neu zu überdenken; inwieweit dies für das Thema dieser Arbeit erforderlich ist, ist im anschließenden Abschnitt zu untersuchen. Es ist festzuhalten, daß auch die Überlegungen von Römer keine Veranlassung geben, ein besonderes Rechtsinstitut der Umgehung im IPR — soweit es sich um das Thema dieser Arbeit handelt — anzuerkennen[182].

d) Die als Umgehung deutscher Formvorschriften bzw. Erschleichung ausländischer Formerleichterungen bezeichneten Fälle der Verlegung des Abschlusses eines beurkundungspflichtigen Rechtsgeschäftes in das Ausland zum Zweck der Senkung bzw. Vermeidung der Beurkundungskosten dürften wohl den Anlaß der gegenwärtigen Diskussion über den Umfang des Ortsformgrundsatzes und die Anerkennung der ausländi-

181 Durch die Anwendung des Umgehungsbegriffs mit der Sanktion des „Gleichstellungsprinzips" (S. 87 ff.) kann auch umgangenes ausländisches Recht zur Geltung gebracht werden, worin der Hauptunterschied zur Wirkung der Vorbehaltsklausel liegt (S. 93). Vgl. dazu auch *Gutzwiller,* JW 1929, 3774 (in einer Besprechung der Arbeit von Bertram). Für das hier zu untersuchende Gebiet kann es jedoch immer nur um die Durchsetzung von inländischem Recht gehen. Daß auf ausländisches zwingendes Recht im Bereich der Ortsformregel keine Rücksicht zu nehmen ist, wurde im Gesetzgebungsverfahren (durch Streichung des Vorbehalts für das Geschäftsrecht) ausdrücklich entschieden (s. IPR-Materialien, S. 373). Die darüber hinausgehende Differenzierung zwischen der Wirkungsweise der Vorbehaltsklausel und der Sanktion bei Umgehungen bei *Römer* (S. 91 f.), wo zwischen der objektiven Unvereinbarkeit des Ergebnisses der Anwendung ausländischen Rechts (als Wirkungsvoraussetzung der Vorbehaltsklausel) und der Vereitelung eines Anwendbarmachungsversuchs der Parteien durch Manipulation (als Geltungsgrund der Sanktion der Umgehung) unterschieden wird, steht m. E. im Widerspruch zu Römers eigenen Ausführungen auf S. 46 (wo er die Prüfung der Zweckvereitelung — zu Recht — auf das konkrete Ergebnis der Anwendung ausländischen Rechts auch bei der Gesetzesumgehung abstellt) und S. 42 - 45 (wo er das Erfordernis einer Umgehungsabsicht ausdrücklich ablehnt).

182 Außerdem erscheint die Lösung *Römers* deshalb nicht praktikabel zu sein, weil durch seine sehr starke Betonung des Zwecks eines deutschen Gesetzes dem subjektiven Empfinden und Bewerten eines jeden Beteiligten fast unbegrenzte Möglichkeiten eröffnet werden und damit die Rechtssicherheit, insbes. die Vorhersehbarkeit einer Entscheidung über die Bestimmung des Zwecks einer Rechtsnorm, äußerst stark beeinträchtigt wäre. Daß derartige „Einbrüche" in die Rechtssicherheit bei der Anwendung der Vorbehaltsklausel unvermeidbar sind, kann nicht als Argument dafür verwendet werden, auch außerhalb der positivrechtlich festgelegten Vorbehaltsklausel solche Unwägbarkeiten und Unsicherheiten in die Rechtsanwendung einzubringen. Dazu, daß sich die Zwecke der Formvorschriften, die die notarielle Beurkundung vorschreiben, häufig nicht eindeutig festlegen und abgrenzen lassen, vgl. unten 2. Teil, C II.

schen notariellen Beurkundung bilden. Dies kann einmal daraus geschlossen werden, daß außer den Entscheidungen des OLG Hamm[183] und des LG München I[184] ausschließlich deutsche Notare oder Notarassessoren[185] eine gleichermaßen restriktive Auslegung des Art. 11 I 2 EGBGB vertreten[186]. Daß hinter dieser Argumentation der deutschen Notare letztlich die eigenen Gebühreninteressen stehen, wird sehr häufig in der Diskussion von den Vertretern eines großzügigeren Standpunktes behauptet[187]; verständlicherweise gehen die Notare regelmäßig auf solche Argumente nicht näher ein. Meist findet sich in ihren Beiträgen nur der Hinweis darauf, die relativ hohen Beurkundungsgebühren in der Bundesrepublik Deutschland seien der Grund für den Abschluß im Ausland — insbes. in der Schweiz[188]. Obwohl somit die Motive für die plötzlich neu entfachte Diskussion dieser Fragen und insbes. für die verschieden begründeten, im Ergebnis aber übereinstimmenden Meinungen der deutschen Notare sich nicht eindeutig nachweisen lassen, läßt sich doch aus folgenden Indizien der Schluß rechtfertigen, daß Gebühreninteressen der deutschen Notare zumindest ganz wesentlichen Einfluß hatten[189]. Als solche Indizien können angesehen werden:

1. Vorstoß der Bundesnotarkammer im Gesetzgebungsverfahren zur Änderung des § 313 BGB[190],

---

[183] NJW 1974, 1057.

[184] DNotZ 1976, 501 = DB 1976, 2202.

[185] *Reithmann, Winkler, Brambring, van Randenborgh, Schmidt, Ludwig, Geimer, Wolfsteiner;* auch *Weber* (NJW 1955, 1784) ist Notar; insoweit machen die Notare *Frankenstein, Bärmann* und *Appell* eine Ausnahme.

[186] Einen zwar im Ergebnis teilweise übereinstimmenden, jedoch anders begründeten Standpunkt vertreten *Behrens,* RNr. 99 ff. Einleitung, *Ulmer,* RNr. 12 zu § 2 und *Schilling / Zutt,* RNr. 59 zu § 15 in Hachenburg sowie Staudinger / *Großfeld,* RNr. 296, 304 zu IntGesR. Dabei dürften allerdings die erwähnten restriktiven Meinungen auf die Kommentierungen von *Behrens, Ulmer* und *Großfeld* nicht ohne Einfluß gewesen sein, was insbesondere daraus geschlossen wird, daß *Behrens* und *Großfeld* ihre restriktive Haltung wesentlich auf die Prüfungs- und Belehrungspflicht des Notars bzw. auf dessen generellen Sachverstand stützen.

[187] *Bokelmann* in NJW 1975, 1625;; *Wuppermann* in AWD des BB 1974, 255; *Stephan* in NJW 1974, 1596; auch bei *Rothoeft,* S. 130 (und FN 64) klingt diese Argumentation ironisierend an.

[188] *Winkler,* NJW 1972, 981 (984) und NJW 1974, 1032 (1034); *Schmidt* in DB 1974, 1216 (1217); *Brambring* in NJW 1975, 1255 (1261); *Wolfsteiner,* DNotZ 1978, 532 (535 ff.).

[189] Diese Argumentation und Art der Diskussion ist nicht neu; bereits beim 28. Deutschen Juristentag 1906 in Kiel wurde den deutschen Notaren vorgeworfen, sie hätten aus den gleichen Motiven für die Beibehaltung des § 313 BGB votiert (vgl. Protokolle der Verhandlungen, S. 35 ff.). Erstaunlich ist, mit welcher Offenheit und Unbefangenheit damals von Vertretern der Notare — teilweise — auf diese Vorwürfe eingegangen wurde (Protokolle, S. 36 oben, Gegenbeispiel S. 45).

2. Empfehlung der Bundesnotarkammer[191],
3. Diskussion und Entschließungen beim Deutschen Notartag 1973[192],
4. übereinstimmende Meinung der Notare sowohl bei der Einschränkung des Ortsformgrundsatzes als auch bei der Nichtanerkennung ausländischer notarieller Beurkundung bei Geltung deutschen Sachrechts[193].

Da von den Vertretern der deutschen Notare nicht unter Aufdeckung dieser Interessenlage und mit den ihr entsprechenden Argumenten die Einengung der Geltung ausländischer notarieller Urkunden vertreten wird, ist es nicht verwunderlich, sondern zwangsläufig, daß durch diese Ansätze zur Einschränkung des Ortsformgrundsatzes, die ursprünglich wohl nur den Mißbrauch ausschließen sollten, auch die Anwendung der gesetzlichen Möglichkeiten in den Fällen, die dem ursprünglichen Zweck durchaus entsprechen, ausgeschaltet wird[194].

Es erscheint deshalb notwendig, unter Aufzeigung dieser, hinter den diversen Ansätzen zumindest ganz wesentlich stehenden materiellen Interessen der Notare, eine diesen angemessene, dogmatisierbare und insbes. auch mit den Belangen des internationalen Rechtsverkehrs zu vereinbarende Lösung zu suchen. Ausgangspunkt hierfür muß sein, daß die Beurkundung von Rechtsgeschäften und sonstigen Vorgängen den Interessen der beteiligten Personen oder des allgemeinen Rechtsverkehrs dient[195] und der Umstand, daß dies eine Einnahmequelle für einen ganzen Berufsstand darstellt, nicht zu den Zwecken, sondern höchstens zu den Nebenfolgen der Beurkundungsvorschriften zählt[196]. Ansatzpunkt für die Befriedigung der wirtschaftlichen Interessen der Notare ist deshalb — zumindest nicht in erster Linie — das Beurkundungs-

---

190 Vgl. Protokolle des Rechtsausschusses des 7. Deutschen Bundestages, S. 4/140 f. und Sitzungsprotokoll des Deutschen Bundestags, 7. Legislaturperiode, S. 1099 A.

191 DNotZ 1973, 326 f.; 1976, 270 f. und 332 f.

192 DNotZ 1973, Sonderheft, S. 16 ff., 34 ff.

193 Vgl. die in FN 185 aufgezählten Autoren und den 2. Teil dieser Arbeit; bemerkenswert ist, daß *Wolfsteiner*, DNotZ 1978, 532 (533 ff.) bei Beurkundungen österreichischer Notare die Gleichwertigkeit annimmt.

194 Also in sehr plastischer Weise „das Kind mit dem Bade ausgeschüttet" wird.

195 So ausdrücklich in der Begründung zum Regierungsentwurf des BeurkG, BT-Drucksache V/3282, S. 23 (r. Sp.): „Das Beurkundungswesen dient demnach privaten Interessen. Als Teil der vorsorgenden Rechtspflege hilft es dem Bürger bei der Ausgestaltung von Rechtsbeziehungen und der Verwirklichung von Rechten."

196 So betonen z. B. *Ferid*, S. 88, Raape / *Sturm*, S. 332, *Kropholler*, ZHR 140 (1976), 394 (399) im Zusammenhang mit der Umgehungsproblematik, daß die deutschen Formvorschriften nicht den Zweck haben, Kosten für Notare entstehen zu lassen.

recht, sondern das Gebührenrecht[197]. Zweifellos bestehen jedoch Wechselwirkungen zwischen beiden Gebieten: So hat die Veränderung der Anzahl der beurkundungspflichtigen Geschäfte selbstverständlich ein Ansteigen bzw. Abfallen der Gebühren der Notare zur Folge. Dies gilt auch für den Fall, daß Rechtsgeschäfte und -handlungen zunehmend im Ausland beurkundet werden. Den deutschen Notaren ist deshalb Art. 11 I 2 EGBGB und die bisherige Praxis der weitgehenden Anerkennung ausländischer notarieller Beurkundungen bei Geltung deutschen Sachrechts verständlicherweise ein „Dorn im Auge"[198]. Eine Diskussion in der bisherigen Weise, in der den Notaren ihre Interessenpolitik und den Kritikern der Notare mangelnder Sachverstand vorgeworfen wird[199], führt jedoch nicht weiter; vielmehr muß den finanziellen Interessen der Notare der ihnen zukommende Platz zugewiesen und eingeräumt werden. Dabei ist insbes. auch zu berücksichtigen, daß dem deutschen Kostenrecht mit dem bestimmenden Grundsatz der Wertgebühren eine eminent soziale Funktion innewohnt; diese ist darin zu sehen, daß bei geringen Geschäftswerten von allen — auch den freiberuflichen — Organen der Rechtspflege im Grundsatz eine von den dafür entstehenden Gebühren nicht abgedeckte Tätigkeit verlangt wird[200]. Diese nicht kostendeckende Tätigkeit kann den Rechtspflegeorganen jedoch zugemutet werden, da bei höheren Geschäftswerten diese „Ausfälle" im unteren Bereich der Geschäftswerte durch die mit dem Geschäftswert stetig steigenden Gebühren voll ausgeglichen werden. Dabei wird eine gewisse statistische Mischung von kleinen, mittleren (= kostendeckenden) und hohen Geschäftswerten unterstellt. Wenn dieses Gleichgewicht zwischen Geschäften mit niedrigen und hohen Geschäftswerten durch eine zunehmende „Beurkundungs- und Gebührenflucht" ins Ausland[201] gestört werden sollte[202], so wäre es für den

---

197 Auf dessen Veränderung verweist deshalb auch *Bokelmann*, NJW 1975, 1625 (1631) zu Recht; Palandt / *Heldrich*, Anm. 3 zu Art. 11 EGBGB meint, durch das Kostenänderungsgesetz 1975 sei der „Gebührenflucht" der Anreiz genommen worden. Auch Staudinger / *Großfeld*, RNr. 291 zu IntGesR ist dieser Auffassung, wobei die irrige Meinung vertreten wird, die Geschäfts*werte* seien herabgesetzt worden.

198 So auch *Müller-Gindullis*, RabelsZ 38 (1974), 640 (643).

199 So z. B. von *Winkler*, NJW 1973, 222 l. Sp.

200 Dies wird insbes. deutlich, wenn die bis zum KostenänderungsG 1975 geltenden Mindestgebühren herangezogen werden: so kostete der Entwurf und die Beglaubigung einer Erbschaftsausschlagungserklärung mit einem Geschäftswert bis zu DM 1000,— DM 3,— Gebühren und ein Grundstückskaufvertrag mit einem Geschäftswert bis zu DM 50,— — z. B. ein Straßenplatzabtretungsvertrag — DM 6,— Gebühren.

201 Insbes. in die Schweiz, wo die Beurkundungsgebühren bei hohen Geschäftswerten wegen der dortigen, relativ niedrigen Höchstgebühren oft nur einen Bruchteil der deutschen Beurkundungsgebühren ausmachen; sowohl *Winkler*, NJW 72, 981 ff. als auch *Wolfsteiner*, DNotZ 78, 532 ff. bringen deshalb am häufigsten das Beispiel der Beurkundung vor einem schweizerischen Notar.

deutschen Gesetzgeber wegen der aufgezeigten sozialen Komponente des deutschen Gebührenrechts eher angezeigt, die Einschränkung des Ortsformgrundsatzes bei willkürlich gewählten Abschlußorten im Ausland einzuschränken, als das gesamte Wertgebührensystem zu verändern oder die Beurkundungsgebühren im Bereich mit geringen Geschäftswerten auf ein kostendeckendes Niveau anzuheben. Wenn ein solcher Fall eintreten sollte, könnte z. B. als Voraussetzung für eine Anerkennung der Ortsform bzw. der ausländischen Beurkundungen eingeführt werden, daß für den Abschluß des Geschäfts im Ausland ein über die Ersparnis von Kosten hinausgehendes schutzwürdiges Interesse bestehen muß. Eine solche gesetzliche Regelung hätte selbstverständlich eine Einschränkung der Rechtssicherheit zur Folge; diese müßte um der übergeordneten sozialen Gründe willen jedoch in Kauf genommen werden. Daß eine solche Ausnahmeregelung trotz ihrer negativen Auswirkungen auf die Rechtssicherheit praktikabel ist, kann aus den Erfahrungen mit Art. 7 f schweizerisches NAG[203] und ähnlichen Bestimmungen in anderen Rechtsordnungen geschlossen werden[204]. Dies erscheint als der sachlich gebotene und dogmatisch richtige Platz für die materiellen Interessen der deutschen Notare. Unabhängig von diesem Ausblick auf eine mögliche künftige gesetzliche Regelung ist auf der Grundlage des geltenden Rechts eine Berücksichtigung der subjektiven Momente, die zum Abschluß des Geschäfts im Ausland führten, nicht möglich und deshalb dem Ansatz, den Ortsformgrundsatz insoweit einzuschränken, nicht zu folgen.

6. Einschränkung des Ortsformgrundsatzes durch die Vorbehaltsklausel

Die Anwendung der Vorbehaltsklausel gegen ausländische, leichtere Formvorschriften, die aufgrund des Ortsformgrundsatzes an sich berufen sind, ist im deutschen Recht umstritten.

a) Früher wurde teilweise die Meinung vertreten, Art. 30 EGBGB finde im Bereich des Art. 11 I EGBGB überhaupt keine Anwendung, weil in Art. 11 II EGBGB eine spezielle Vorbehaltsklausel gesehen und daraus der Schluß gezogen wurde, diese lex spezialis verbiete die An-

---

202 Wovon bisher wohl nicht ausgegangen werden kann. Daß die betroffenen deutschen Notare bereits den gegenwärtigen Zustand für änderungsbedürftig halten (vgl. FN 190 f.), kann kein Indiz für eine objektiv überhandnehmende Gebührenflucht und ein Verschieben der statistischen Relationen sein.

203 Der sich jedoch nicht auf die Umgehung der Formvorschriften, sondern der materiellen Ehehindernisse des schweizerischen Rechts bezieht (Text bei *Ferid*, S. 86 und Staudinger / *Firsching*, RNr. 150 zu Art. 11 EGBGB).

204 s. dazu *Römer*, S. 47 (FN 4) und Staudinger / *Firsching*, RNr. 150 zu Art. 11 EGBGB; rechtsvergl. Übersicht bei *Melchior*, S. 374 ff.

wendung der lex generalis des Art. 30 EGBGB[205]. Diese Auffassung ist — zumindest aus diesen Argumenten heraus — nicht haltbar, da dem Art. 11 II EGBGB — wie bereits oben ausgeführt — völlig andere Überlegungen als die einer Vorbehaltsklausel zugrunde liegen. Zur Begründung der Meinung, Art. 30 EGBGB sei im Bereich des Art. 11 I EGBGB nicht anzuwenden, kann jedoch auf die Gesetzesmaterialien verwiesen werden[206]. In einer Sitzung des IPR-Ausschusses wurde — ohne daß es sich in der Gesetzesfassung niederschlug — ausdrücklich festgestellt, daß der Ortsformgrundsatz ohne Einschränkung durch die Vorbehaltsklausel Geltung haben soll. Aus diesem Hinweis in einem der Gesetzgebungsgremien kann jedoch kein generelles Verbot der Anwendung der Vorbehaltsklausel im Rahmen des Ortsformgrundsatzes entnommen werden, da der Gesetzeswortlaut in erster Linie autonom[207] auszulegen ist. Es könnte höchstens daraus geschlossen werden, daß bei der Anwendung der Vorbehaltsklausel gegen den Ortsformgrundsatz besondere Vorsicht angewendet werden soll[208]. Dies könnte in dem Sinn verstanden werden, daß dem Gesetzgeber daran lag, Art. 30 EGBGB nicht bereits dann anzuwenden, wenn irgendeine Ungleichwertigkeit bei den verschiedenen Formvorschriften vorliegt. Da nach der Ausgestaltung, die die Vorbehaltsklausel in der Rechtsprechung[209] und durch die h. L.[210] seit 1900 erfahren hat, die Vorbehaltsklausel sowieso nur äußerst selten eingreift, kann davon ausgegangen werden, daß für das hier relevante Spannungsverhältnis zwischen Art. 30 und Art. 11 I 2 EGBGB keine besonderen Maßstäbe[211] zu gelten haben.

b) Nach den bisher vorliegenden obergerichtlichen Entscheidungen[212] — mit Ausnahme der bereits genannten Entscheidung des OLG Karlsruhe[213] — greift die Vorbehaltsklausel gegen eine ausländische Form-

[205] *Niedner*, Anm. 7 b; Fischer / *Henle*, Anm. 1 je zu Art. 11 EGBGB.

[206] IPR-Materialien, S. 403 (in der Mitte).

[207] *Larenz*, S. 296 ff. (300); vgl. auch BGH, LM Nr. 3 zu § 133 BGB (D), Blatt 2 (oben), wo selbst bei subjektiver Gesetzesauslegung zumindest ein Anhaltspunkt im Gesetzestext verlangt wird, der hier fehlt.

[208] So auch *Ferid*, S. 88 (Nr. 3 - 188 f.).

[209] z. B. RGZ 60, 296 (300); RG in NiemeyersZ 15 (1905), 305 (306 f.); 54, 133 (139 f.); 56, 180 (191 f.).

[210] z. B. *Wolff*, S. 63 ff.; *Neuhaus*, S. 363 ff. (369 ff.); *Kegel*, S. 232 ff. (238 ff.); Soergel / *Kegel*, RNr. 15 ff. zu Art. 30 EGBGB; kritisch gegenüber der h. M.: Raape / *Sturm*, S. 199 ff. (205 ff.).

[211] Wegen des angeführten Satzes in den Gesetzesmaterialien.

[212] RGZ 121, 154 (157) = JW 1928, 2454 mit zustimmender Anmerkung von *Asch;* RG in JW 1931, 572 (574); KG in OLG E 44, 152 (153); OLG Nürnberg in IPRSpr. 1929, Nr. 26; ebenso ohne ausdrückliche Erwähnung des Art. 30 EGBGB: LG Freiburg in JW 1926, 2860 mit Anm. *Vortisch;* LG München I in IPRSpr. 66/67, Nr. 20; zur Anwendung des Art. 30 EGBGB bei Umgehungsfällen s. die Entscheidungen in FN 168.

[213] OLGE 3 (1901), 263.

vorschrift, die geringere Anforderungen als die deutsche Vorschrift stellt und nach Art. 11 I 2 EGBGB als Formstatut berufen ist, nicht ein. So hat das RG insbes. verschiedentlich entschieden[214], daß gegen den formlosen Abschluß eines Grundstückkaufvertrags über ein deutsches Grundstück in Österreich, wie dies nach österreichischem ABGB möglich ist, die Vorbehaltsklausel nicht anzuwenden ist. Zur Begründung wird darauf verwiesen, daß § 313 BGB nicht zu den Fundamentalnormen des deutschen Rechts gehört und auch sein Zweck — nach damaliger Auffassung ausschließlich der Schutz des Verkäufers vor übereiltem Abschluß — durch den Abschluß im Ausland nicht vereitelt wird, denn eine Fahrt ins Ausland warne den Verkäufer genauso wie der Gang zum deutschen Notar[215]. Demgegenüber wandte das OLG Karlsruhe in der bereits genannten Entscheidung vom 11. Juli 1901[216] gegen die angeblich formlos mögliche Abtretung von GmbH-Anteilen nach schweizerischem Recht Art. 30 EGBGB mit der Begründung an, § 15 GmbHG solle den Handel mit GmbH-Anteilen erschweren und dieser Zweck könne nicht durch einen Abschluß im Ausland vereitelt werden. Dieses Urteil wurde — zumindest mit seiner Begründung — allgemein abgelehnt[217]; es wurde insbes. darauf hingewiesen, daß Art. 11 I 2 EGBGB zum damaligen Zeitpunkt (1901) für eine GmbH-Anteils-Abtretung in der Schweiz gar nicht anwendbar sein konnte, weil das schweizerische Recht damals noch keine der deutschen GmbH vergleichbare Gesellschaftsform kannte und deshalb ein Fall der sog. „Normenleere" vorlag[218]. Es kann deshalb als allgemeine Meinung angesehen werden, daß allein deshalb, weil das Ortsrecht eine mildere Form vorschreibt, die deutsche Vorbehaltsklausel der Anwendung des ausländischen formleichteren Ortsrechts nicht entgegensteht.

c) Dagegen geht die überwiegende Meinung in der Literatur dahin, daß es — zumindest theoretisch — Fälle gibt, in denen wegen der Zweckvereitelung einer deutschen Formvorschrift die Vorbehaltsklausel eingreifen kann[219]. Als ein solcher Fall wäre z. B. anzusehen, wenn sog. Ausflugsfahrten ins Ausland dazu ausgenützt würden, den Teilnehmern formlos (oder nur schriftlich) Gegenstände zu verkaufen, für die nach deutschem Recht notarielle Beurkundung vorgeschrieben ist.

---

214 s. die in FN 212 zitierten Reichsgerichtsentscheidungen.

215 *Römer*, S. 153; im gleichen Sinne auch: *Raape*, S. 219, sowie Äußerungen in der Beratung der Neufassung des § 313 BGB im Rechtsausschuß des 7. Deutschen Bundestags, s. FN 190.

216 Veröffentlicht in OLGE 3 (1901), 263.

217 z. B. *Frankenstein*, I, S. 201; *Melchior*, S. 393; *Lewald*, S. 69; dem OLG zustimmend (auch in der Begründung) *Nußbaum*, S. 93 (FN 3).

218 *Frankenstein*, I, S. 552.

219 So z. B. *Bokelmann*, NJW 1972, 1729 (1731); *Kropholler*, ZHR 140 (1976), 394 (399).

Eine solche Fallgestaltung erscheint in Erweiterung der bisherigen Praxis denkbar, wobei bisher auf solchen Fahrten, die bereits jetzt häufig ins Ausland stattfinden, neben der Unterhaltung der Verkauf von Haus- und Küchengeräten sowie Lebensmitteln u. ä. üblich ist. In solchen Fällen würde der (Haupt-)Zweck der deutschen Formvorschrift durch die Verlegung des Abschlußortes ins Ausland vereitelt. In diesen Fällen kann auch nicht davon die Rede sein, daß die Fahrt ins Ausland als dem Gang zum deutschen Notar hinsichtlich des Übereilungsschutzes bzw. der Warnfunktion gleichzusetzen sei, da die Teilnehmer einer solchen Fahrt sich der Veränderung der Rechtslage durch Abschluß des Geschäfts im Ausland überhaupt nicht bewußt werden. Darin liegt der Hauptunterschied zu den oben genannten Fällen der Umgehung deutscher Formvorschriften durch bewußte Wahl des ausländischen Abschlußortes. Deshalb greift in derartigen Fällen der Zweckvereitelung auf jeden Fall die Vorbehaltsklausel ein, da alle Voraussetzungen des Art. 30 EGBGB vorliegen[220]. Damit ist selbstverständlich eine Rechtsunsicherheit verbunden, da den im Ausland abgeschlossenen Rechtsgeschäften äußerlich nicht anzusehen ist, ob der Zweck der deutschen Formvorschrift vereitelt wurde oder nicht. In solch engen Ausnahmefällen muß aber diese Rechtsunsicherheit wegen den übergeordneten Gesichtspunkten der materiellen Gerechtigkeit in Kauf genommen werden.

d) In Abweichung von dieser allgemeinen Übung wendet *Winkler*[221] — im Anschluß an Staudinger / *Firsching*[222] — die Vorbehaltsklausel gegen den Ortsformgrundsatz auch im Zusammenhang mit der bewußten Umgehung deutscher Formvorschriften an. Er behandelt dabei die fraudulöse Umgehung der deutschen Formvorschriften praktisch als einen Unterfall der Vorbehaltsklausel. Sowohl bei *Winkler* als auch bei Staudinger / *Firsching* ist davon die Rede, daß Art. 30 EGBGB eingreife, wenn die Parteien die Kosten der Beurkundung eines Vertrags sparen wollen. Beide verstehen es offenbar als Zweck der deutschen Formvorschriften, daß Kosten durch die Beurkundung entstehen. Daß die Vorbehaltsklausel noch andere Fälle ergreifen kann, wird bei Winkler nicht behandelt. Demgegenüber lehnt *Rothoeft*[223] ausdrücklich die Anwendung der Vorbehaltsklausel in den Fällen der Umgehung deutscher Formvorschriften ab, möchte sie jedoch in den Fällen zur Anwendung bringen, in denen die deutsche Formvorschrift als „Essentia-

---

220 In diese Richtung ist wohl auch *Kropholler* (vgl. FN 219) zu verstehen. So auch *Spellenberg* in Münchner Kommentar, RNr. 14 zu Art. 11 EGBGB, der Beispiele wie vorstehend genannt anführt.

221 NJW 1972, 981 (984).

222 RNr. 152 zu Art. 11 EGBGB.

223 S. 114, 118.

lia“ unbedingt eingehalten werden muß (z. B. § 313 BGB). Dabei geht *Rothoeft* auf die Motive für die Wahl des ausländischen Abschlußortes ein und teilt diese in billigenswerte und mißbilligenswerte; den Maßstab für diese Einteilung entnimmt er Art. 30 EGBGB. Als Voraussetzung für die Anwendung der Vorbehaltsklausel weist er insbes. auf die Stärke des Inlandbezugs des vorgenommenen Rechtsgeschäfts hin[224]. Diesen sieht er z. B. bei ausländischem Wohnsitz der Beteiligten, auch wenn es um in Deutschland belegene Sachen oder Gesellschaften geht, als nur sehr gering an.

e) Für die Prüfung der Frage des Eingreifens der Vorbehaltsklausel zur Durchsetzung deutscher Formvorschriften muß bei den Bestimmungen, in denen die notarielle Beurkundung vorgeschrieben ist, festgestellt werden, welchen Zweck diese Bestimungen verfolgen. Ohne diese Frage an dieser Stelle zu vertiefen[225], kann für die hier vorzunehmende Bewertung in Übereinstimmung mit der allgem. Lehre zu den Zwecken von Formvorschriften[226] von der Unterscheidung der Formvorschriften in einerseits solche, die den Interessen eines oder mehrerer Beteiligter an dem Rechtsgeschäft vorwiegend dienen und andererseits solche, die in erster Linie zum Schutz des Rechtsverkehrs bestehen, ausgegangen werden. Daß außerdem noch Vorschriften bestehen, die primär den Zweck haben, die Mitwirkung einer rechtskundigen Person beim Abschluß des Rechtsgeschäfts oder -Akts zu gewährleisten[227], ist nicht ersichtlich[228]. Vielmehr ist die prüfende, aufklärende und belehrende Mitwirkung des Notars ein Mittel zur Erreichung einer oder beider der genannten Zwecke, nicht jedoch „Selbstzweck“ der Beurkundung[229]. Bei den Beurkundungspflichten des deutschen materiellen Rechts, die privaten Interessen eines oder beider Beteiligten dienen, ist somit entscheidend, ob dieser Zweck für den von der Formvorschrift Geschützten vereitelt wird oder ob er freiwillig hierauf verzichtet. Im ersteren Fall kann die Ortsform durch Art. 30 EGBGB ausgeschlossen werden, weil der Zweck der deutschen Formvorschrift durch die Geltung ausländischen Rechtes vereitelt wird. Im zweiten Fall dagegen wird zumindest der primäre Zweck der deutschen Bestimmungen nicht vereitelt, auch wenn die deutsche Formvorschrift nicht zur Anwendung gelangt. Da der Zweck dieser Formvorschriften in erster Linie auf den

---

224 S. 125.

225 Dies hat im 2. Teil, C II, zu erfolgen.

226 So z. B. *Winkler* in NJW 1972, 981 (986 l. Sp.); *Heldrich* in AcP 147 (1941), 89 ff.; Motive zum BGB, I, S. 179.

227 Wie dies z. B. von *Brambring* in NJW 1975, 1255 (1257 l. Sp.) behauptet wird.

228 Vgl. dazu ausführlich unten, 2. Teil, C II - IV.

229 Darauf weist auch *Daimer / Reithmann*, RNr. 115 besonders hin.

Schutz des oder der Beteiligten zielt, kann der Zweck auch dann als erfüllt angesehen werden, wenn der oder die geschützten Beteiligten auf diesen Schutz wirksam verzichten[230]. Dies folgt aus dem unser gesamtes Rechtssystem beherrschenden Grundgedanken des volenti non fit iniuria. Soweit ersichtlich befaßten sich die oben genannten Entscheidungen nur mit solchen Formvorschriften, so daß der bisherigen h. M. insoweit beizupflichten ist. Andere Beurkundungspflichten haben nicht den Schutz der Interessen eines oder mehrerer Beteiligter, sondern das Interesse des Rechtsverkehrs an klaren, der nachträglichen Manipulation entzogenen Urkunden zum Grund und vorrangigen Zweck. Dazu gehören insbes. die Vorschriften über die Beurkundung der statusbezogenen Akte bei juristischen Personen des Privatrechts[231]. Da den Geschäftspartnern dieser juristischen Personen nur deren Vermögen haftet, hat die Allgemeinheit ein überaus starkes Interesse daran, daß die Bestimmungen, nach denen sich die Beschaffung und Erhaltung dieses Vermögens sowie die Organisation der juristischen Person im einzelnen richtet, im vorhinein und eindeutig festgelegt und insbes. nachträglichen und einseitigen Abänderungen entzogen sind. Nur aus diesen Gründen läßt sich die wesentliche Unterscheidung zu den Personenhandelsgesellschaften erklären. Auch weisen auf dieses Interesse der Allgemeinheit, das der Gesetzgeber sehr hoch bewertet, die Bestimmungen der §§ 181 I 2 AktG und 54 I 2 GmbHG[232] hin. Neben den statusbezogenen beurkundungspflichtigen Rechtsakten der Kapitalgesellschaften muß hierher auch die Beurkundungspflicht für jede Hauptversammlung der AG gerechnet werden. Als Zweck dieser Bestimmung ist die Beweissicherung im Interesse aller irgendwie Beteiligten, insbes. aller Aktionäre aber auch aller potentiellen Geschäftspartner der AG anzusehen[233]. Wenn nun eine ausländische Rechtsnorm — die als Ortsrecht berufen ist — für derartige Rechtsakte einer deutschen Kapitalgesellschaft eine leichtere und insbes. weniger beweissichere Form zuläßt, wird dadurch gegen den Zweck der deutschen Formvorschriften verstoßen. Eine Zweckerreichung auch durch den Verzicht auf besonderen Schutz scheidet hier aus, weil die Allgemeinheit bzw. jeder potentielle Geschäftspartner und Aktionär der Ge-

---

[230] So wird häufig betont, daß solch gewandte Parteien keines Schutzes durch die Formvorschriften bedürfen, so z. B. *Römer*, S. 153; Raape / *Sturm*, S. 332; kritisch zu dieser Argumentation Soergel / *Kegel*, RNr. 56 vor Art. 7 EGBGB. Eine generelle Unterscheidung zwischen zwingenden Vorschriften mit internationalem oder nur nationalem Geltungszwang nimmt *Wolff*, S. 61 im Anschluß an Savigny vor.

[231] Vgl. dazu oben Nr. 2 g (insbes. FN 94 ff.).

[232] Über die Einreichung von vollständigen Wortlauten der Gesellschaftsverträge bei Kapitalgesellschaften zum Handelsregister, die auch nach jeder Änderung erfolgen muß.

[233] Vgl. oben FN 106 ff.

sellschaft durch diese Formvorschriften geschützt ist. Wegen des oben genannten hohen Stellenwerts, den der deutsche Gesetzgeber dieser Ausgestaltung des Rechts der am Wirtschaftsleben teilnehmenden juristischen Personen gab, sind diese Vorschriften als so erheblich anzusehen, daß bei einer Verletzung Art. 30 EGBGB eingreift[234]. Somit ergibt sich, daß Art. 30 EGBGB bei diesen sehr stark beweisbezogenen Beurkundungsvorschriften eine Ortsform, die weniger sicheren Beweis garantiert, ausschließt[235]. Diese Ansicht steht mit der bisherigen, ganz h. M. im Einklang, die zwar Beurkundungen von statusbezogenen Rechtsakten im Ausland zuläßt, aber — ohne nähere Begründung — immer die Beurkundung durch einen „vergleichbaren" Notar verlangt und zur Frage, ob die Ortsform ausreichend ist, meist überhaupt nicht Stellung nimmt[236]. Einen völlig anderen Zweck, also weder Interessenschutz für einen Beteiligten noch Beweissicherung für die Allgemeinheit, hat § 15 III und IV GmbHG. Nach den eindeutigen Materialien[237], der höchstrichterlichen Rechtsprechung[238] und eingehender Literaturmeinungen[239] bezwecken diese Bestimmungen ausschließlich eine Erschwerung der Veräußerung von GmbH-Anteilen und die Vermeidung eines spekulativen und schwunghaften Handels hiermit. Diese Beur-

---

234 Unter Zugrundelegen der aus den in FN 209 und 210 genannten Entscheidungen und Meinungen. Zwischen dem vom Gesetzgeber so hoch veranschlagten Ziel der Erhaltung und Sicherung der Haftungsbasis der Kapitalgesellschaften und den hier untersuchten Formvorschriften besteht ein sehr enger Zusammenhang (vgl. oben Nr. 2 g), der das Eingreifen des Art. 30 EGBGB trotz der gesetzgeberischen Bewertung von Formvorschriften in Art. 11 I 2 EGBGB rechtfertigt und notwendig macht.

235 So will auch *Bokelmann*, NJW 1972, 1792 (1793) in solchen Fällen möglicherweise die Vorbehaltsklausel anwenden.

236 Baumbach / *Hueck*, RNr. 6 zu § 23 AktG; *Krafft* in Kölner Kommentar, RNr. 7 zu § 23 AktG; *Schilling* in Hachenburg (6. Aufl.) Anm. 3 zu § 2 GmbHG; jetzt a. A. für die GmbH: *Behrens* in Hachenburg (7. Aufl.), RNr. 99 ff. Einl. und *Ulmer* ebenda RNr. 12 zu § 2 GmbHG. Im *Ergebnis* stimmt die hier vertretene Auffassung auch mit den Ansätzen von *Mann*, ZHR 138 (1974), 448 (453) und *Kropholler*, ZHR 140 (1976), 394 (402 f.) überein. Staudinger / *Großfeld* schließt RNr. 298 die Ortsform und RNr. 304 je zu IntGesR die Gleichwertigkeit einer ausländischen Beurkundung von statusbezogenen Rechtsakten jeweils mit dem Hinweis auf die davon berührten öffentlichen Interessen aus. Deshalb ist hier der richtige Ort, diese Einschränkung zu prüfen. Das OLG Stuttgart (Die Justiz 1981, 19) brauchte diesen Gesichtspunkt nicht zu prüfen, da das als Ortsrecht berufene schweizer Recht für Beschlüsse der Gesellschafterversammlung einer GmbH die öffentliche Beurkundung vorsieht.

237 Vgl. oben FN 122 und 123.

238 RGZ 135, 70 (Wortlaut s. FN 124); 164, 162 (170); BGHZ 13, 49 (51 ff.).

239 So insbes. *Schlüter* in Festschrift für Bartholomeyczik, S. 359 ff.; demgegenüber meint *Häsemeyer*, S. 174, Formvorschriften zur Erschwerung des Vertragsschlusses (und damit des Handels) seien unzulässig; S. 190 kommt er zu dem Ergebnis, § 15 IV GmbHG diene dem Schutz des Veräußerers, was er aus der Heilungsmöglichkeit schließt. M. E. kann sich die Auslegung in diesem Fall nicht gegen die eindeutigen Motive wenden.

kundungspflicht wurde also nicht zum Schutz von Interessen eines oder mehrerer Beteiligter[240], sondern zur teilweisen Steuerung des Kapitalmarktes und insbes. zur Sicherung der Unterscheidung zwischen GmbH und AG eingeführt. Wenn nun eine Rechtsordnung für GmbH-Anteils-Übertragungen eine leichtere Form als die der notariellen Beurkundung vorsieht, so wird dadurch der Zweck des § 15 GmbHG vereitelt. Dabei ist als leichtere Form eine nach ausländischem Recht zulässige formlose oder schriftliche Übertragung von GmbH-Anteilen anzusehen; sollte in einer ausländischen Rechtsordnung die notarielle Beglaubigung vorgeschrieben sein, so ist diese Formvorschrift für die von § 15 GmbHG verfolgten Zwecke mit der notariellen Beurkundung nach deutschem Recht gleichwertig, da auch durch die notarielle Beglaubigung ein Gang beider Vertragsparteien zum Notar erforderlich ist und damit durch diese Formvorschrift der spekulative Handel mit GmbH-Anteilen in gleicher Weise wie durch die notarielle Beurkundung nach deutschem Recht erschwert wird. Somit steht Art. 30 EGBGB der Zulassung einer weniger beschwerlichen Ortsform für die Fälle des § 15 GmbHG entgegen, wenn die übrigen Voraussetzungen der Vorbehaltsklausel vorliegen. Dazu ist insbes. zu entscheiden, ob die ausgeschlossene Norm des deutschen materiellen Rechts als Fundamentalnorm unverzichtbar ist[241]. Im Gegensatz zu der Entscheidung dieser Frage bei den statusbezogenen Rechtsakten der juristischen Personen[242] erscheint es zweifelhaft, ob der wirtschaftspolitische Zweck des § 15 GmbHG einen ähnlich hohen Stellenwert einnimmt. Nach meinem Dafürhalten ist § 15 GmbHG nicht zu dem durch Art. 30 EGBGB geschützten Bestand deutscher Normen zu rechnen[243].

f) Als Ergebnis der Prüfung der Einschränkung des Ortsformgrundsatzes durch die Vorbehaltsklausel kann somit festgehalten werden, daß es für die Anwendung des Art. 30 EGBGB gegenüber einer ausländischen, leichteren Formvorschrift darauf ankommt, welchen Zweck

---

240 Staudinger / *Firsching,* RNr. 153 zu Art. 11 EGBGB und *Kuntze,* DB 1975, 193 (194) meinen, § 15 GmbHG (bei Staudinger / *Firsching:* nur § 15 IV GmbHG) bezwecke den Schutz der Parteien, wobei sie die eindeutigen Motive unberücksichtigt lassen und auch auf die Frage nicht eingehen, warum gerade der GmbH-Gesellschafter im Gegensatz zum Aktionär und zum Gesellschafter einer Personenhandelsgesellschaft so stark geschützt werden soll.

241 Nur unter dieser Voraussetzung greift Art. 30 EGBGB ein, vgl. z. B. BGHZ 50, 370 (376 f.); *Kegel,* S. 240 spricht vom geschützten „unantastbaren Kern unserer Privatrechtsordnung".

242 s. auch oben FN 234.

243 Insbes. wenn z. B. die grundlegenden Ausführungen in RGZ 60, 196 (300) und BGHZ 50, 370 (375 f.) berücksichtigt werden; a. A. sind jedoch *Nußbaum,* S. 93 f. und *Frankenstein,* S. 200 f. Das BayObLG (s. FN 3) hatte keine Veranlassung, auf diese Frage einzugehen, da auch das als Ortsrecht berufene österreichische Recht die notarielle Beurkundung für Geschäftsanteilsabtretungen vorschreibt.

die deutsche Formvorschrift, die die notarielle Beurkundung vorschreibt, in erster Linie verfolgt. Auch wenn sich in den allermeisten Fällen (mit Ausnahme des § 15 GmbHG) kein ausschließlicher Beurkundungszweck feststellen läßt, so wird doch bei den meisten Bestimmungen, die die notarielle Beurkundung vorschreiben, ein im Vordergrund stehender Hauptzweck zu bestimmen sein. Generell ist darauf hinzuweisen, daß es — zumindest nach der jetzigen gesetzlichen Regelung — auf keinen Fall zu den Zwecken der Beurkundungspflicht gehört, den deutschen Notaren die wirtschaftliche Existenz[244] zu sichern. Um Mißverständnissen vorzubeugen, muß hier nochmals betont werden, daß die Einschränkung des Ortsformgrundsatzes durch Art. 30 EGBGB nichts mit der im zweiten Teil dieser Arbeit zu untersuchenden Frage zu tun hat, ob die vorgeschriebene notarielle Beurkundung nur im Inland, also nur durch einen deutschen Notar, erfolgen oder auch durch eine ausländische, vergleichbare Beurkundung ersetzt werden kann.

7. *Notarielle Beurkundung als Inhaltserfordernis und nicht bloße Formvorschrift*

a) In vielen Aufsätzen klingt unter den verschiedensten Aspekten an, daß das Erfordernis der notariellen Beurkundung zu den Vorschriften des deutschen materiellen Rechts über den Inhalt des Rechtsgeschäfts zu zählen ist und über eine bloße Formvorschrift hinausgeht. Am deutlichsten führt dies *Behrens*[245] für die statusbegründenden und -verändernden Akte einer deutschen GmbH aus. Zur Begründung dieser Auffassung verweist *Behrens* auf die „Rechtspflegefunktion" der notariellen Beurkundung, die er in der notariellen Prüfungs- und Belehrungspflicht sieht. Außerdem besteht nach seiner Ansicht ein rechtspolitisches Interesse daran, daß die Prüfung der zur Eintragung in das Handelsregister angemeldeten Vorgänge nicht nur dem Registerrichter auferlegt wird, sondern bereits vorher auch durch den beurkundenden Notar erfolgt. Aus diesen Aufgaben des Notars bei der notariellen Beurkundung nach deutschem Recht schließt *Behrens,* daß bei den statusbezogenen Geschäften einer GmbH die vorgeschriebene notarielle Beurkundung nicht nur ein Formerfordernis, sondern ein zum Inhalt des

---

[244] So aber müssen Staudinger / *Firsching,* RNr. 152 zu Art. 11 EGBGB und *Neuhaus,* S. 195 f. verstanden werden, wenn sie Art. 30 EGBGB eingreifen lassen wollen, weil deutsche Beteiligte im Ausland einen beurkundungspflichtigen Vertrag — bei dem die Beurkundungspflicht vorrangig im Interesse der Beteiligten besteht — zur Vermeidung der Beurkundungskosten abschließen.

[245] In Hachenburg, RNr. 99 ff. der Einleitung. Das OLG Karlsruhe (RIW/AWD 1979, 567) referiert zwar diesen Ansatz zur Ablehnung der Ortsform (als mehrheitlichen Ansatzpunkt), läßt aber letztlich offen, ob es dieser Begründung folgt und schließt sich nur dem Ergebnis an. Staudinger / *Großfeld,* RNr. 299 zu IntGesR lehnt den Ansatz von *Behrens* als „gekünstelt" ab.

Geschäfts zu rechnendes Tatbestandselement darstellt. Andererseits hält *Behrens* diese Funktionen und Voraussetzungen für die Beurkundungspflicht der Geschäftsanteilsübertragung nach § 15 GmbHG nicht für erfüllt und läßt deshalb insoweit den Ortsformgrundsatz zu[246].

b) Einem Ansatz von *Frankenstein*[247] folgend stellen Staudinger / *Firsching*[248] und *Winkler*[249] demgegenüber gerade für die Fälle des § 15 GmbHG darauf ab, daß darin auch eine materiell-rechtliche Vorschrift liege, weil sie dem Nachweis der Berechtigung eines Erwerbers eines Geschäftsanteils gegenüber der Gesellschaft nach § 16 I GmbHG diene.

c) Aus den Ausführungen von *Rothoeft* kann geschlossen werden, daß auch er für eine völlige Gleichbehandlung der Wirksamkeitsvoraussetzung „notarielle Beurkundung“ mit anderen vom deutschen materiellen Recht vorgeschriebenen Faktoren der Begründung eines wirksamen Rechtsgeschäfts eintritt. Dies wird daraus geschlossen, daß *Rothoeft* die Fälle des Abschlusses eines beurkundungspflichtigen Rechtsgeschäfts im Ausland mit den Fällen des sog. faktischen Vertrages gleichsetzt[250]. Damit wird auch von *Rothoeft* die Formvorschrift nicht als ein von den anderen Wirksamkeitsvoraussetzungen nach materiellem Recht zu unterscheidendes und in internationalprivatrechtlicher Hinsicht gesondert zu behandelndes Element, sondern wie jene ausschließlich nach deutschem Geschäftsrecht behandelt, weshalb sich dieser Ansatz von *Rothoeft* auch unter dem Gesichtspunkt der Gleichbehandlung der notariellen Beurkundung mit den Inhaltsvoraussetzungen einordnen läßt.

d) Diesem Verständnis der notariellen Beurkundung kann bereits die Terminologie des Gesetzes entgegengesetzt werden, da die notarielle Beurkundung genauso wie die Schriftlichkeit, öffentliche Beglaubigung und sonstige Beurkundung als „Form“ bezeichnet wird[251]. Auch die bisherige allgem. Meinung geht davon aus, daß die notarielle Beurkundung zur äußeren Gestalt einer Rechtshandlung, also zur Form, gehört[252]. Wie jede Formvorschrift, so ist selbstverständlich auch die notarielle Beurkundung meist nicht wegen der äußeren Gestalt, sondern hauptsächlich um des Inhalts der Rechtshandlung willen, vorge-

---

246 RNr. 99; ihm folgend *Schilling / Zutt*, RNr. 59 zu § 15 GmbHG.

247 IPR, I, S. 200.

248 RNr. 97 zu Art. 11 EGBGB (am Schluß).

249 NJW 1972, 981 (982 f.).

250 S. 121 f.

251 §§ 313, 518, 766, 2231, 2276 II BGB.

252 So z. B. *Zitelmann*, II, 154 ff. und ausdrücklich *Nußbaum*, S. 89 (oben); *Heldrich*, AcP 147 (1941), 89 ff. (passim); Staudinger / *Firsching*, RNr. 70 zu Art. 11 EGBGB; *Häsemeyer*, S. 209 f. und passim.

schrieben[253]. Jedoch wird bei den Beurkundungsvorschriften, die in erster Linie dem Beweissicherungszweck dienen, besonders deutlich, daß die notarielle Beurkundung gerade auch die äußere Gestalt der Rechtshandlung (deren Fixierung und Sicherung) als einen Hauptzweck zum Gegenstand haben kann. Darüber hinaus wird aber auch in den Fällen, in denen die Beurkundungspflicht aus Gründen des Schutzes eines oder mehrerer Beteiligten verlangt wird, die notarielle Beurkundung zur Form gerechnet, auf die dann Art. 11 EGBGB anwendbar ist. Die Unterscheidung, die *Behrens*[254] zwischen notarieller Beurkundung als Form- und als Inhaltserfordernis vornimmt, scheint viel eher vergleichbar mit den Überlegungen, die vorstehend zu Art. 30 EGBGB angestellt wurden. Dahinter scheint das Bestreben zu liegen, daß die notarielle Beurkundung nicht durch eine leichtere Form des Ortsrechts verdrängt werden darf, wenn deutsche grundlegende Interessen der Allgemeinheit die Form der notariellen Beurkundung verlangen. Warum die statusbezogenen Rechtshandlungen bei der GmbH anders zu behandeln sein sollen, als die Übertragung eines GmbH-Anteils und das hier zugrundeliegende Kausalgeschäft, wenn diese Rechtsakte aus dem Blickwinkel der notariellen Belehrung betrachtet werden, ist nicht überzeugend und erscheint willkürlich, insbes. wenn bedacht wird, daß für die Beurkundung von satzungsändernden Gesellschafterbeschlüssen die Vorschriften der §§ 17 ff. BeurkG überhaupt nicht gelten[255]. Für das insoweit gleiche Ergebnis erscheint die Heranziehung des Art. 30 EGBGB weit besser geeignet, insbes. läßt sich über die Vorbehaltsklausel das gleiche Ergebnis systemgerechter begründen. Insgesamt erscheint dieser Ansatz der Einteilung der Fälle der notariellen Beurkundung in verschiedene Gruppen, wobei nur eine dieser Teilgruppen Formvorschriften darstellen soll, als mit der gegenwärtigen Gesetzeslage und dem System der Rechtsgeschäftslehre nicht vereinbar. Wegen dieser Systemfremdartigkeit läßt sich eine dogmatisierbare Aufteilung nicht durchführen; jede Einteilung der Formvorschriften in echte und unechte Formvorschriften muß willkürlich erscheinen[256].

---

253 Darauf weisen auch *Rothoeft*, S. 122 und *Kropholler*, ZHR 140 (1976), 394 (404 FN 37) besonders hin.

254 RNr. 99 Einl.

255 Dies übersehen *Winkler*, NJW 1972, 981 (986); OLG Hamm, NJW 1974, 1057 (1058); *Behrens*, RNr. 99 Einl., wenn diese in den Fällen der Beurkundung von Gesellschafterversammlungen immer mit den §§ 17 ff. BeurkG argumentieren. Daß dieser Aspekt von *Winkler* übersehen wurde, ist nur schwer zu verstehen, da er in NJW 1974, 1032 (1033 f.) ausdrücklich darauf hinweist, daß das Ergebnis des Beschlusses des OLG Hamm wegen dieses Umstandes noch viel mehr auf die Beurkundung von Willenserklärungen anzuwenden sei. Daß auch die Beurkundung von Gesellschafterversammlungen einer GmbH eine Tatsachenbeurkundung ist, ist allg. Meinung: z. B. Keidel / Kuntze / *Winkler*, RNr. 5 zu § 36 BeurkG und *Jansen*, RNr. 8 ff. zu § 37 BeurkG.

e) Zu dem von *Behrens* angeführten rechtspolitischen Interesse an einer Entlastung des Registerrichters bei den eintragungspflichtigen Rechtsgeschäften[257] ist zu bemerken, daß dieser Gesichtspunkt keinerlei Stütze im Gesetz oder in den Gesetzesmaterialien findet. Ganz im Gegenteil ist in der amtlichen Begründung zum BeurkG ausdrücklich festgestellt, daß die Beurkundung privaten Interessen dient[258]. Aus der Sicht der optimalen Verwirklichung des Parteiwillens[259] muß in diesen Fällen, in denen eine Registereintragung nachfolgt, der Schluß gezogen werden, daß die vorangehende notarielle Beurkundung in ihrer Wichtigkeit herabgemindert wird, weil das vorgenommene Rechtsgeschäft vor seinem endgültigen Wirksamwerden noch einer weiteren, recht strengen Prüfung durch den Registerrichter bzw. -Rechtspfleger unterzogen wird. Diesen beteiligten Stellen wird im Vergleich zum beurkundenden Notar in der Regel eine größere fachliche Kompetenz zugesprochen werden müssen, da bei ihnen eine bessere Spezialisierung vorliegt. Selbstverständlich kann das Registergericht auf bloße Zweckmäßigkeitsfragen keinen Einfluß mehr nehmen, sondern lediglich den Maßstab der Wirksamkeit/Zulässigkeit anlegen. Wie später zu zeigen sein wird, trifft jedoch auch den beurkundenden Notar aus den § 17 ff. BeurkG keine Beratungs- und Belehrungspflicht hinsichtlich reiner Zweckmäßigkeitsüberlegungen[260]. Eine solche Beratungspflicht kann sich lediglich aus einem neben der Beurkundungstätigkeit hergehenden Betreuungsverhältnis ergeben.

Dem Ansatz von *Frankenstein, Staudinger / Firsching* und *Winkler*[261] hinsichtlich der Fälle des § 15 GmbHG kann unter Berücksichtigung der bereits mehrfach erwähnten eindeutigen gesetzgeberischen Intention

---

[256] *Neuhaus*, S. 143 f. und ihm folgend *Kropholler*, ZHR 140 (1976), 394 (403 f. FN 37) weisen gegenüber der Meinung von *Behrens* darauf hin, die Rechtssicherheit ertrage eine solche Einteilung der Formvorschriften nicht. Auch Staudinger / *Großfeld*, RNr. 299 zu IntGesR nennt diesen Ansatz einen „unsicheren Qualifikationsversuch".

[257] RNr. 99 der Einleitung. Diesen Gesichtspunkt nennt das OLG Karlsruhe (RIW/AWD 1979, 567) als Argument für die Ablehnung der Vergleichbarkeit einer ausländischen Beurkundung, wobei ohne nähere Begründung postuliert wird, daß „hinter der Beurkundungspflicht auch ein justizpolitisches Interesse daran besteht, die Rechtmäßigkeitsprüfung nicht allein dem Registerrichter aufzubürden". Dem kann nicht zugestimmt werden.

[258] BT-Drucksache V/3282, S. 23; Text s. oben FN 195. In dem BGH-Beschluß (s. FN 1) wird im letzten Satz der veröffentlichten Gründe die inhaltliche Prüfung durch das (Register-)Gericht als Sicherungsmittel für sichere Grundlagen für den Rechtsverkehr hervorgehoben, was in diesem Zusammenhang als Hauptzweck der notariellen Beurkundung angesehen werden muß (vgl. oben Ziff. 2 g), insbes. FN 94 ff.

[259] Diesen sehr treffenden Begriff verwendet *Rothoeft*, S. 123 f. und FN 37.

[260] s. dazu unten Teil 2, D III 3.

[261] *Frankenstein*, S. 200; Staudinger / *Firsching*, RNr. 97 zu Art. 11 EGBGB (am Schluß); *Winkler* in NJW 1972, 981 (982 f.).

für die Beurkundungspflichten dieser Vorschrift nicht gefolgt werden[262]. Bei § 15 GmbHG ist die Beurkundungspflicht ausschließlich im Interesse der besseren Unterscheidung zwischen GmbH und AG und damit aus ordnungspolitischen Gründen eingeführt und so auch von der h. M., insbes. der Rechtsprechung verstanden und ausgelegt worden. In § 16 I GmbHG ist nichts darüber ausgesagt, in welcher Form der Nachweis des Übergangs des Geschäftsanteils gegenüber der Gesellschaft geführt werden muß[263]. Aus dieser bloßen Nebenpflicht der Beteiligten eines Geschäftsanteilsübertragungsvertrages kann unmöglich auf die unbedingte Notwendigkeit der notariellen Beurkundung und damit auf den absoluten Vorrang der deutschen Formvorschrift geschlossen werden.

Rothoeft übersieht bei seinen Ausführungen, in denen er für eine völlige Gleichbehandlung des Formerfordernisses mit anderen Wirksamkeitsvoraussetzungen eintritt[264], daß die Form eines Rechtsgeschäfts einer gesonderten Kollisionsnorm, nämlich dem Art. 11 EGBGB unterliegt und damit eine vom übrigen Rechtsgeschäft losgelöste, eigenständige Größe darstellt, für die in international-privatrechtlicher Sicht besonders anzuknüpfen ist[265]. Daß dieser gesetzlichen Regelung sehr sinnvolle Überlegungen (neben der langen Tradition des Gesetz gewordenen Rechtssatzes) zugrunde liegen, wurde bereits oben ausgeführt[266]. Diese überzeugenden Gesichtspunkte verbieten es meines Erachtens, durch Auslegung die gesetzgeberische Differenzierung rückgängig zu machen. Auch rechtspolitisch betrachtet besteht meines Erachtens kein sinnvoller Grund, die gesetzliche Regelung zu ändern; zunehmende wirtschaftliche und soziale Verflechtungen über die Staatsgrenzen hinweg und eine früher nicht geahnte Mobilität verlangen mehr denn je Bestimmungen, die die Interessen des Rechtsverkehrs höher als nationale Regelungen bewerten, wo dies von der Sache her zugelassen werden kann. Meines Erachtens ist an der großzügigeren Haltung gegenüber ausländischen Formvorschriften festzuhalten. Ausschließlich in den Fällen, in denen auch hinsichtlich der Form zwingend deutsches Recht anwendbar ist, ist die Erfüllung der Formvorschrift wie jede andere Wirksamkeitsvoraussetzung zu prüfen[267].

262 So führt auch das RG z. B. in RGZ 160, 225 (228) aus: „... die Bestimmungen des § 15 III und IV GmbHG sind bloße Formvorschriften."

263 In RGZ 164, 162 (170) wird zwar die notarielle Beurkundung als Beweiserleichterung auch für die Anzeigepflicht nach § 16 GmbHG möglicherweise für dienlich gehalten, dies jedoch als Grund und Inhalt der Beurkundungspflicht ausdrücklich abgelehnt.

264 S. 121 f.

265 Allg. Meinung zu Art. 11 I EGBGB, vgl. z. B. Staudinger / *Firsching*, RNr. 3 zu Art. 11 EGBGB; *Neuhaus*, S. 142; *Ferid*, S. 126 (5 - 91); auch *Rothoeft* führt diese Meinung, S. 113 f., an.

266 Vgl. oben A II, insbes. FN 34 ff.

8. Verweise auf das ausländische Recht

In mehreren Aufsätzen[268] von Praktikern wird immer wieder darauf verwiesen, daß die weitgehende Geltung des Ortsformgrundsatzes nach der früheren allgemeinen Meinung im deutschen Recht nur wenige Parallelen im Ausland habe, da in anderen Rechtsordnungen der Grundsatz der Ausschließlichkeit der jeweiligen nationalen Beurkundung sehr viel stärker ausgeprägt sei. So wird insbes. immer wieder darauf hingewiesen, daß Frankreich[269] Rechtsgeschäfte über französische Grundstücke, insbes. auch die Bestellung von Hypotheken und Verfügungen darüber, nur durch französische Notare zulasse. Außerdem verlangen einige Kantone in der Schweiz[270] bei Beteiligung schweizerischer Grundstücke die Beurkundung durch Urkundspersonen des Kantons der belegenen Sache. Schließlich wird darauf verwiesen, daß die Rechtsprechung des österreichischen OGH in Wien[271] dahingeht, daß in den Fällen, in denen das österreichische Recht die Form des Notariatsaktes vorschreibt, der Ortsformgrundsatz nicht anwendbar sei. Aus diesen ausländischen Gestaltungen wird dann für die Auslegung der deutschen Vorschriften geschlossen, daß für die bisherige, sehr umfassende Anwendung des Art. 11 I 2 EGBGB ein unabweisbares Interesse des Rechtsverkehrs nicht als Grund angeführt werden kann, da der internationale Rechtsverkehr in den genannten Ländern trotz der wesentlich engeren Auffassung nicht zum Erliegen kommt, sondern praktikable Ergebnisse auch ohne die umfassende Anwendung des Ortsformgrundsatzes möglich sind.

Diese Hinweise auf ausländische Regelungen hinsichtlich des Umfangs der Ortsformregel müssen sehr differenziert für jedes Land besonders behandelt werden[272].

---

267 So auch *Ferid*, GRUR (intern.) 1973, 472 (477 f.), der bei Anwendbarkeit des Art. 11 I 2 EGBGB ausdrücklich den von ihm in dem Aufsatz im wesentlichen behandelten Ansatz ablehnt (S. 473, l. u.).

268 *Winkler*, NJW 1972, 981 (987); *Schmidt* in DB 1974, 1216 (1219); *Brambring*, NJW 1975, 1255 (1261).

269 Staudinger / *Firsching*, RNr. 18 zu Art. 11 EGBGB.

270 Staudinger / *Firsching*, RNr. 18 zu Art. 11 EGBGB; vgl. dazu auch *Santschi* in DNotZ 1962, 626 ff.

271 *Winkler*, NJW 1972, 981 (987).

272 Bei der nachstehenden Bearbeitung der ausländischen Regelungen, auf die sich die genannten Autoren beziehen, mußte aus Gründen der Begrenzung des Raumes und des zeitlichen Aufwandes auf eine ausführliche und umfassende Darstellung der verschiedenen ausländischen Bestimmungen verzichtet werden. Insbesondere die Rechtszersplitterung in der Schweiz hätte — bei umfassender Untersuchung — zur Sprengung des Rahmens eines Abschnitts in vorliegender Arbeit geführt. Ich beschränke mich deshalb auf eine gedrängte Darstellung der notwendigsten, zum Verständnis der Andersartigkeit und Unvergleichbarkeit erforderlichen Gesichtspunkte.

a) Dabei ergibt sich für Frankreich, daß die dortige Regelung des formellen Grundstücksrechts mit unserem Grundbuchsystem nicht vergleichbar ist[273]. Der wesentliche Unterschied zum deutschen Recht besteht darin, daß die Registrierung sowohl der Übertragung eines Grundstücks als auch der Bestellung einer Hypothek keine konstitutiven Elemente zur Rechtsbegründung darstellen, sondern lediglich dazu erforderlich sind, daß diese Rechte Dritten entgegengehalten werden können. Jedoch ist der beurkundende Notar aufgrund öffentlich-rechtlicher Bestimmungen verpflichtet, jede Hypothekenbestellung und Grundstücksübertragung — auch entgegen dem evtl. erklärten Willen der Beteiligten — umgehend der Registerbehörde einzureichen. Daß dabei die notarielle Beurkundung zumindest weitestgehend den Zweck verfolgt, die Grundstücks- bzw. Hypothekenregister[274] auf dem Laufenden zu halten, ergibt sich insbes. daraus, daß Grundstücksübertragungsverträge auch privatschriftlich wirksam und einklagbar sind[275]. Nur unter Berücksichtigung dieser vollkommen anderen Organisation des formellen Liegenschaftsrechts und der abweichenden Zwecke der notariellen Beurkundung ist es verständlich, daß Art. 2128 c. c. vorschreibt, daß Hypotheken an französischen Grundstücken grundsätzlich nur durch Urkunden eines französischen Notars bestellt werden können[276]. Wenn der genannte Beurkundungszweck und die damit eng verbundene Verknüpfung zum öffentlichen Recht berücksichtigt werden, ist es auch verständlich, daß in der französischen Literatur über Art. 2128 c. c. hinaus[277] die Meinung vertreten wird, die registrierpflichtigen Rechtsgeschäfte könnten nur durch einen französischen Notar beurkundet werden, da nur er durch die öffentlich-rechtlichen Ver-

---

273 Übersicht dazu bei *Ferid*, Das Französische Zivilrecht, II, S. 953 - 979. Für wertvolle Hinweise hinsichtlich der französischen Rechtslage und Beurkundungsfunktion bin ich Herrn Notar Dr. *François Lotz* in Pfaffenhoffen/Elsaß sehr dankbar.

274 Im früheren Elsaß-Lothringen besteht das unter der Geltung deutschen Rechts eingeführte Grundbuch im wesentlichen fort; in den übrigen Departements Frankreichs werden lediglich die von den Notaren eingereichten Urkunden gesammelt und in Namens- bzw. Grundstücksregistern aufgelistet; eine Eintragung, die der in das Grundbuch nach deutschem Recht vergleichbar wäre, findet nicht statt.

275 Wenn der Geschäftswert unter 50,— ffr liegt, ist nicht einmal Schriftform erforderlich, vgl. 1341 c.c.

276 Neben den französischen Notaren sind nur solche ausländischen Notare zuständig, mit deren Heimatland ein Staatsvertrag besteht. Zu dieser Vorschrift bemerkt *Bar*, Theorie und Praxis, S. 617 (FN 3), daß es sich hierbei um eine legislatorische Verirrung handelt.

277 Daß nur für die Bestellung von Hypotheken eine gesetzliche Bestimmung besteht, obwohl auch Grundstücksveräußerungen registrierpflichtig sind, läßt sich wohl dadurch erklären, daß bei Erlaß des c.c. nur die Bestellung von Hypotheken zu registrieren war und deshalb nur darüber eine umfassende gesetzliche Regelung vorliegt.

pflichtungen zur Einreichung der entsprechenden Vorgänge bei den Registerbehörden gezwungen werden kann[278].

Da in der Bundesrepublik Deutschland ein völlig anderes formelles Liegenschaftsrecht besteht und insbes. die notarielle Beurkundung nach deutschem Recht ganz andere Zwecke verfolgt[279], können die für Frankreich zweckmäßigen Regelungen nicht auf deutsche Verhältnisse übertragen werden.

b) Der Hinweis auf die Rechtsverhältnisse in der Schweiz ist in dieser umfassenden Formulierung nicht aussagekräftig, da in einigen Kantonen Urkunden deutscher Notare weitestgehend Grundlagen für Grundbucheintragungen sein können[280]. Soweit in einigen Kantonen ausschließliche Beurkundungszuständigkeiten der kantonalen Beurkundungspersonen für Grundstücksgeschäfte bestehen[281], sind diese nur historisch zu erklären. Dabei muß berücksichtigt werden, daß auch in Deutschland bis zum Jahre 1934 die Auflassung über Grundstücke nur vor dem zuständigen Grundbuchamt, also „vor offenem Buch" erklärt werden konnte[282]. Daß derartige Gegebenheiten und Privilegien in der Schweiz bei den dortigen Gesetzgebungsverfahren (bis hin zur Landsgemeinde) nicht leicht abzuändern sind, liegt auf der Hand, zumal die Bewohner dieser Kantone wohl kaum größeres Interesse an der Zulassung ausländischer Beurkundungen[283] haben. Schließlich muß eine solche schweizerische Regelung im Umkreis der gesamten politischen

---

278 So z. B. *Lotz*, S. 68 (unter Nr. 194). Dies entspricht jedoch nicht der h. M., insbes. ist die Rechtsprechung für die Anerkennung ausländischer notarieller Urkunden, vgl. z. B. Cour D'Appel de Colmar, Rec. leg. 1952, 424, wo für die Übertragung eines franz. Grundstücks die Urkunde eines deutschen Notars als ausreichend angesehen wurde. In dieser Entscheidung wurde auf den Zweck der notariellen Beurkundung nach franz. Recht nicht eingegangen, sondern irrigerweise nur von Schutzüberlegungen für die Beteiligten ausgegangen. Nach der von Herrn Lotz persönlich geäußerten Meinung kann diese Argumentation nur in den Fällen eingreifen, in denen die Beurkundungspflicht zum Schutz der Beteiligten besteht (z. B. beim Verkauf von Immobilien, wenn der Verkäufer ein Haus oder eine Wohnung noch herstellen muß). Für diese Fälle hält Herr Lotz die Beurkundung durch einen ausländischen — vergleichbaren — Notar für möglich.

279 s. dazu unten 2. Teil, Abschnitt C.

280 So ist mir aus eigener Erfahrung bekannt, daß für die Eintragung von Erbauseinandersetzungsverträgen über Grundstücke in den Kantonen Luzern und Tessin deutsche notarielle Urkunden ausreichen.

281 So z. B. im Kanton St. Gallen die ausschließliche Beurkundungszuständigkeit des Grundbuchverwalters.

282 Erst durch die Verordnungen vom 11. 5. 1934 und 9. 1. 1940 wurde reichsrechtlich die Zuständigkeit der Notare bzw. Amtsgerichte neben dem zuständigen Grundbuchamt für die Entgegennahme der Auflassung eingeführt, s. dazu oben FN 153.

283 Wozu auch die Beurkundungen in anderen schweizer Kantonen zu zählen sind, soweit nicht innerschweizerische Staatsverträge Ausnahmen zulassen.

und gesellschaftlichen Rahmenbedingungen gesehen werden; dabei kann eine derartige provinzielle Regelung möglicherweise in verschiedenen schweizer Kantonen, nicht jedoch in der auf europäische Einigung, zumindest auf Erleichterung der Zusammenarbeit hinstrebenden Bundesrepublik Deutschland tragbar sein[284].

c) In Österreich schließlich wird die vom OGH gebilligte Ansicht[285], daß ein Notariatsakt nach österreichischem Recht nur vor einem österreichischen Notar errichtet werden kann, mit guten Gründen kritisiert[286]. Für Österreich ist zu beachten, daß der Ortsformgrundsatz im Gegensatz zum deutschen Recht beim Erlaß dieser Entscheidungen nicht positiv-rechtlich geregelt war, sondern lediglich als Gewohnheitsrecht Geltung hatte[287]. Schon von der Gesetzeslage her ist deshalb ein Vergleich mit der deutschen Rechtslage nur eingeschränkt möglich.

Somit geben alle diese Hinweise auf ausländische Regelungen keine Veranlassung für eine einschränkende Auslegung des Art. 11 I 2 EGBGB; als Anregungen für ein mögliches Eingreifen des Gesetzgebers mögen sie — genauso wie die genannten Regelungen zur Umgehungsproblematik — bestehen bleiben, wobei m. E. die vom deutschen Gesetzgeber bisher vorgenommene Bewertung der beteiligten Interessen[288] gegenüber den genannten ausländischen Regelungen und Bewertungen zu sachgerechteren Lösungen führt und deshalb der Vorrang gebührt.

C. Zusammenfassung der Untersuchungen des ersten Teils

Aufgrund der jetzigen Gesetzeslage ist grundsätzlich an der umfassenden, fakultativen Geltung des Satzes „locus regit formam actus" für alle Rechtsgeschäfte und Rechtshandlungen festzuhalten, wie dies bisher (bis 1973) in Rechtsprechung und Rechtslehre allgemein angenommen wurde. Allerdings muß dieser Grundsatz neben den allgemein anerkannten Einschränkungen bei sachenrechtlichen Verfügungsgeschäften und der „Normenleere" als durch die Vorbehaltsklausel bei vorgeschriebener notarieller Beurkundung in wesentlichen Bereichen begrenzt angesehen werden. Die deutsche Vorbehaltsklausel greift zwar

---

284 Den Analogieschlüssen zu einer solchen ausländischen Regelung hält auch *Kropholler*, ZHR 140 (1976), 394 (411 f.) entgegen, daß eine ausschließliche Beurkundungszuständigkeit nicht in die politische Landschaft der Bundesrepublik Deutschland paßt.

285 Österreichische JZ 1960, Evidenzblatt Nr. 335 (Heft 21).

286 So *Kralik* in Festschrift für Schima, S. 229 (237 ff.); aus deutscher Sicht übte *Gutermann*, DNotZ 1963, 174 hieran Kritik.

287 Vgl. jetzt § 8 des IPR-Gesetzes vom 15. 6. 1978, BGBl. Nr. 304. Zur früheren Rechtslage: *Kralik* in Festschrift für Schima, S. 229 f.

288 Vgl. dazu ausführlicher oben Nr. 7 e (am Schluß).

dann nicht ein, wenn die notarielle Beurkundung überwiegend im Interesse eines oder mehrerer Beteiligten vorgeschrieben ist und diese durch Verlegung des Abschlußortes ins Ausland auf diesen Schutz verzichten[289]. Das aufgrund Art. 11 I 2 EGBGB an sich berufene Ortsrecht kann jedoch dann keine Geltung beanspruchen und ist durch Art. 30 EGBGB wegen Verletzung des Zweckes eines deutschen Gesetzes ausgeschlossen, wenn es anstelle der nach deutschem Recht erforderlichen notariellen Beurkundung eine weniger beweissichernde Form setzt und die deutschen Formvorschriften in erster Linie im Interesse der Herstellung und Sicherung eindeutiger und manipulationsgeschützter Urkunden zum Schutz des allgemeinen Rechtsverkehrs erlassen wurden, wie dies z. B. bei den Vorschriften über die Form der statusbegründenden oder -verändernden Akte von Kapitalgesellschaften der Fall ist. Sieht in solchen Fällen das Ortsrecht eine hinsichtlich der Beweissicherung leichtere Form (z. B. nur Schriftlichkeit oder öffentliche Beglaubigung) vor, so gilt für diese Fälle zwingend das deutsche Recht, das die notarielle Beurkundung vorschreibt. Das gleiche gilt, wenn der Zweck eines deutschen Gesetzes, der darin zu sehen ist, daß einer oder mehrere Beteiligte geschützt werden, von einem anderen Beteiligten durch Verlegung des Abschlußortes ins Ausland vereitelt wird, ohne daß alle geschützten Beteiligten auf diesen Schutz bewußt verzichteten. Alle sonstigen Ansätze zur Begrenzung des Ortsformgrundsatzes sind jedoch abzulehnen.

---

289 So z. B. §§ 313, 518 BGB u. a.

Zweiter Teil

Anerkennung ausländischer notarieller Urkunden bei Geltung deutschen Geschäftsrechts

A. Einführung

Die Untersuchung dieser Frage setzt die Entscheidung der kollisionsrechtlichen Frage des ersten Kapitels, ob das deutsche Geschäftsrecht oder das Ortsrecht über die Form einer Rechtshandlung entscheidet, voraus. Nach den im ersten Kapitel gefundenen Ergebnissen ist die jetzt zu untersuchende Anerkennung nur in den Fällen der ausschließlichen Geltung des deutschen Rechtes auch als Formstatut[290] von Bedeutung. Die Frage der Voraussetzungen für die Anerkennung einer ausländischen notariellen Urkunde bei Geltung deutschen Geschäftsrechts ist im Gesetz an keiner Stelle entschieden oder auch nur angesprochen. Die Beantwortung dieser Frage muß sich deshalb ausschließlich aus allgemeinen Rechtsgrundsätzen und aus der systematischen Stellung des Formerfordernisses „notarielle Beurkundung" im deutschen Recht ergeben. Die zu beantwortende Frage kann so formuliert werden, daß zu untersuchen ist, ob das Tatbestandsmerkmal und Wirksamkeitserfordernis „notarielle Beurkundung" nach deutschem Geschäftsrecht durch eine ausländische (notarielle) Beurkundung ersetzt werden kann[291]. In einigen neuen Aufsätzen[292] wird die Meinung vertreten, daß

---

290 Somit bei „Normenleere", sachenrechtlichen Verfügungsgeschäften, Vereinbarung deutschen Rechts als Formstatut und bei Eingreifen der Vorbehaltsklausel. Wenn darüber hinaus von deutschem Recht als Formstatut ausgegangen wird (z. B. entsprechend dem Ansatz von Winkler bei gesellschaftsrechtlichen Vorgängen oder dem Ansatz Manns und Krophollers bei eintragungspflichtigen Rechtsgeschäften), ist die hier zu behandelnde Frage in weiterem Umfang relevant.

291 Ähnlich formuliert *Brambring*, NJW 1975, 1255 (1258 l. Sp.) die Ausgangsfrage. Hier wurde bei der ausländischen Beurkundung das Adjektiv „notarielle" in Klammern gesetzt, da im Ausland möglicherweise andere Bezeichnungen für die Urkundsperson (z. B. Escribano, Schreiber usw.) gebraucht werden. Auf die Bezeichnung der Urkundsperson kommt es jedoch nicht an, so z. B. *Mann*, NJW 1955, 1177 (1178 l. o.); Staudinger / *Ferid*, RNr. 117 vor § 2346 BGB; LG Koblenz IPRSpr. 1970, Nr. 144.

292 So *Winkler*, NJW 1972, 981 (987 r. o.); *Schmidt* in DB 1974, 1216 (1217 ff.), der den Ausdruck „niemals" auf S. 1219 (r. Sp.) mehrfach verwendet; *Brambring*, NJW 1975, 1255 (1256); Keidel / Kuntze / *Winkler*, RNr. 49 Einl. BeurkG; so früher schon *Mosheim*, DNotZ 1953, 250 (253) mit irrigem Zitat einer BGH-Entscheidung; *Saage*, DNotZ 1953, 584 (588) und *Weber*, NJW 1955, 1784 (1786 l. Sp. unter 5 II).

bei Geltung deutschen Geschäftsrechts eine ausländische Beurkundung in keinem Fall dazu geeignet ist, die nach deutschem Recht erforderliche notarielle Beurkundung zu ersetzen. Dieser Auffassung schlossen sich mit den bereits mehrfach zitierten Entscheidungen auch das OLG Hamm und das LG München an[293]. Demgegenüber geht die bisherige h. M., insbesondere die frühere höchstrichterliche Rechtsprechung[294] und jetzt der BGH sowie die meisten Kommentare[295] davon aus, daß die Anwendung des deutschen Rechts auch als Formstatut nicht ohne weiteres die Beurkundung durch einen deutschen Notar verlangt. Als Grund hierfür wird insbesondere das Interesse an einer Erleichterung des Rechtsverkehrs angegeben[296]. Dieses Interesse des Rechtsverkehrs wird von den Vertretern der Meinung, die eine Ersetzbarkeit der deutschen durch eine ausländische notarielle Beurkundung ablehnen, für nicht durchgreifend erachtet[297]. So wird insbesondere darauf verwiesen, daß die Zulässigkeit der Beurkundung durch deutsche Konsulate den Bedürfnissen des internationalen Rechtsverkehrs ausreichend entspreche[298]. Wenn auch dies nicht möglich sei, könnten ja auf jeden Fall Be-

---

[293] OLG Hamm in NJW 1974, 1057 (1059 l. Sp.): „... kann die Beurkundung ... durch einen ausländischen ... Notar das nach deutschem materiellen Recht vorgeschriebene Erfordernis der notariellen Beurkundung nicht erfüllen." Dabei erfolgte noch eine Einschränkung auf den zur Entscheidung stehenden Fall (weil sonst auch eine Vorlagepflicht an den BGH nach § 28 FGG bestanden hätte). Ganz verallgemeinernd dann LG München I, DNotZ 1976, 501: Die Kammer ist der Meinung, „daß die gem. Art. 11 EGBGB geforderte Gleichwertigkeit des Beurkundungsvorgangs generell dadurch nicht gewährleistet ist, daß ein ausländischer Notar mangels Kenntnis des deutschen Rechts den Integralbestandteil des vom deutschen Recht aufgestellten Formerfordernisses der notariellen Beurkundung mangels generell nicht zu unterstellenden Kenntnissen des deutschen Rechts nicht erfüllen kann." — Das OLG Karlsruhe (RIW/AWD 1979, 568) beschränkt sich in seinen Ausführungen auf den zu entscheidenden Fall der Beurkundung einer Satzungsänderung einer deutschen GmbH.

[294] RGZ 88, 227 (231); 160, 225 (231); BGH in BGHZ 80, 76 ff. (vgl. FN 1). Im Zeitpunkt der Ausarbeitung dieser Arbeit hatte der BGH zu diesen Fragen noch nicht Stellung genommen (vgl. das Vorwort). Vor der genannten BGH-Entscheidung bezeichnete z. B. das OLG Karlsruhe (vgl. FN 293), wohl insbesondere auf Grund des Beschlusses des OLG Hamm (vgl. FN 293), die Frage der Gleichwertigkeit einer ausländischen Beurkundung als „überwiegend verneint". So auch noch *Eder*, BWNotZ 1982, 74 (77), dem die gen. BGH-Entscheidung offenbar noch nicht bekannt war.

[295] Staudinger / *Firsching*, RNr. 24 ff., Soergel / *Kegel*, RNr. 25, Erman / *Arndt*, RNr. 11; Palandt / *Heldrich*, Anm. 2 und *Spellenberg* in Münchner Kommentar, RNr. 10 jeweils zu Art. 11 EGBGB; so grundsätzlich auch *Behrens*, RNr. 101 Einleitung (am Anfang) sowie Staudinger / *Großfeld*, RNr. 301 zu IntGesR mit allerdings wesentlichen Einschränkungen.

[296] Dieses betonen insbesondere auch Staudinger / *Ferid*, RNr. 117 vor § 2346 BGB; *Kropholler*, ZHR 140 (1976), 394 (408).

[297] Dazu ausführlich *Winkler*, NJW 1972, 981 (988 r. Sp.) und NJW 1974, 1032 (1034); *Brambring*, NJW 1975, 1255 (1260 f.).

[298] So *Brambring*, NJW 1975, 1255 (1261).

vollmächtigte in Deutschland eingeschaltet werden[299]. Für die Vollmachten würde eine Beglaubigung durch einen ausländischen Notar oder eine andere ausländische Urkundsperson ausreichen[300]. Entgegen dieser Hinweise muß festgestellt werden, daß eine Beurkundung durch deutsche Konsularbeamte in vielen Fällen schon deshalb ausscheidet, weil deren Zahl zu gering ist, um dem Beurkundungsbedürfnis, das im Ausland doch hin und wieder auftritt, zu entsprechen und die mit Beurkundungsbefugnis versehenen Konsularbeamten außerdem meist nur in den Großstädten ihre Amtssitze haben[301]. Die Einschaltung von

---

[299] So *Reithmann*, RNr. 149 (S. 117); *Winkler*, NJW 1972, 981 (988) und NJW 1974, 1032 (1034); *Brambring*, NJW 1975, 1255 (1261).

[300] Da die Vollmacht nicht der Form des Rechtsgeschäfts bedarf (§ 167 II BGB) und die in Verfahrensvorschriften (z. B. § 29 GBO) verlangte Beglaubigungsform im Ausland gewahrt werden kann, vgl. dazu oben FN 4 m. w. N. *Ludwig* (NJW 1983, 495 ff.) vertritt demgegenüber die Auffassung, daß in den Fällen, in denen eine Beurkundungspflicht des materiellen Rechts wegen der Bindungswirkung des Vollmachtgebers entgegen § 167 II BGB auch auf die Vollmacht ausgedehnt wurde (vgl. hierzu Palandt / *Heinrichs*, Anm. 1 b zu § 167 m. w. N.), auch in internationalprivatrechtlicher Hinsicht ein „Form-Verbund" zwischen Vollmacht und Hauptgeschäft herzustellen sei. Dies führe dazu, daß eine unwiderrufliche Auflassungsvollmacht wegen Art. 11 II EGBGB in der Ortsform ausgeschlossen sei und wegen der allgemeinen Meinung zu § 925 BGB (vgl. dazu unten Abschnitt G) auch nicht durch einen ausländischen Notar beurkundet werden könne. Darüber hinaus könne auch die unwiderrufliche Vollmacht z. B. für eine Erbteilsübertragung nur durch einen „gleichwertigen" ausländischen Notar (auf Grund der von der Rechtsprechung angenommenen Fungibilität) beurkundet werden. M. E. ist diese Einschränkung abzulehnen, da eine Vollmacht nie aus den spezifischen Gründen der Beurkundungspflicht des Vollzugsgeschäfts (insbes. §§ 925, 2033 BGB) formbedürftig wird, sondern stets aus einer „Vorverlagerung" des individuellen Schutzes eines Beteiligten aus der Beurkundungspflicht des Kausalgeschäftes (insbes. § 313 BGB), für das stets der Ortsformgrundsatz gilt.

[301] Nach einer Mitteilung des Auswärtigen Amtes vom 10. April 1978 sind insgesamt 414 Beamte mit Beurkundungsbefugnis in deutschen Konsulaten bzw. Botschaften beschäftigt, wovon jedoch nur ein Teil mit Beurkundungen befaßt ist. Von den 242 Honorarkonsuln können lediglich diejenigen beurkunden, die die Befähigung zum Richteramt haben; außer diesen (deren Zahl nicht genannt wurde, die aber wohl nicht sehr hoch sein dürfte) hat nur ein Honorarkonsul die besondere Beurkundungsbefugnis. Die Zahl der von deutschen Auslandsvertretungen vorgenommenen Beurkundungen ist sehr gering (zwischen 2 und ca. 65 pro diplomatischer Vertretung jährlich). Die daraus folgende geringe Erfahrung im Beurkundungsrecht und mit Beurkundungsbräuchen führt dazu, daß die von deutschen diplomatischen Vertretungen aufgenommenen Urkunden schon rein äußerlich im Erscheinungsbild mit notariellen Urkunden wenig zu tun haben und oft auch Formmängel aufweisen. Auf die sehr nachteiligen Auswirkungen des Zwergnotariats i. S. eines Notars mit nur sehr geringer Beurkundungsfrequenz wurde auch bei den Beratungen der BNotO im Rechtsausschuß (vgl. Protokoll Nr. 96/18 des Rechtsausschusses des 3. Deutschen Bundestags) zu Recht hingewiesen. Dabei wurde eine Beurkundungsfrequenz, wie sie selbst bei den größten Auslandsvertretungen im Höchstfall auftritt, als viel zu gering angesehen. Unter Berücksichtigung dieser Verhältnisse ist die Beurkundung durch einen erfahrenen ausländischen Notar der durch einen unerfahrenen deutschen Konsularbeamten vorzuziehen.

Bevollmächtigten kommt bei sehr vielen Rechtsgeschäften, insbesondere des Familien- und Erbrechts, nicht in Betracht, weil bei diesen Rechtsgeschäften sehr oft eine Vertretung ausgeschlossen ist[302]. Außerdem muß berücksichtigt werden, daß es in den Fällen der „Normenleere“, die einen beachtlichen Teil der hier zu untersuchenden Fälle ausmacht, oft auf geringen, mehr zufälligen Gegebenheiten beruht, ob für die Form des beabsichtigten Rechtsgeschäfts die — oft sehr einfache — Ortsform oder die deutsche Formvorschrift der notariellen Beurkundung maßgebend ist[303]; wenn nun in den Fällen, in denen die Ortsform wegen zu wesentlicher Unterschiede in der Ausgestaltung der Rechtsgeschäfte in den beteiligten Rechtsordnungen nur „knapp verfehlt“ wird, wäre die Konsequenz aus der Anwendbarkeit des deutschen Geschäftsrechts, daß eine Vornahme in dem entsprechenden Land überhaupt nicht möglich wäre[304]. Wenn diese Konsequenz gezogen würde, stellte es einen sehr krassen und einschneidenden Unterschied dar und erscheint unter Berücksichtigung der gesetzgeberischen Wertung der Interessen des Rechtsverkehrs in Art. 11 I 2 EGBGB unangemessen. In den Fällen, in denen eine Ortsform durch das Eingreifen der deutschen Vorbehaltsklausel verdrängt wird, muß außerdem darauf Rücksicht genommen werden, daß das ausländische Recht nicht weitergehend als zur Zweckerfüllung des deutschen Gesetzes erforderlich ist, ausgeschlossen wird[305].

---

302 Darauf weist auch *Kralik*, S. 237 hin. Daß gerade in diesen Rechtsgebieten ein Bedürfnis für die Anerkennung ausländischer Beurkundungen besteht, hebt *Kropholler*, ZHR 140 (1976), 394 (408) hervor. Bereits hier ist darauf hinzuweisen, daß der Verweis auf die Möglichkeit der Einschaltung von Bevollmächtigten in vielen Fällen zu einem Zirkelschluß führt, wenn die Ablehnung der ausländischen Beurkundung mit der mangelnden Belehrung durch den ausländischen Notar begründet wird, vgl. dazu unten FN 383.

303 Hierauf weisen auch *Bokelmann*, NJW 1972, 1729 (1732 l. Sp.) und *Kropholler*, ZHR 140 (1976), 394 (408) hin. Als Beispiel sei erwähnt, daß es fraglich erscheint, ob die Abtretung eines Anteils an einer „private limited company“ nach engl. Recht, die privatschriftlich möglich ist, mit der Abtretung eines GmbH-Anteils wegen der grundsätzlichen Unterschiede des Gesellschaftsrechts noch vergleichbar ist (so auch *Wolfsteiner* in DNotZ 1978, 532 (535)). Wenn nun diese Frage gar nicht zu entscheiden ist, weil ein Abtretungsvertrag über den Anteil an einer deutschen GmbH durch einen englischen Notar beurkundet wird, ist damit — bei Anerkennung der Gleichwertigkeit dieser Beurkundung — den Interessen des internationalen Rechtsverkehrs ganz wesentlich gedient. Insbesondere werden damit umfangreiche, zeit- und kostenraubende Anfragen und Auskünfte bei ausländischen diplomatischen Vertretungen (oder den deutschen Instituten für ausländisches Privatrecht) vermieden.

304 Wenn man die konsularische Beurkundung, die aus rein tatsächlichen Gründen häufig ausscheidet und gegen deren Zweckmäßigkeit auch erhebliche Bedenken bestehen (s. FN 301), außer Betracht läßt.

305 Vgl. dazu z. B. RGZ 106, 82 (85 f.); *Wolff*, S. 70; *Raape*, S. 99 o., wonach die Vorbehaltsklausel nur im unvermeidbaren Umfang eingreifen darf, insbesondere die durch die Anwendung des Art. 30 EGBGB entstandene Lücke durch ausländisches Recht auszufüllen ist.

Aus all diesen Gründen ergibt sich, daß eine Ersetzung der deutschen durch eine ausländische notarielle Beurkundung nicht von vornherein ausgeschlossen ist, sondern daß nachfolgend geprüft werden muß, ob einer solchen Ersetzung sachliche Gründe entgegenstehen.

B. Feststellung des Vergleichsmaßstabs

Bevor die Vergleichbarkeit und Gleichwertigkeit einer ausländischen Beurkundung mit der deutschen notariellen Beurkundung untersucht werden kann, muß festgestellt werden, ob hinsichtlich aller Bestimmungen des deutschen Rechts, die sich auf die notarielle Beurkundung beziehen, Gleichwertigkeit oder Vergleichbarkeit gegeben sein muß. Nach einhelliger Auffassung[306] kann eine vollkommene Gleichheit der Beurkundung, insbesondere des gesamten Beurkundungsverfahrens nicht verlangt werden. Diese Meinung kann allein zu vernünftigen Ergebnissen führen, da sich schon allein wegen der im Ausland regelmäßig anderen Organisation des Beurkundungswesens Unterschiede im Beurkundungsverfahren ergeben.

Zu prüfen ist nun, von welchen deutschen Bestimmungen, die sich auf die notarielle Beurkundung beziehen, als Vergleichs- und Bewertungsmaßstab auszugehen ist. Hierzu wird in der Literatur vereinzelt die Auffassung vertreten[307], für die Vergleichbarkeit einer ausländischen Beurkundung komme es im wesentlichen auf den Vergleich der zwingenden Verfahrensvorschriften, die sich auf die Beurkundung beziehen, an. Demgegenüber wird allgemein[308] von den Funktionen bzw. Zwecken der notariellen Beurkundung, die ihr nach deutschem materiellen Recht zukommen, ausgegangen und geprüft, ob die ausländische Beurkundung diesen Zwecken gerecht werden kann. Der zuletzt genannte Ansatz erscheint sachgerecht, da das Verfahrensrecht nur eine dienende Rolle gegenüber den Wertungen des materiellen Rechts hat und nur Mittel zur Erfüllung der Funktionen der Beurkundung nach

[306] So z. B. *Ferid*, S. 129 f.; *Stephan*, NJW 1974, 1596 (1598 l. Sp.); so auch *Brambring*, NJW 1975, 1255 (1258), vgl. zu seinem Ausgangspunkt ausführlich FN 307.

[307] So *Brambring* in NJW 1975, 1255 (1258 l. Sp.), der zwar auch vom Sinn und Zweck der notariellen Beurkundung ausgehend über § 128 BGB im wesentlichen auf die Mußerfordernisse des BeurkG abstellt und in diesem Zusammenhang eine Äquivalenz hinsichtlich der Sollvorschriften als „Rechtsformalismus" ausdrücklich ablehnt. Unmittelbar anschließend verlangt er jedoch eine Gleichwertigkeit hinsichtlich der Prüfungs- und Belehrungspflichten des Notars, die nach deutschem Recht nur Sollvorschriften sind, ohne diesen Widerspruch näher zu begründen.

[308] So z. B. Keidel / Kuntze / *Winkler*, RNr. 49 Einleitung BeurkG; *Winkler*, NJW 1972, 981 (986 l. Sp.); Staudinger / *Firsching*, RNr. 22, 25 zu Art. 11 EGBGB; von funktioneller Gleichwertigkeit spricht auch *Ferid*, S. 129 f.

materiellem deutschen Recht ist. Alle Bestimmungen des Beurkundungsverfahrens sind deshalb von den Funktionen der notariellen Beurkundung aus zu verstehen, wobei natürlich aus den Verfahrensbestimmungen auch Rückschlüsse auf das Bestehen und die Rangordnung der Funktionen gezogen werden können. Ausgehend von den materiellrechtlichen Funktionen der notariellen Beurkundung ist damit der Prüfung der Gleichwertigkeit einer ausländischen Beurkundung die Frage zugrunde zu legen, mit welcher Sicherheit das ausländische Beurkundungsrecht im Vergleich zum deutschen Recht die Erfüllung der Funktionen der notariellen Beurkundung nach deutschem Recht gewährleistet. Dabei ist sowohl im deutschen als auch im ausländischen Beurkundungsrecht die Gesamtheit der Bestimmungen heranzuziehen, die sich mit der notariellen Beurkundung befassen[309]. M. E. müssen dabei über das geschriebene Recht hinaus auch gewohnheitsrechtliche Beurkundungsusancen Berücksichtigung finden[310]. Besonderer Beachtung bedürfen dabei die im deutschen Recht vorhandenen Absicherungen der Funktionen. Mehr als das deutsche Recht an Absicherungen bietet, kann keinesfalls von einer ausländischen Rechtsordnung verlangt werden.

C. Feststellung der Funktionen der deutschen Beurkundungsvorschriften

I. Um den vorstehend aufgezeigten Vergleichsmaßstab anwenden zu können, ist zuvor zu beantworten, welche Funktionen die notarielle Beurkundung nach deutschem Recht zu erfüllen hat. Bereits im ersten Teil wurde kurz auf die bei manchen Bestimmungen des materiellen Rechts, die eine notarielle Beurkundung vorschreiben, eindeutig im Vordergrund stehenden Beurkundungszwecke eingegangen[311]. Diese unterschiedlichen Gewichtungen bei den verschiedenen Beurkundungsfunktionen legen es nahe, Fallgruppen zu bilden und die Fälle, in de-

---

[309] Damit ist angesprochen, daß es nicht allein auf Bestimmungen ankommt, die entsprechend dem deutschen BeurkG die Förmlichkeiten und das Verfahren bei der Beurkundung regeln, sondern auch auf Dienstvorschriften für die Beurkundungsperson oder andere sich auf die Beurkundung beziehende Rechtsnormen.

[310] Es kann nicht bei jeder ausländischen Rechtsordnung vorausgesetzt werden, daß sie ein gleiches Maß an geschriebenem Recht und eine ähnliche Perfektion des Gesetzgebungsverfahrens wie die Bundesrepublik Deutschland kennt. Dagegen verlangt *Brambring*, NJW 1975, 1255 (1259 l. u.) eine ausdrücklich normierte Prüfungs- und Belehrungspflicht mit der Begründung, die Rechtssicherheit verlange dies. Diese Argumentation ist jedoch nicht richtig, da auch nach deutschem Recht diese Pflichten keinen Einfluß auf die Wirksamkeit der Beurkundung haben, weil sie in Sollvorschriften enthalten sind.

[311] Vgl. oben Teil 1, B II 2 g und 6 e mit den dort angeführten Fundstellen.

nen die notarielle Beurkundung vorgeschrieben ist, danach einzuteilen[312].

Als solche Funktionen der notariellen Beurkundung werden in aller Regel aufgeführt[313]: Warnfunktion = Übereilungsschutz für Beteiligte; Beweissicherungsfunktion; Belehrungs-, Prüfungs- und Beratungsfunktion. Nach allgemeiner Meinung[314] bilden die Beurkundungspflichten nach § 15 GmbHG einen Sonderfall, da sich der Zweck dieser Beurkundungspflichten nicht unter diese drei Hauptfunktionen einordnen läßt. Wie bereits oben ausgeführt, liegen dieser Vorschrift nur wirtschaftspolitische und -rechtliche Überlegungen zugrunde; es soll durch diese Beurkundungspflichten weder einer der Beteiligten[315] noch der Rechtsverkehr insgesamt geschützt werden[316], auch kann kein besonderer Zusammenhang zur Belehrungsfunktion hergestellt werden[317]. Mit Ausnahme dieser Beurkundungspflichten dienen alle übrigen Beurkundungszwecke privaten Interessen[318], teilweise den Interessen eines oder mehrerer an dem Rechtsgeschäft unmittelbar Beteiligter[319] bzw. der Sicherheit des Rechtsverkehrs überhaupt[320].

---

312 Ansätze in diese Richtung sind bei *Rothoeft*, S. 123 ff. besonders deutlich.

313 Dazu ausführlich *Heldrich*, AcP 147 (1941), S. 89 ff. (91 f.), der 8 verschiedene Formzwecke unterscheidet; *Häsemeyer*, S. 164 ff.; Protokolle zum BGB, V, 440 ff.; unter besonderer Betonung der „Belehrungsfunktion" so auch *Winkler*, NJW 1972, 981 (986 f.).

314 z. B. Schilling / *Zutt*, RNr. 9 zu § 15 GmbHG; RGZ 135, 70 (71 f.), BGHZ 13, 49 (51 f.); vgl. dazu oben Teil I, B II 2 k. a. A. *Häsemeyer*, S. 174: „Als Mittel zur Erschwerung des Vertragsschlusses dürften Geschäftsformen schlechthin unzulässig sein" (ähnlich auch S. 189 f.).

315 Durch Warnung vor der besonderen Gefährlichkeit oder Wichtigkeit des Geschäfts.

316 Zumindest nicht durch die Herstellung eindeutiger und sicherer Unterlagen, wie dies oben Teil I, B II 2 k für die statusbezogenen Rechtsakte der Kapitalgesellschaften festgestellt wurde.

317 Darauf weist *Behrens*, RNr. 101 (am Schluß) Einleitung besonders hin, wobei die dort in RNr. 99 und 101 vorgenommene Bewertung der Belehrungspflicht — insbesondere unter Berücksichtigung der §§ 17 ff. BeurkG — nicht recht verständlich ist, da die Belehrungspflicht des Notars bei Beurkundungen nach § 15 GmbHG viel weitgehender ist als bei den (Tatsachen-) Beurkundungen nach § 53 GmbHG, vgl. dazu oben FN 255.

318 Dies ist ganz allgemein ausgedrückt in der amtlichen Begründung des BeurkG, BT-Drucksache, V/3282, S. 23 (Text s. FN 195); s. dazu auch *Häsemeyer*, S. 170 f.: „Das Verkehrsinteresse, ... ist also nichts anderes als die Summe der Individualinteressen, ..."; *Heldrich*, AcP 147 (1941), S. 89 (91 f.), der als mögliche Formzwecke auch die Überwachung und Erschwerung im Gemeinschaftsinteresse anführte, dürfte insoweit durch das gewandelte Verständnis über die Funktionen des Privatrechts überhaupt als überholt anzusehen sein.

319 So insbesondere die dem Übereilungsschutz dienenden Beurkundungspflichten.

320 So insbesondere die Beurkundungspflichten in Statussachen der Kapitalgesellschaften und des Familienrechts.

II. Zu untersuchen ist nun, ob die nach deutschem materiellen Recht bestehenden Beurkundungspflichten sich nach diesen Beurkundungsfunktionen einteilen und insbesondere klar voneinander unterscheiden lassen. Dazu müssen alle Bestimmungen des materiellen deutschen Rechtes, in denen die notarielle Beurkundung vorgeschrieben ist, darauf überprüft werden, welcher der genannten Beurkundungsfunktionen sie zugeordnet werden können. Als einzige mögliche zuverlässige Quelle hierfür erscheinen die gesetzgeberischen Überlegungen geeignet, die zur Einführung der Beurkundungspflichten führten[321]. Bei Durchsicht der verschiedenen Gesetzesmaterialien ist festzustellen, daß — mit Ausnahme des § 15 GmbHG — von der Schutzfunktion für Beteiligte und der Beweissicherungsfunktion im Interesse des Rechtsverkehrs durchweg die Rede ist, wobei häufig noch daneben der Zweck genannt wird, daß die Mitwirkung einer rechtskundigen, unparteiischen Urkundsperson bei der Wichtigkeit des zu beurkundenden Vorganges erforderlich oder zweckmäßig erscheint[322]. In keinem einzigen Fall einer Beurkundungspflicht kann jedoch die Belehrungsfunktion aus den Gesetzesmaterialien als Sonderfall eines Beurkundungszweckes hergeleitet werden[323]. Auch lassen sich in allen Fällen der Beurkundungspflicht nach dem BGB die Beurkundungszwecke des Übereilungsschutzes und der Beweissicherung nicht klar voneinander trennen[324]. Dies ergibt sich auch aus folgenden Überlegungen zu einigen, in der Praxis besonders bedeutsamen Beurkundungspflichten:

---

321 Diese Quellen erscheinen trotz des Grundsatzes, daß Gesetze autonom und in 1. Linie vom Wortlaut her auszulegen sind (vgl. *Larenz*, S. 296 ff.), am zuverlässigsten, weil alle anderen Überlegungen entweder zu einer Differenzierung zwischen den Funktionen nicht beitragen oder aber eigene Wertvorstellungen an die Stelle derjenigen des Gesetzgebers setzen. Wenn nur von den tatsächlichen Auswirkungen der Beurkundungspflichten ausgegangen wird, liegt z. B. der Schluß nahe, die Existenzsicherung der Notare sei — zumindest auch einer von mehreren, wenn nicht der — Zweck der notariellen Beurkundung.

322 Vgl. z. B. die oben FN 94 ff. wiedergegebenen Materialien zum AktG und nachfolgende Belegstellen.

323 Deshalb läßt sich die Meinung *Brambrings*, NJW 1975, 1255 (1257 l. Sp.): „Die Bindung eines Rechtsgeschäfts an eine bestimmte Form ist eine Entscheidung des Gesetzgebers, die auf den verschiedensten Erwägungen beruht haben mag und in einem Fall gerade um der Beweissicherung, in einem anderen gerade um des Warneffekts und in einem dritten gerade um der Belehrung willen getroffen worden ist" hinsichtlich der letzten Folgerung nicht belegen.

324 Meistens werden diese beiden Gesichtspunkte nebeneinander angeführt, so z. B. Motive zum BGB, II, S. 188 (für die Beurkundungspflicht nach § 311 BGB) und die in FN 326, 330, 332, 336 angeführten Motive; besonders aufschlußreich und interessant sind dazu die Protokolle zum BGB, V, 429 ff., wo alle Beurkundungspflichten des BGB (2. Entwurf) zusammengestellt sind und insbes. auch über die Zwecke der Beurkundung Aussagen gemacht sind (S. 440 f.). Dabei werden Übereilungsschutz, Klarstellung und Beweissicherung aufgezählt.

1. Nach einhelliger Meinung diente die Beurkundungspflicht des § 313 BGB vor der Neufassung dieser Bestimmung im Jahre 1974 in erster Linie dem Schutz des Verkäufers des Grundstücks vor Übereilung[325]. Durch die Beurkundungspflicht sollten insbesondere „Wirtshausgeschäfte" über Grundstücke ausgeschlossen werden[326]. Nach der Neufassung des § 313 BGB dient diese Beurkundungspflicht jetzt auch dem Schutz des Erwerbers von Grundeigentum vor einer leichtfertigen Bindung an einen Grundstückskaufvertrag. Somit läßt sich diese Beurkundungspflicht eindeutig unter die Warnfunktion der notariellen Beurkundung einreihen. Es gibt jedoch in der notariellen Praxis vielerlei Fälle[327], in denen sinnvollerweise die Beurkundung aus Schutzüberlegungen für die Beteiligten nicht erforderlich wäre. Gedacht ist hierbei in erster Linie an Verträge über wirtschaftlich völlig unbedeutende Grundstücksteilflächen (z. B. Straßenplatzabtretungsverträge), bei denen trotzdem eine Beurkundungspflicht besteht. Ursprünglich war für solche Fälle vorgesehen gewesen, daß allein die Auflassung beurkundet wird und damit eine Kostenersparnis eintritt[328]. Dies ist seit Einführung des § 925 a BGB nicht mehr möglich. Aus der unterschiedslosen Beurkundungspflicht für Grundstücksübertragungsverträge (ohne Begrenzung auf einen Mindestwert von z. B. DM 100,—) ergibt sich, daß diese Beurkundungspflicht neben der Warnfunktion auch noch der Beweissicherungsfunktion der notariellen Beurkundung zugewiesen werden muß. Für die Sicherheit und Übersichtlichkeit des Grundbuchs erscheint es zumindest zweckmäßig, wenn nicht gar erforderlich, daß auch in den Fällen der Übertragung von geringwertigen Grundstücken sowohl die Auflassung als auch das schuldrechtliche Kausalgeschäft notariell beurkundet werden[329]. Damit dient die Beurkundungspflicht des § 313 BGB zwar in erster Linie und weit überwiegend dem Schutz (jetzt) beider Vertrag-

---

325 So von RGZ 81, 134 (135 ff.) bis BGH in BWNotZ 1974, 11 mit Besprechung von *Klunzinger* in BWNotZ 1974, 124; kritisch dazu bereits *Hamm* beim 28. Deutschen Juristentag 1906 in Kiel, Protokolle der Verhandlungen, S. 34 f. und aus neuerer Zeit z. B. *Wolf* in JZ 1971, 80 (82); a. A. z. B. OLG Stuttgart, JZ 1972, 160, die sich aber nicht durchsetzen konnte.

326 Vgl. dazu Motive zum BGB, II, S. 189; so ausdrücklich die Protokolle zum BGB, I, S. 460 f.; zum Zweck des § 313 BGB s. ferner die sehr ausführliche und engagierte Diskussion beim 28. Deutschen Juristentag 1906 in Kiel, Protokolle der Verhandlungen, S. 22 ff. (26 f.).

327 Die zahlenmäßig eine ganz erhebliche Quote für sich beanspruchen.

328 Protokolle zum BGB, I, S. 461; zu Erfahrungen damit s. Protokolle des 28. Dt. Juristentages, S. 31 ff.

329 Andeutungen hierzu bereits in den Protokollen zum BGB, I, S. 462 für die Stützung des Antrags, § 313 S. 2 BGB zu streichen; durch § 925 a BGB (bzw. seine Vorgänger) wurden dann die Hauptanwendungsfälle des § 313 S. 2 BGB beseitigt und damit den früheren Anregungen im wesentlichen Rechnung getragen. Zur Beweissicherungsfunktion des § 313 BGB vgl. auch *Hamm* beim 28. Dt. Juristentag, 1906, Kiel, Protokolle, S. 26 f.; *Westermann*, S. 392 sieht als Sinn des § 925 a BGB ausdrücklich die Beweissicherung.

schließender; darüber hinaus ist jedoch auch die Schaffung eindeutiger und zuverlässiger Eintragungsgrundlagen für das Grundbuch, das nach deutschem Recht eine das gesamte Immobiliarrecht beherrschende Stellung hat, als Beurkundungszweck anzusehen.

2. Aus den Gesetzesmaterialien zur Beurkundungspflicht des Schenkungsversprechens[330] ergibt sich eindeutig, daß neben der Warnfunktion für den Schenker der Beweissicherungszweck zur Vermeidung von Streitigkeiten über eine gültige Schenkung für den Gesetzgeber ausschlaggebend waren.

3. Entgegen der gesetzlichen Regelung waren im ursprünglichen Entwurf des BGB[331] alle Verfügungen von Todes wegen hinsichtlich der vorgeschriebenen Form gleichermaßen an die gerichtliche oder notarielle Beurkundung gebunden. Lediglich hinsichtlich der Möglichkeiten der Errichtung durch Übergabe einer Schrift wurde zwischen Testament und Erbvertrag differenziert[332]. Als Grund für diese sehr strengen Formvorschriften bei allen Verfügungen von Todes wegen wurde auf die Wichtigkeit solcher Verfügungen sowohl für den Verfügenden als auch dessen Familie und die Allgemeinheit hingewiesen[333]. Obwohl noch im Laufe des Gesetzgebungsverfahrens für das BGB das privatschriftliche Testament zugelassen wurde[334], können doch die genannten Motive für die Beurkundungspflicht beim Erbvertrag (nach § 2276 BGB) und die Beurkundungsmöglichkeit beim Testament (nach § 2232 BGB) als weiterhin tragend angesehen werden[335]. Damit lassen sich diese

---

330 Motive zum BGB, II, S. 291 ff. (293), damals zu §§ 440, 441.

331 §§ 1914 - 24, 1943 des 1. Entwurfs des BGB.

332 Motive zum BGB, V, S. 317.

333 Motive zum BGB, V, S. 257 und 316 f.: „Hierfür ist im Allgemeinen maßgebend, daß die Vorschriften des Entwurfs über die Testamentserrichtung nicht durch die Einseitigkeit des Rechtsgeschäfts ... nöthig gemacht werden, sondern eine erhöhte, reichsgesetzlich zu allgemeiner Geltung gebrachte Gewähr dafür bieten sollen, daß bei einem so wichtigen Rechtsgeschäfte die Erfüllung aller Voraussetzungen für die Gültigkeit desselben thunlichst feststeht und künftigen Streitigkeiten ... vorgebeugt wird."

334 Durch die Reichstagskommission, s. 3. Anlagenband zu den stenographischen Protokollen des Reichstags, 9. Legislaturperiode, IV. Session 1895/97, S. 2103 f. — Aktenstück 440 c —; noch abgelehnt in Protokolle zum BGB, V, 326 ff.; wesentlich erleichtert durch § 21 TestamentsG vom 31. 7. 1938.

335 Für die übrigen Beurkundungspflichten im Erbrecht des BGB läßt sich folgendes feststellen: Erbteilsübertragungsvertrag (§ 2033): Protokolle zum BGB, V, 837 ff. (839), wo lediglich auf die Form des Erbschaftskaufvertrags verwiesen wird. Erbverzichtsvertrag (§ 2348): Motive, V, 473 f.; Protokolle zum BGB, V, 600 f., wo eindeutig Schutzüberlegungen für den Verzichtenden im Vordergrund standen und damit die Differenzierung gegenüber den Bestimmungen der Testamentserrichtung begründet wurden (im Gegensatz zum 1. Entwurf). Erbschaftskaufvertrag (§ 2371): Diese Beurkundungspflicht wurde von der Kommission für die 2. Lesung eingeführt, nachdem sie von einer Subkommission vorgeschlagen wurde. Spezielle Überlegungen hierzu sind aus den Protokollen nicht ersichtlich (s. Protokolle zum BGB, V, S. 443 f.).

Formvorschriften sowohl der Warnfunktion als auch der Beweissicherungsfunktion und insbes. auch einer hier besonders deutlich hervortretenden Klarstellungsfunktion zuweisen.

4. Bei den Beurkundungspflichten für die statusbegründenden bzw. -verändernden Rechtsgeschäfte des Familienrechts war in erster Linie der Beweiszweck für die Einführung der Beurkundungspflicht maßgebend[336]; daneben ist jedoch in den Gesetzesmaterialien auch erwähnt[337], daß den Beteiligten die Wichtigkeit ihrer Erklärungen durch die Beurkundung vor Augen geführt und damit ein Schutz vor leichtfertiger Abgabe dieser Erklärungen erreicht werden soll. Auch bei der Begründung der Beurkundungspflicht für Eheverträge[338] ist die Verknüpfung dieser beiden Überlegungen eindeutig ersichtlich.

5. Bei den Beurkundungspflichten im Recht der Kapitalgesellschaften (mit Ausnahme des § 15 GmbHG) steht nach der eindeutigen Quellenlage[339] der Beweissicherungszweck dominierend im Vordergrund. Daneben wird jedoch auch erwähnt, daß die Zuziehung eines Notars zur Beurkundung eines Gesellschaftsvertrages einer Aktiengesellschaft gesetzwidrige Bestimmungen darin vermeiden soll.

III. Wie die dargestellten Beispiele beweisen, läßt sich damit aus den gesetzgeberischen Überlegungen, die der Einführung der Beurkundungspflichten zugrunde liegen, keine strikte Trennung der Beurkundungspflichten nach den verschiedenen Funktionen der Beurkundung

---

336 Motive zum BGB, IV, S. 944 (Ehelicherklärung), 971 f. (Adoptionsvertrag und Einwilligungserklärungen hierzu); vgl. dazu auch *Häsemeyer*, S. 170, der für diese Geschäfte das besondere Interesse der Allgemeinheit betont und aus anderen Überlegungen heraus (insbes. aus dem Statusverfahren nach der ZPO) begründet.

337 Motive zum BGB, IV, 972: „Diese erschwerende Form empfiehlt sich bei der Wichtigkeit des Vertrages um eine größere Garantie für die Fortdauer, Ernstlichkeit und Übereinstimmung des Willens der Kontrahenten und gegen unbesonnenes Vorgehen zu gewinnen, zumal die Vertragsschließenden ... schon vor der Bestätigung gebunden sind." ... „Mit der ... Form ist zugleich der Vorteil verbunden, daß dem für die Bestätigung ... zuständigen Gericht Annahmeverträge regelmäßig nur dann ... vorgelegt werden, wenn die gesetzlichen Erfordernisse der Adoption vorliegen."

338 Motive zum BGB, IV, 311: „Die ... vorgeschriebene ... Form rechtfertigt sich im Interesse der öffentlichen Rechtssicherheit und durch die große Wichtigkeit der hier in betracht kommenden Verträge, welche auf lange Zeit berechnet und nicht nur für das Verhältnis der Ehegatten untereinander, sondern in der Regel auch für das Verhältnis derselben zu Dritten von tiefeingreifender Bedeutung sind." Hinzuzufügen ist, daß nach der jetzigen gesetzlichen Regelung die Eheverträge, die eine Ausschließung des gesetzlichen Güterstands zum Gegenstand haben, auch erhebliche Auswirkungen auf die gesetzliche Erbfolge — und damit z. B. auch auf das Pflichtteilsrecht — haben.

339 Vgl. dazu die oben FN 94 ff. wiedergegebenen Materialien zum AktG und GmbHG sowie den Text oben Teil 1, B II 2 g.

vornehmen. Auch nach den tatsächlichen Beurkundungsverhältnissen läßt sich eine klare, eindeutige Trennung und Einteilung der Beurkundungspflichten nicht vornehmen. Insbesondere läßt sich die Belehrungsfunktion nicht als gesonderte, von den übrigen Funktionen getrennte Beurkundungsfunktion feststellen. Vielmehr ist die Belehrungsfunktion mit den beiden anderen Funktionen der notariellen Beurkundung aufs engste verbunden. Bei genauer Untersuchung der Beurkundungsfunktion lassen sich im Grunde nur die Warn- und Beweissicherungsfunktion einigermaßen sicher unterscheiden, wohingegen die Belehrungsfunktion mit beiden, insbesondere aber mit der Warnfunktion zusammen gesehen werden muß[340]. Nur unter Berücksichtigung der Belehrungs- und Prüfungsfunktion der notariellen Beurkundung läßt sich die Warnfunktion sinn- und wirkungsvoll durchführen[341].

IV. Aufgrund der ausdrücklichen gesetzlichen Regelung ist jedoch eine Differenzierung hinsichtlich der Funktionen der notariellen Beurkundung möglich, und zwar zwischen der Gruppe der Beurkundung von Willenserklärungen und derjenigen von Tatsachenbeurkundungen. Für die Tatsachenbeurkundungen[342] gelten die Belehrungs- und Prüfungspflichten nach §§ 17 ff. BeurkG nicht. Diese Pflichten stehen in dem Abschnitt „Beurkundung von Willenserklärungen" und finden damit auf die Beurkundung von Tatsachen[343] keine Anwendung[344]. In

---

[340] Durch diese Feststellung der Untrennbarkeit soll die Belehrungsfunktion in keiner Weise „abgewertet" werden. Dadurch wird nur aufgezeigt, daß diese Funktion nicht ohne die beiden anderen gesehen und auch nicht für sich allein behandelt und (über-)bewertet werden kann, wie dies z. B. bei *Winkler* in NJW 1972, 981 (986 f.); *Brambring* in NJW 1975, 1255 (1259) und *Behrens*, RNr. 99, 101 Einleitung geschieht.

[341] So z. B. auch Bundestags-Drucksache V/3282, S. 22 (l. Sp.) in der Einleitung des Entwurfs der Bundesregierung zum BeurkG.

[342] Zu denen auch die Beurkundung von GmbH-Gesellschafterversammlungen und Hauptversammlungen der AG gehören, vgl. z. B. *Jansen*, RNr. 8 zu § 37 BeurkG; Keidel / Kuntze / *Winkler*, RNr. 5 zu § 36 BeurkG.

[343] Mit Ausnahme der Beurkundung von Eiden und eidesstattlichen Versicherungen, s. § 38 BeurkG.

[344] So auch ausdrücklich Keidel / Kuntze / *Winkler*, RNr. 11 zu § 37 BeurkG; *Jansen*, RNr. 25 zu § 37 BeurkG; diese Einschränkung ist vom Gesetzgeber gewollt, s. Bundestags-Drucksache V/3282, S. 29 (l. Sp.). Dies verkennen offenbar *Behrens*, RNr. 99, 101 Einleitung und *Zöllner* in Kölner Kommentar zum AktG, RNr. 62 ff. zu § 130. Das OLG Hamm übersieht in der vielfach zitierten Entscheidung, daß § 17 BeurkG für die Beurkundung von Gesellschafterversammlungen nicht anwendbar ist. Insoweit sind die Ausführungen *Winklers* in NJW 1972, 981 (986 f.) zumindest mißverständlich, da er sich im wesentlichen mit gesellschaftsrechtlichen Akten befaßt, hinsichtlich der Belehrungspflicht mit § 17 BeurkG argumentiert und dabei aber mit keinem Wort darauf hinweist, daß diese Bestimmung auf Gesellschafterversammlungen überhaupt nicht anwendbar ist. Andererseits wird gerade an den Gesellschafterversammlungen der Ansatzpunkt der absoluten Geltung des Personalstatuts auf Grund deren sozialrechtlichen Charakters entwickelt. Daß Winkler die eingeschränkte Anwendbarkeit des § 17 BeurkG bekannt

der Literatur ist es streitig, ob der Notar bei Tatsachenbeurkundungen, insbesondere bei der Beurkundung von Hauptversammlungen von Aktiengesellschaften, überhaupt eine — wenn auch eingeschränkte — Belehrungspflicht hat[345]. Mit der herrschenden Meinung kann auf Grund des eindeutigen Gesetzeswortlautes davon ausgegangen werden, daß bei diesen Tatsachenbeurkundungen den Notar nur eine äußerst eingeschränkte Belehrungspflicht aus § 4 BeurkG trifft. Damit entfällt bei den vorgeschriebenen Tatsachenbeurkundungen die Belehrungsfunktion der notariellen Beurkundung weitestgehend. Welche Konsequenzen diese Feststellung für die Frage der Ersetzbarkeit einer deutschen durch eine ausländische notarielle Beurkundung hat, ist später zu untersuchen[346].

Mit Ausnahme dieser Gruppe von Beurkundungen ist die Prüfungs- und Belehrungspflicht des Notars und die daraus resultierende inhaltsbezogene Funktion der notariellen Beurkundung den beiden anderen Funktionen komplementär verbunden; nur die so verbundenen Beurkundungsfunktionen ergeben eine zutreffende Charakterisierung der notariellen Beurkundung und ihrer Ziele und Zwecke. Daraus folgt für die Frage der Ersetzbarkeit der deutschen durch eine ausländische notarielle Beurkundung, daß diese den vorstehend aufgezeigten Funktionen insgesamt vergleichbar sein muß[347].

---

war, ergibt sich aus der o. g. Kommentierung zu § 37 BeurkG in Keidel / Kuntze / *Winkler*, auch zieht er in NJW 1974, 1032 (1033 f.) hieraus einen „erst-recht-Schluß" für die Beurkundung von Willenserklärungen (auf Grund des Beschlusses des OLG Hamm). Das OLG Karlsruhe (RIW/AWD 1979, 567) erwähnt zwar § 17 BeurkG nicht ausdrücklich, spricht jedoch im Zusammenhang mit der Beurkundung der Beschlüsse einer Gesellschafterversammlung einer GmbH von einem „betont konsultativen Charakter" der Aufgabe des Notars, wobei ebenfalls offenbar die gesetzliche Differenzierung zwischen Tatsachenbeurkundungen und Beurkundungen von Willenserklärungen übersehen wird. Der gleiche Vorwurf trifft den BGH-Beschluß (vgl. FN 1), da darin von der Erfüllung des § 17 BeurkG bei Beurkundung einer GmbH-Gesellschafterversammlung die Rede ist. Demgegenüber stellt Staudinger / *Großfeld*, RNr. 304 zu IntGesR bei der Ablehnung der Gleichwertigkeit einer ausländischen Beurkundung ausdrücklich *nicht* auf die Belehrungspflicht des Notars, sondern auf den „Öffentlichkeitsbezug" der Statusakte einer juristischen Person ab, wegen dessen er „den generellen Sachverstand" eines deutschen Notars für erforderlich hält. Wie der Notar anders als über die Belehrungs- und Hinweispflicht (und über die mögliche Beratung) seinen Sachverstand in die Beurkundung einbringen soll, ist nicht ersichtlich. Damit gehört auch der Ansatz *Großfelds* trotz der ausdrücklichen Abkehr von der Begründung mit der Belehrungspflicht hierher.

345 Dazu z. B. *Eckardt* in Geßler / Hefermehl, RNr. 54 ff.; *Barz* in Großkommentar zum AktG, Anm. 18; *Zöllner* in Kölner Kommentar, RNr. 62 ff. jeweils zu § 130 AktG; Daimer / *Reithmann*, RNr. 724 ff.; *Jansen*, RNr. 25 zu § 37 BeurkG; *Will* in BWNotZ 1977, 133 ff.; *Röll* in DNotZ 1979, 644 ff.

346 s. dazu unten Abschnitt F.

347 Damit scheidet eine Katalogisierung nach den Beurkundungszwecken mit daraus sich ergebenden Konsequenzen für die Frage der Möglichkeit der Auslandsbeurkundung aus.

D. Feststellung der Bestimmungen des deutschen Beurkundungsrechts, die den Kern dieser Bestimmungen ausmachen

Um die Ersetzung der deutschen durch eine ausländische notarielle Beurkundung nicht von vornherein auszuschließen[348], muß nunmehr untersucht werden, hinsichtlich welcher Bestimmungen des deutschen Beurkundungsrechtes die Gleichwertigkeit der ausländischen Beurkundung gegeben sein muß.

Als einzig sinnvolles Abgrenzungskriterium kommt die Beziehung und Nähe der einzelnen Beurkundungsvorschriften zu den vorstehend festgestellten Beurkundungsfunktionen in Betracht. Die Abgrenzung erfolgt hier danach, welche Bestimmungen des deutschen Beurkundungsrechts der Erfüllung der Beurkundungsfunktionen unmittelbar dienen und zu deren Erfüllung notwendig sind. Die Bestimmungen, bei denen dieses Kriterium zutrifft, werden nachstehend als der Kern der Beurkundungsvorschriften bezeichnet. Hinsichtlich dieser ist dann die Gleichwertigkeit einer ausländischen Beurkundung zu untersuchen.

I. Abgrenzungsversuch nach den Mußvorschriften des BeurkG

1. Ein möglicher Ansatzpunkt für die Trennung der Bestimmungen des Beurkundungsverfahrens nach solchen, die zum Kern dieser Bestimmungen zu zählen sind und solchen, die keine so enge und wesentliche Beziehung zur Erfüllung der Beurkundungsfunktionen aufweisen, ist die Unterscheidung der Vorschriften des BeurkG in Soll- und Mußvorschriften[349]. Aus einem Vergleich des BeurkG mit den früheren Bestimmungen des formellen Beurkundungsrechts[350] ist schnell und eindeutig zu ersehen, daß durch das Beurkundungsgesetz die Mußvorschriften ganz erheblich eingeschränkt wurden. Damit sollten nach dem ausdrücklich erklärten Willen des Gesetzgebers[351] die Fälle, in denen

---

[348] Wegen der Unterschiede im Beurkundungswesen vgl. oben Abschnitt B.

[349] Auf diese Unterscheidung wird insbesondere auch im Zusammenhang mit den Prüfungs- und Belehrungspflichten hingewiesen und daraus auf die unterschiedliche Qualität der verschiedenen Pflichten des Notars bei der Beurkundung geschlossen; so *Mann*, ZHR 138 (1974), 448 (454 f.); *Rothoeft*, FN 48; *Kropholler*, ZHR 140 (1976), 394 (409); BGHZ 80, 76 (79) und *Spellenberg* in Münchner Kommentar, RNr. 10 zu Art. 11 EGBGB. So dürften allgemein die Vertreter der Meinung, daß auf die Belehrung verzichtet werden kann (vgl. dazu unten FN 374), auf dieser Unterscheidung im Gesetz wesentlich aufbauen. Diese Unterscheidung betont ausdrücklich auch noch *Brambring*, NJW 1975, 1255 (1258 r. o.).

[350] §§ 169 bis 183 FGG (für Beurkundungen und Beglaubigungen durch Gericht und Notar im allgemeinen) und §§ 2233 bis 2246 BGB (für die Beurkundung von Verfügungen von Todes wegen).

[351] BT-Drucksache V/3282, S. 23 (r. u.): „... sollte der Kreis solcher (Muß-) Vorschriften jedoch eng gezogen werden.“ Bereits bei der Abgrenzung der

formbedürftige Rechtsgeschäfte wegen Formmängeln unwirksam sind, soweit wie möglich reduziert werden. Deshalb blieben als Mußvorschriften im BeurkG für „normale“ Beurkundungen nur das Erfordernis einer Niederschrift, die die Bezeichnung der Beteiligten und des Notars und die Erklärungen der Beteiligten enthalten, sowie den Beteiligten in Gegenwart des Notars vorgelesen, von ihnen genehmigt und unterschrieben werden muß[352]. Dabei ist noch zu berücksichtigen, daß die zuletzt genannten Erfordernisse durch die Vermutungen des § 13 I 3 BeurkG bei vorhandener Unterschrift als erfüllt angesehen werden. Wenn diese Mußbestimmungen in Relation zu den vorstehend festgestellten Funktionen der notariellen Beurkundung gesetzt werden, so ist leicht erkennbar, daß hierdurch die Beweisfunktion in hohem Maße gewährleistet wird. Diese Mußvorschriften gewährleisten nämlich das Herstellen einer dauerhaften Niederschrift mit Bezeichnung der Beteiligten und des Notars und sichern außerdem die Kenntnisnahme des Inhalts der Niederschrift durch die Beteiligten und den Notar. Darüber hinaus wird durch diese Mußbestimmungen abgesichert, daß ein förmliches Beurkundungsverfahren eingehalten wird, das zur Erfüllung der Warnfunktion wesentlich beiträgt. Schließlich besteht auch ein wesentlicher Zusammenhang zwischen diesen Mußbestimmungen und den Prüfungs- und Belehrungspflichten des beurkundenden Notars: Durch das durch die Mußvorschriften sichergestellte förmliche Beurkundungsverfahren wird gewährleistet, daß auch der Notar vom Inhalt der beurkundeten Erklärungen Kenntnis erlangt, was unabdingbare Voraussetzung für die Erfüllung seiner Prüfungs-, Belehrungs- und Hinweispflicht ist[353]. Obwohl die Belehrungspflicht selbst keine Wirksamkeitsvoraussetzung für die Beurkundung ist, so gibt doch erst das Einhalten der Mußbestimmungen des Beurkundungsgesetzes dem Notar die Möglichkeit, seinen Amtspflichten nachzukommen. Ein förmliches Beurkundungsverfahren ist daher Voraussetzung für die Erfüllung der Belehrungspflicht. Die den Inhalt der Prüfungs- und Be-

---

Mußvorschriften im 1. Entwurf des BGB (§ 1919) wurde sehr differenziert abgewogen, was als unabdingbar anzusehen ist und an welche Formfehler die Nichtigkeit nicht mehr geknüpft werden kann; Motive zum BGB, V, S. 272.

352 So nach §§ 8, 13 BeurkG. Als „normale“ Beurkundung wird hier eine solche ohne behinderte oder fremdsprachige Beteiligte verstanden. Bei Beurkundungen mit solchen Beteiligten bestehen nach §§ 16, 23 - 25 BeurkG einige weitere Mußvorschriften. Für Sonderfälle gibt es außerdem in §§ 14 (bei Verzicht auf das Vorlesen in Sonderfällen), 15 (Versteigerungen) und 30 bis 32 (Besonderheiten bei Verfügungen von Todes wegen in Sonderfällen) noch einige Mußbestimmungen.

353 Darin wird wohl einer der wesentlichen Unterschiede zur Beglaubigung zu sehen sein (neben der besseren Beweissicherung und der gesteigerten Richtigkeitsgewähr). Die Frage der Abgrenzung von Beurkundung und Beglaubigung und der Umfang der dabei zu erfüllenden Prüfungspflichten wurden im Rechtsausschuß des 3. Deutschen Bundestags bei der Beratung der BNotO (s. Protokoll Nr. 100/14 ff.) lebhaft diskutiert.

lehrungspflicht näher regelnden Bestimmungen des Beurkundungsgesetzes würden bei der Einteilung nach Muß- und Sollbestimmungen allerdings nicht zum Kern der Beurkundungsbestimmungen gehören.

2. Noch eine Klarstellung ist erforderlich: *Winkler* meint in einem Aufsatz[354], durch das Beurkundungsgesetz sei eine Verhandlung vor dem Notar vorgeschrieben. Nach dem Wortlaut des BeurkG wird zwar eine Verhandlung[355] vorausgesetzt, jedoch nicht ausdrücklich vorgeschrieben. Die ganz allgemeine Meinung[356] geht deshalb auch dahin, daß eine Verhandlung mit bestimmten Mindesterfordernissen oder formalisierten Erklärungen nicht erforderlich ist. Was unter Verhandlung i. S. des § 8 BeurkG alles verstanden werden kann, wird erst bei Berücksichtigung der praktischen Gegebenheiten deutlich: So kann ohne weiteres die „Verhandlung" der Beurkundung darin bestehen, daß der oder die Beteiligten eine vollkommen vorbereitete Urkunde dem Notar vorlegen und dieser den zwischen den Parteien bereits in allem ausgehandelten Vertrag oder die von einem Beteiligten umfassend vorbereitete einseitige Erklärung eines Beteiligten nur dem Beteiligten vorliest, evtl. erforderliche Belehrungen dazu abgibt und danach die verlesene Urkunde genehmigen und unterschreiben läßt. Dieses Beispiel macht deutlich, daß eine Verhandlung in irgendeinem rechtstechnischen Sinne nicht Voraussetzung für eine wirksame Beurkundung ist.

3. Dadurch, daß die näheren gesetzlichen Bestimmungen über die Prüfungs- und Belehrungspflichten des Notars nicht zu den Mußbestimmungen des BeurkG gehören, hätte diese Ausklammerung auch gravierende Auswirkungen auf die Gewährleistung der festgestellten Funktionen der notariellen Beurkundung, insbes. der Schutz- und Warnfunktion. Wie bereits oben kurz erwähnt, ist eine sinnvolle Erfüllung der Schutzfunktionen nur durch eine dem Notar auferlegte Prüfungs-, Belehrungs- und Hinweispflicht gesichert[357]. Allein das durch die Mußvorschriften gewährleistete ausführliche Beurkundungsverfahren stellt noch nicht sicher, daß der durch die notarielle Beurkundung nach den Intentionen des Gesetzgebers Geschützte über die rechtliche Tragweite, evtl. Gefahren und Auswirkungen seiner Erklärungen Kenntnis hat und damit in vollem Umfang weiß, was er unternimmt.

---

354 NJW 1972, 981 (986 r. u.); so auch in Rechtspfleger 1978, 44 (45 r. o.).

355 Über die eine Niederschrift anzufertigen ist, § 8 BeurkG.

356 Vgl. dazu *Jansen*, RNr. 6 zu § 8 BeurkG; Keidel / Kuntze / *Winkler*, RNr. 4 ff. zu § 8 BeurkG. Auch in der amtlichen Begründung zum BeurkG, BT-Drucksache V/3282, S. 23 wird die Verhandlung nicht als Mindestvoraussetzung (= Mußvorschrift) erwähnt.

357 So auch ausdrücklich die amtliche Begründung des BeurkG, BT-Drucksache V/3282, S. 22 (l. Sp.), wo vom Erreichen des „Zwecks der notariellen Beurkundung" die Rede ist.

Auch wird nicht abgesichert, daß die Erklärungen der Beteiligten unzweideutig und möglichst vollständig sind und damit der Erreichung der Beweis- und Befriedungsfunktion gedient wird. Die Einhaltung der Mußvorschriften steigert lediglich den Übereilungsschutz, der bereits im Gang zum Notar liegt, weiter, weil durch das förmliche Beurkundungsverfahren bei den Beteiligten noch mehr eine geschäftsmäßige Stimmung[358] erzeugt und ihnen der Wortlaut der Urkunde umfassend zur Kenntnis gebracht wird. Trotzdem kann von einer vollständigen Erfüllung der Beurkundungsfunktionen nur dann die Rede sein, wenn den beurkundenden Notar die in den Sollvorschriften normierte Prüfungs- und Belehrungspflicht trifft. Damit scheidet eine Abgrenzung des Kerns nach diesem Kriterium aus.

4. Andererseits muß noch untersucht werden, ob alle zwingenden Bestimmungen des deutschen Beurkundungsrechts als unerläßlich und unaustauschbar für die Erreichung der Funktionen anzusehen sind. Als unverzichtbare Voraussetzung für eine der deutschen vergleichbaren notariellen Beurkundung muß das Errichten einer Niederschrift, in der die Bezeichnung der Beteiligten und des Notars sowie die Erklärungen der Beteiligten enthalten sind und die Sicherung der Kenntnisnahme des Inhalts der Niederschrift durch die Beteiligten und den Notar[359] sowie die Genehmigung des Inhalts der Niederschrift durch die Beteiligten und die Unterzeichnung der Urkunde durch die Beteiligten und den Notar angesehen werden. Diese Vorgänge bzw. Bestandteile der Urkunde können nur bei der Beurkundung von Willenserklärungen verlangt werden, wie dies auch das deutsche Recht tut. Bei Tatsachenbeurkundungen kann demgegenüber nur eine Niederschrift, die den beurkundenden Notar bezeichnet und dessen Wahrnehmungen enthält sowie die Unterzeichnung durch den Notar verlangt werden[360]. Die vorstehend aufgeführten Voraussetzungen für eine Beurkundung sind entsprechend der Bewertung des deutschen Gesetzgebers als unerläßlich für die Erfüllung der Funktionen der notariellen Beurkundung

---

[358] Dies ist ein Argument für das Erfordernis von Formvorschriften überhaupt, vgl. Motive zum BGB, I, 179. Daß es bei der notariellen Beurkundung am besten verwirklicht wird, liegt auf der Hand. *Winkler* (Rechtspfleger 1978, 44, 45 l. u.) meint, aus Gründen des Übereilungsschutzes und der Beweissicherung sei die notarielle Beurkundung nicht notwendig; insoweit genüge das Schriftformerfordernis. Dieser Auffassung vermag ich mich nicht anzuschließen.

[359] Damit scheidet z. B. die Gleichwertigkeit einer Beurkundung aus, die nur darin besteht, daß der Notar einen dem dt. Beglaubigungsvermerk vergleichbaren Zusatz unter den Vertrag setzt und darin lediglich bescheinigt, daß die Vertragsschließenden vor ihm diesen Vertrag unterzeichneten, ohne daß er selbst Kenntnis davon genommen hat (so z. B. die Beurkundung durch einen Notar des schweiz. Kantons Graubünden).

[360] §§ 36, 37 BeurkG.

anzusehen. Damit ergibt sich bei der Beurkundung von Willenserklärungen folgende Besonderheit: Durch das Beurkundungsrecht muß gewährleistet sein, daß sowohl die Beteiligten als auch die Urkundsperson vollständige Kenntnis vom Inhalt der Urkunde haben. Der deutsche Gesetzgeber entschied sich zur Absicherung dieser Kenntnisnahme für das Instrument des Vorlesens der gesamten Niederschrift, das deshalb zum Mußerfordernis erhoben wurde[361]. Zur Erreichung des gleichen Zweckes lassen sich jedoch abweichend von der deutschen Regelung andere Verfahrensweisen denken, die im gleichen Maß und mit der gleichen Sicherheit die Kenntnis aller Beteiligten und der Beurkundungsperson sicherstellen. Bereits im deutschen Beurkundungsrecht ist bei der Beurkundung mit einem tauben Beteiligten sowie bei der Beurkundung von Grundpfandrechtsbestellungen das Lesen der Urkunde durch den Beteiligten an die Stelle des Vorlesens getreten[362]. Obwohl diese Ausnahmebestimmungen für den deutschen Bereich selbstverständlich nicht verallgemeinerungsfähig sind, kann doch daraus ein Hinweis darauf entnommen werden, daß auch nach den Vorstellungen des deutschen Gesetzgebers das Vorlesen nicht die ausschließliche und alleinige Möglichkeit zur Erreichung des unbedingt erforderlichen Erfolges darstellt[363]. Daß sich der deutsche Gesetzgeber für das Vorlesen entschied, erscheint eher historisch[364] bedingt als durch zwingende sachliche Gründe veranlaßt. Aus diesen gewonnenen Er-

---

[361] Auf diese ratio legis kann aus der Unterscheidung zwischen Beurkundung und Beglaubigung geschlossen werden, insbes. wenn die Beschreibung des Wesens der Beurkundung in BGHZ 37, 79 (86) zugrunde gelegt wird.

[362] §§ 14, 23 BeurkG. Daß auch der Notar die nicht zu verlesenden Teile der Urkunde bzw. diese insges. lesen muß, ist nirgends ausdrücklich vorgeschrieben; dadurch, daß § 14 II 2 BeurkG ausdrücklich auf § 17 BeurkG verweist, ergibt sich jedoch mittelbar, daß auch der Notar vom Urkundeninhalt Kenntnis nehmen soll (was jedoch in einem solchen Fall wegen des Charakters des § 17 BeurkG als Sollvorschrift keine Wirksamkeitsvoraussetzung ist).

[363] Daß auch der deutsche Gesetzgeber sowohl beim Erlaß des BGB als auch des FGG das Vorlesen nicht als in jedem Fall ausreichend ansah, ergibt sich aus §§ 2242 I 3 BGB und 177 I 3 FGG (deren Nachfolgebestimmung jetzt § 13 I 4 BeurkG ist), wonach die Niederschrift den Beteiligten auf Verlangen auch zur Durchsicht vorgelegt werden soll. Unter Berücksichtigung der Begründung dieser Vorschriften in Motive zum BGB, V, S. 273 (zu §§ 1918 - 1920 des 1. Entwurfs), auf die bei der Begründung des § 177 FGG verwiesen wurde (1. Anlagenband zu den stenogr. Reichstagsprotokollen, 9. Legislaturperiode, V. Session, 1897/98, S. 321 l. Sp., vgl. dazu auch noch Kommissionsbericht 2. Anlagenband zu den stenogr. Reichstagsprotokollen, 9. Legislaturperiode, V. Session 1897/98, S. 1363 f., wo die Umwandlung in eine Mußvorschrift abgelehnt wurde) muß eine andere gesetzgeberische Wertung dahingehend, daß das Lesen der Niederschrift durch alle Beteiligten und die Urkundsperson an die Stelle des Vorlesens tritt, als gleichwertig anerkannt werden.

[364] So ist bereits in § 11 der allg. Bestimmungen der Reichsnotariatsordnung vom 8. 10. 1512 als besonders wichtig vorgeschrieben, „daß alle und jede Puncte vor den Partheyen und Zeugen von Wort zu Wort vorgelesen werden". Ebenso in § 5 des Abschnitts über Testamente.

gebnissen läßt sich der Schluß ziehen, daß das Erfordernis des Vorlesens der Urkunde nicht zum unersetzbaren Inhalt des Beurkundungsverfahrens gerechnet werden muß; notwendig ist jedoch eine Verfahrensweise, die die Kenntnisnahme der Parteien und der Urkundsperson über den gesamten Inhalt der Urkunde in einem ähnlichen Ausmaß absichert, wie das Vorlesen. Insofern unterscheidet sich das nach deutschem Recht unbedingt erforderliche Beurkundungselement „Vorlesen" von anderen zwingend vorgeschriebenen Beurkundungsvorschriften dadurch, daß für das Vorlesen ein anderer Verfahrensmodus möglich erscheint, während dies bei den anderen Mußvorschriften des Beurkundungsgesetzes nicht möglich ist.

Als Ergebnis der Prüfung, den Kern der Beurkundungsvorschriften anhand der Mußvorschriften des BeurkG festzustellen, kann deshalb festgehalten werden: Die Mußvorschriften des BeurkG sichern zwar zum größten Teil die Erfüllung der Beweisfunktion ab, können jedoch wegen des Fehlens der Prüfungs- und Belehrungspflichten des Notars der Schutzfunktion nicht gerecht werden. Andererseits ist zwischen den verschiedenen Mußvorschriften dahingehend zu differenzieren, daß hinsichtlich des Vorlesens eine Ersetzung durch eine andere Vorgehensweise denkbar ist; bei den übrigen Mußvorschriften ist eine solche Ersetzung jedoch nicht möglich[365].

---

365 Die hier vertretene Auffassung stimmt im Ergebnis somit mit der weitgehend vertretenen Meinung überein, die zwar nicht vom deutschen Verfahrensrecht ausgeht, jedoch eine Beurkundung i. S. des deutschen Rechts (insbes. unter Beachtung von BGHZ 37, 79, 86) verlangt, für das zu beachtende Verfahren aber die ausländischen Verfahrensbestimmungen maßgeblich erklärt; so z. B. *Staudinger / Firsching*, RNr. 24 zu Art. 11 EGBGB; *Stephan*, NJW 1974, 1596 (1598); *Spellenberg* in Münchner Kommentar, RNr. 10 zu Art. 11 EGBGB; *Kropholler*, ZHR 140 (1976), 394 (406), dessen Ausführungen etwas verwirrend sind, da er einerseits Gleichwertigkeit mit den „tragenden Grundsätzen des deutschen Beurkundungsrechts" verlangt, andererseits eine „Einhaltung der Verfahrensprinzipien, ... die das deutsche BeurkG als Essentialia des förmlichen Beurkundungsvorgangs vorschreibt" nicht für gerechtfertigt hält. Als Beispiel für diese mögliche Abweichung des ausländischen Rechts führt er das Erfordernis des Vorlesens an. *Ferid*, S. 130 (5 - 115) möchte demgegenüber rein darauf abstellen, ob die ausländische Beurkundungsperson nach ihrem Heimatrecht zur Beurkundung von Willenserklärungen bestellt ist, ohne besondere Anforderungen an die Urkundsperson und das Beurkundungsverfahren zu stellen. Demgegenüber erscheint mir eine engere Anknüpfung an die Ziele und Funktionen des dt. Beurkundungsrechts notwendig, weil vom deutschen Recht aus die Gleichwertigkeit der ausländischen Beurkundung zu prüfen ist und deshalb die Bewertungen des dt. Gesetzgebers den Maßstab für diese Prüfung abgeben müssen. Der BGH (FN 1) verlangt für die Gleichwertigkeit — neben bestimmten Merkmalen der Urkundspersonen — ein „Verfahrensrecht, das den tragenden Grundsätzen des deutschen Beurkundungsrechts entspricht". Hierunter wird offenbar auch das Vorlesen der Urkunde verstanden.

II. Abgrenzungsversuch nach den Gesetzesmaterialien

Eine mögliche Quelle für Bewertungskriterien hinsichtlich der Vorschriften über das Beurkundungsverfahren könnten die Motive zu den materiell-rechtlichen Vorschriften sein, in denen die notarielle Beurkundung vorgeschrieben ist. Ebenso kommen die Motive zu den Bestimmungen des formellen Beurkundungsrechts in Betracht. Es soll deshalb im folgenden untersucht werden, ob sich aus den Überlegungen, die der Gesetzgeber bei Einführung der Beurkundungspflicht anstellte, für die Bewertung der Verfahrensvorschriften, die zur Erreichung der gesetzgeberischen Intentionen dienen, Kriterien entnehmen lassen.

Bei der Durchsicht der Motive zu den materiellrechtlichen Bestimmungen[366] ist jedoch festzustellen, daß darin immer nur die grundlegenden Schutzüberlegungen — entweder für den einzelnen oder die Allgemeinheit —, die besondere Gefährlichkeit des zu beurkundenden Geschäfts und das Bedürfnis nach Herstellung eindeutiger, abschließender Urkunden oder eine Kombination dieser verschiedenen Gesichtspunkte als Grund für die Einführung der Beurkundungspflichten genannt sind. Außerdem wird häufig noch die Mitwirkung einer rechtskundigen Person als wünschenswert und zweckmäßig genannt, wobei dieses Motiv jedoch immer nur neben den Schutz- oder Beweiszweck tritt. Eine Ausnahme stellt der bereits mehrfach erwähnte § 15 GmbHG dar, bei dem die Beurkundungspflicht aus ganz anderen Gründen eingeführt wurde[367]. Somit lassen sich aus den Gesetzesmotiven zu den materiell-rechtlichen Bestimmungen keine Bewertungsmaßstäbe dazu entnehmen, welche Vorschriften des formellen Beurkundungsrechtes zum Kernbereich zu zählen sind.

Bei der Untersuchung der Gesetzesmaterialien zu den Bestimmungen des formellen Beurkundungsrechtes läßt sich folgendes feststellen: Den Gesetzesmaterialien zu §§ 2233 bis 2246 BGB[368] und zu §§ 173 ff. FGG[369],

---

366 Vgl. dazu ausführlich oben Abschnitt C II, insbes. die in FN 324 ff. wiedergegebenen Materialien.

367 Vgl. dazu besonders oben Teil 1, B II 2 K, FN 122 ff. und *Schlüter* in Festschrift für Bartholomeyczik, S. 359 ff.

368 Dort waren die ersten reichsrechtlichen, einheitlichen formellen Beurkundungsvorschriften enthalten; in den Motiven hierzu (Bd. V, S. 270 ff.) und in den Protokollen zum BGB, V, S. 330 ff. lassen sich nur Überlegungen und Bewertungen zur Frage des Umfangs der Mußbestimmungen entnehmen; Anhaltspunkte für Gewichtungen unter den verschiedenen Sollbestimmungen lassen sich nicht entnehmen.

369 Sowohl in der amtlichen Begründung des Entwurfs des FGG (1. Anlagenband zu den stenogr. Protokollen des Reichstags, 9. Legislaturperiode, V. Session, 1897/98, S. 276 ff., 318 ff. — Aktenstück 21) als auch bei der Beratung dieses Entwurfs im Reichstagsausschuß (Bericht s. 2. Anlagenband, aaO, S. 1332 ff., 1361 ff. — Aktenstück 109) wurde häufig auf die Regelung im BGB — das in diesem Zeitpunkt bereits verabschiedet war — Bezug ge-

die die grundlegenden Kodifikationen des formellen Beurkundungsrechst enthielten, lassen sich über die Einteilung der Bestimmungen nach Muß- und Sollvorschriften hinaus keine weiteren Differenzierungen entnehmen.

Das gleiche gilt für die Materialien zum Testamentsgesetz[370] und zum BeurkG[371], die jeweils das im FGG bzw. BGB geregelte formelle Beurkundungsrecht weiterentwickeln und in der Praxis aufgetretene Schwächen beseitigen wollten.

Damit ist die in einigen neueren Aufsätzen[372] zu findende besondere Hervorhebung der Belehrungspflicht als die wichtigste Beurkundungsfunktion weder vom Wortlaut noch von den Materialien des Gesetzes her zu begründen.

---

nommen (so z. B. S. 319 r. o.), gelegentlich davon abgewichen mit der Begründung, die Bestimmungen des BGB als spezielle Regelungen für Verfügungen von Todes wegen könnten nicht verallgemeinert werden (so z. B. S. 320 r. Sp.). Hinsichtlich der Gewichtungen der einzelnen Vorschriften gilt das gleiche wie vorstehend FN 368 bemerkt.

370 Zum TestamentsG vom 31. 7. 1938 (RGBl. I, 973 ff.) wurden die Motive in DJ 1938, 1254 ff. veröffentlicht. Hieraus ergibt sich — wie auch aus der kurzen Präambel des Gesetzestextes —, daß die vorherigen Bestimmungen des BGB über die Testamentserrichtung als zu formalistisch empfunden wurden und deshalb gelockert werden sollten. Die Begründung für die Belehrungspflicht des Notars in § 15 TestG entsprach der damals herrschenden politischen Auffassung und kann für die heutige Belehrungspflicht nicht herangezogen werden. Die Regelungen des TestamentsG wurden im wesentlichen durch Gesetz vom 5. März 1953 (BGBl. I, 33 ff.) in das BGB übernommen. Zu einigen wenigen Änderungen vgl. BT-Drucksache I/3824, S. 15 ff., I/4054, S. 2 f. und Protokolle des Bundestags, I. Legislaturperiode, S. 11918 (C). Da diese Änderungen hier nicht interessieren, braucht auf diese Materialien nicht näher eingegangen zu werden.

371 Aus den Materialien zum BeurkG läßt sich entnehmen, daß die Bestimmungen über die Prüfungs-, Belehrungs- und Hinweispflichten des Notars nach der Meinung des Gesetzgebers im Beurkundungsrecht und nicht im Amtsrecht der Notare stehen sollten (BT-Drucksache V/3282, S. 22 l. Sp.) und daß der Kreis der Mußbestimmungen möglichst eng gezogen werden sollte, um Nichtigkeitsgründe aus Formmängeln möglichst zu verdrängen (ebd., S. 23 r. Sp.). Darüber hinaus läßt sich jedoch für eine Einteilung der Sollbestimmungen auch hieraus nichts ableiten.

372 Besonders deutlich bei *Winkler*, NJW 1972, 981 (986 r. Sp.) und NJW 1973, 222 (223 r. Sp.): „... die wesentliche Funktion der deutschen Beurkundung, die Belehrungsfunktion" und Rechtspfleger 1978, 44 (45 r. o.): „..., die § 17 BeurkG dem Notar zur obersten Pflicht macht." Ähnlich formuliert auch Daimer / *Reithmann*, RNr. 58 und Seybold / *Hornig*, RNr. 23 zu § 19 BNotO. Hiervon geht offenbar auch *Behrens*, RNr. 99 und 101 der Einleitung aus. In der amtlichen Begründung des BeurkG (BT-Drucksache V/3282, S. 22) ist demgegenüber nur davon die Rede, „daß die konsultative Mitwirkung der Urkundsperson zur Erreichung der Zwecke der Beurkundung notwendig ist". M. E. verbietet sich auch von diesen Motiven her eine Auslegung dahingehend, daß diese Mitwirkung (losgelöst von den anderen Funktionen und Zwecken der Beurkundung) zur Hauptfunktion erklärt wird.

III. Abgrenzungsversuch nach unabdingbaren und verzichtbaren Amtspflichten des Notars

1. Da weder aus der gesetzgeberischen Wertung, die in der Einteilung in Muß- und Sollvorschriften im formellen Beurkundungsrecht zum Ausdruck kommt, noch aus den Motiven zu den Bestimmungen des formellen Beurkundungsrechts und des materiellen Rechts, in denen die notarielle Beurkundung vorgeschrieben ist, eindeutige und abschließende Abgrenzungskriterien für den Kern des Beurkundungsverfahrensrechts entnommen werden können, muß eine andere Methode gesucht werden, die eine solche Unterscheidung, insbes. der Sollvorschriften des BeurkG ermöglicht. Dabei ist darauf zu achten, daß sich diese Unterscheidung dogmatisch und logisch begründen und in das System des Beurkundungsrechts einfügen läßt. Als geeigneter Ansatzpunkt für die Bestimmung des Kerns der Vorschriften über die notarielle Beurkundung erscheint es möglich, die Einteilung der Amtspflichten des Notars bei einer Beurkundung in unabdingbare und verzichtbare heranzuziehen. Der besseren Übersichtlichkeit halber werden nachstehend nur die Amtspflichten bei einer Beurkundung ohne Beteiligung Behinderter, also bei einer gewöhnlichen Beurkundung, berücksichtigt.

2. Um eine solche Pflichteneinteilung heranziehen zu können, muß zuerst untersucht werden, ob und ggf. hinsichtlich welcher Amtspflichten des Notars die Beteiligten verzichten können. Eine solche Möglichkeit des Verzichts erscheint nicht ohne weiteres gegeben, da die dem Notar obliegenden Amtspflichten als objektives Recht nach ganz allgemeiner Meinung Vereinbarungen zwischen dem Notar und den Beteiligten entzogen sind[373]. Andererseits ist häufig davon die Rede, daß die Beteiligten auf die Erfüllung bestimmter Amtspflichten durch den Notar verzichten können[374]. Diese aufgestellten Thesen müssen anhand der jetzigen gesetzlichen Regelung näher untersucht werden. Bei Durchsicht des BeurkG ergibt sich, daß die Beteiligten auf folgende

---

[373] *Seyboldt / Hornig*, RNr. 19, 55 ff. zu § 19 BNotO; Daimer / *Reithmann*, RNr. 59 speziell für die Belehrungspflicht. So wurde auch schon vom RG in JW 1913, 1152 (r. Sp.), JW 1915, 92 und JW 1920, 378 m. w. N. entschieden, daß Vereinbarungen über die Amtspflichten des Notars nicht möglich sind. In JW 1913, 115 ist außerdem ausgeführt, daß sich ein Verzicht der Beteiligten auf eine bestimmte Amtspflicht des Notars nur soweit erstrecken kann, als die Beteiligten über die damit verbundenen Gefahren Bescheid wissen.

[374] So hinsichtlich der Belehrungspflicht: *Stephan*, NJW 1974, 1596 (1598 r. Sp.); *Bokelmann*, NJW 1975, 1625 (1627); *Rothoeft*, S. 126, 128; *Kropholler*, ZHR 140 (1976), 394 (409); *Spellenberg* in Münchner Kommentar, RNr. 10 zu Art. 11 EGBGB; davon geht auch *Brambring*, NJW 1975, 1255 (1261) aus. *Arndt*, S. 247 i. d. M. schreibt ohne nähere Begründung: „Ein Verzicht der Beteiligten auf eine Belehrung macht diese entbehrlich." Auch die Entscheidung des BGH (FN 1) geht von der Möglichkeit des Verzichts auf die Belehrung aus.

Amtspflichten des Notars verzichten können: 1. Feststellung der Person eines Beteiligten (§ 10 II 2 BeurkG), 2. teilweiser Verzicht auf Vorlesen bei Bestellung von Grundpfandrechten (§ 14 I 2 BeurkG), 3. Anfertigung einer schriftl. Übersetzung bei fremdsprachiger Beurkundung, wenn ein Beteiligter der Urkundensprache nicht kundig ist (§§ 16 II und 32 S. 2 BeurkG), 4. Vereidigung eines Dolmetschers (§ 16 III BeurkG), 5. Ergebnis der Belehrung des Notars hinsichtlich der Gesetzmäßigkeit oder des Übereinstimmens zwischen dem Erklärten und dem von den Beteiligten Gewollten (§ 17 II 2 BeurkG)[375], 6. Feststellung des Grundbuchinhalts bei Beurkundungen über Grundstücke (§ 21 I 2 BeurkG), 7. Zuziehung von Zeugen oder eines zweiten Notars bei Behinderung eines Beteiligten (§ 22 I 1 BeurkG), 8. Einreichung von Urkunden bei einem öffentlichen Register zum Vollzug (§ 53 BeurkG) sowie ferner

---

375 Dieser ausdrücklich gesetzlich geregelte Fall des möglichen Verzichts der Beteiligten auf das Ergebnis einer Belehrung des Notars selbst bei Bedenken gegen die Gesetzmäßigkeit oder das Gewolltsein des Erklärten läßt den Schluß zu, daß die Beteiligten bei einer Belehrung über eine unsichere, unvollständige, unklare oder unzweckmäßige Regelung *erst recht* darauf verzichten können, hierauf einzugehen und den von ihnen gewünschten Erklärungsinhalt abzuändern. Daraus ergibt sich, daß der beurkundende Notar keinerlei rechtliche Möglichkeit hat, seine in eine Belehrung zusammengefaßten Bedenken gegenüber dem Willen der Beteiligten durchzusetzen; der Notar soll nach der eindeutigen Regelung nur die Beteiligten bei ihrer Entscheidung durch Belehrung — und wenn sie es wünschen, durch Beratung — unterstützen; er hat jedoch selbst keine Entscheidungsbefugnis; die Beteiligten bleiben Herren der zu beurkundenden Erklärungen. M. E. läßt z. B. *Winkler* diese gesetzliche Regelung außer Betracht, wenn er in NJW 1972, 981 (987 r. Sp.) schreibt, die Beteiligten könnten „auf das Ziel der Beurkundung durch einen deutschen Notar, die nach deutschem Recht richtige Erklärung" nicht verzichten. Wie § 17 II 2 BeurkG ausdrücklich und eindeutig zeigt, ist dies selbst bei den umfassendsten Bedenken des Notars möglich. Auch *Brambring*, NJW 1975, 1255 (1259) geht hieran vorbei, wenn er schreibt, daß der Formzwang über die Mitwirkung der Urkundsperson dafür sorgt, daß die richtige und vollkommene Erklärung abgegeben wird. Bereits *Weber*, NJW 1955, 1784 (1785) irrt insoweit, wenn er die Meinung vertritt, bei der notariellen Beurkundung werde mit Hilfe der Urkundsperson gewährleistet, daß der objektive Sinn der Erklärung mit dem subjektiven Willen übereinstimmt und daß der wirklich gewollte Rechtserfolg erreicht wird. Zwar ist die vollkommene und richtige Erklärung als Ziel der Formvorschrift „notarielle Beurkundung" anzuerkennen; Sicherungen zur Erreichung dieses Zieles sind jedoch nur sehr unvollkommen im Gesetz enthalten (§§ 14 II BNotO und 5 BeurkG). In den übrigen Fällen ist das BeurkG eine „lex imperfectae". Demgegenüber betont *Rothoeft*, S. 126 und 135 (FN 39) unter ausdrücklicher Erwähnung des § 17 BeurkG, daß die Einflußmöglichkeiten des Notars auf die Gestaltung der Erklärung eingeschränkt sind, wenn er formuliert, daß „der Notar eben nur der Berater, nicht aber der Vormund der Beteiligten ist". Ähnlich formuliert auch *Kropholler*, ZHR 140 (1976), 394 (409). In einer Reichsgerichtsentscheidung in JW 1935, 2043 wird bereits betont, daß „der Notar nicht der wirtschaftliche Vormund" der Beteiligten ist, wobei jedoch sofort angeführt wird, daß er sich trotzdem „von der Geschäftsgewandtheit und Einsicht der Erschienenen überzeugen, ihren wirklichen Willen erforschen, auch durch zweckentsprechende Rechtsbelehrung auf dessen einwandfreie Feststellung hinwirken" muß.

die Schweigepflicht des Notars (§ 18 I 2 BNotO). Bei diesen Fällen ist teilweise im BeurkG ausdrücklich vorgeschrieben, daß der Notar zuvor auf die Bedeutung und die Gefahren des Verzichts hinweisen muß[376]. Darüber hinaus kann auch in den anderen Fällen aus der Verwendung der Begriffe „Verzicht" oder „darauf bestehen" geschlossen werden, daß ein aktives, bewußtes und gewolltes Handeln der Beteiligten erforderlich ist, das die Kenntnis der Amtspflicht und der mit dem Verzicht verbundenen Gefahren voraussetzt. Allgemein formuliert kann deshalb als Voraussetzung für einen wirksamen Verzicht auf eine Amtspflicht — soweit dies überhaupt möglich ist — die Kenntnis der Amtspflicht und das bewußte „In-Kauf-Nehmen" der Gefahren durch den oder die Beteiligten festgehalten werden[377].

3. Zu untersuchen ist nun ferner, ob außer in diesen ausdrücklich geregelten Fällen die Beteiligten auch noch auf die Erfüllung weiterer Amtspflichten des Notars verzichten können. Hierbei ist insbes. zu prüfen, ob auf eine Belehrung durch den Notar generell verzichtet werden kann. Zur Entscheidung dieser Frage muß zunächst Inhalt und Umfang der Prüfungs- und Belehrungspflichten des Notars nach § 17 ff. BeurkG näher festgestellt werden.

a) Dabei muß bereits an dieser Stelle darauf hingewiesen werden, daß nach dem Aufbau der notariellen Aufgaben und Pflichten zu den Pflichten bei der Beurkundung von Willenserklärungen nur die Prüfungs-, Belehrungs- und Hinweispflichten nach §§ 17 bis 21 BeurkG zu berücksichtigen sind, den Notar als Ausfluß der Beurkundungstätigkeit jedoch keine Pflicht zur Beratung der Beteiligten trifft. Diese Unterscheidung ist auch in der BNotO eindeutig durchgeführt. Nach § 24 BNotO gehört die Beratung der Beteiligten, ebenso wie die Anfertigung von Urkundenentwürfen, zu den sonstigen Aufgaben des Notars. Die Abgrenzung zwischen Urkundstätigkeit und sonstiger Amtstätigkeit des Notars ist z. B. für die Frage der Berechtigung zur Amtsverweigerung nach § 15 BNotO und die Subsidiarität der Haftung nach § 19 I 2 BNotO wesentlich[378]. Die dem Notar nach den §§ 17 ff. BeurkG im Zusammenhang mit der Urkundstätigkeit auferlegten Prüfungs- und Belehrungspflichten sollten deshalb im Interesse einer klaren Unterscheidung der verschiedenen Aufgabengebiete des Notars nicht einfach als „Belehrung und Beratung" bezeichnet und zusammengezogen

---

376 So in §§ 21 II; 10 II; 17 II BeurkG.

377 So schon RG in JW 1913, 1152 (r. Sp.); hinsichtlich des Verzichts auf weitergehende Auskunftseinholung und Klärung der Rechtslage in Fällen mit ausländischem Recht, so ausdrücklich *Grader,* Diss., S. 116.

378 So auch ausdrücklich Seybold / *Hornig,* RNr. 1 - 3 zu § 20 BNotO und Daimer / *Reithmann,* RNr. 3, wo alle Fälle der Relevanz der Unterscheidung zusammengestellt sind.

werden[379]. Eine derartige willkürliche Verwendung der Begriffe, die in den einschlägigen gesetzlichen Bestimmungen eine ganz verschiedene Bedeutung haben, stiftet nur Verwirrung. Im Rahmen dieser Arbeit, die sich nur mit der Urkundstätigkeit des Notars befaßt, sind nur die dem Notar aus der Urkundstätigkeit erwachsenden Prüfungs- und Belehrungspflichten zu untersuchen[380].

b) Bei der Festlegung des Inhalts und Umfangs der Prüfungs- und Belehrungspflichten nach §§ 17 bis 21 BeurkG ergibt sich, daß außer den in §§ 17 III und 18 bis 20 BeurkG einzeln normierten Hinweispflichten Inhalt und Umfang der Prüfungs-, Aufklärungs- und Belehrungspflicht nach § 17 I und II BeurkG ganz vom Einzelfall abhängt[381]. Dabei dürften folgende Umstände von erheblicher Bedeutung sein, wobei die nachfolgende Aufstellung keinen Anspruch auf Vollständigkeit erhebt: 1. Herkunft des Entwurfs des zu beurkundenden Rechtsgeschäfts[382], 2. Kenntnis des Notars der Beteiligten und deren Kenntnisse aus früheren Beurkundungen, 3. Beruf und Bildungsstand der Beteiligten[383], 4. Eigenarten des zu beurkundenden Geschäfts, insbesondere damit verbundene Risiken, die über die übliche Ausgestaltung hinausgehen, 5. rechts- oder sachkundige Beratung der Beteiligten. Alle diese Umstände sind von Bedeutung, wenn im Einzelfall festgelegt werden soll,

---

379 Verwirrend und offenbar gleichbedeutend werden diese Begriffe bei *Reithmann*, RNr. 135; *Winkler*, NJW 1972, 981 (986 r. Sp.), Rechtspfleger 1978, 44 (45) und *Brambring*, NJW 1975, 1255 (1259 r. Sp.) verwendet.

380 In der notariellen Praxis verwischen sich häufig die Grenzen zwischen Belehrung und Beratung, so auch *Seybold / Hornig*, RNr. 11 zu § 24 BNotO (vgl. dazu eingehender unten Nr. 4). Für die Frage des Verzichts muß trotzdem zwischen beiden Pflichten des Notars getrennt werden.

381 So schon RG in JW 1935, 3457 (3458); RGZ 142, 424 (425); so ferner: *Kersten / Bühling / Appell*, S. 50; *Arndt*, S. 232 (oben) und S. 253 (oben); Daimer / *Reithmann*, RNr. 48 (für die Frage, was zur rechtlichen Tragweite gehört) und RNr. 115 ff. für die Verschiedenheiten, die in den Personen der Beteiligten liegen können.

382 Daimer / *Reithmann*, RNr. 118 weist besonders darauf hin, daß eine Belehrungspflicht entfällt, wenn in der Ausgestaltung des Rechtsgeschäfts aufgrund einer Belehrung oder Beratung durch den Notar die rechtlichen Gefahren ausgeräumt wurden. Wenn der Notar von Anfang an in seinem Entwurf eine gefahrlose Möglichkeit wählte, entfällt deshalb eine Belehrungspflicht.

383 So entfällt mit Sicherheit eine Belehrung eines Notars; auch der Bürovorsteher oder die Sekretärin des Notars sind über die Geschäfte, die sie häufig und regelmäßig als Bevollmächtigte der Beteiligten abschließen, nur ein einziges Mal zu belehren. Unter Berücksichtigung dieses Umstandes ergibt sich, daß durch die Einschaltung solcher Bevollmächtigter eine notarielle Belehrung des Betroffenen ganz unterbleibt, weshalb eine solche Bevollmächtigung nicht den Zwecken der Beurkundung gerecht zu werden vermag. Es stellt einen Zirkelschluß dar, wenn *Reithmann*, RNr. 149 die Einschaltung von Büroangestellten als Bevollmächtigte als den Interessen des internationalen Rechtsverkehrs gerecht werdend darstellt und eine ausländische Beurkundung wegen der mangelnden Belehrung durch den ausländischen Notar ablehnt (RNr. 147).

welches Maß an Belehrung durch den Notar erforderlich und geboten ist. Dabei wird sich in nicht wenigen Fällen eine Belehrung überhaupt erübrigen[384], weil die Beteiligten bereits über die rechtliche Tragweite ihrer Erklärungen unterrichtet sind oder diese bei einem Geschäft des täglichen Lebens für jedermann auf der Hand liegen. Andererseits kann in objektiv sehr ähnlich gelagerten Fällen eine eingehende Belehrung des oder der Beteiligten unbedingt erforderlich sein, weil nur eine einzige Komponente verändert ist. Dies läßt sich am besten an einigen Beispielsfällen klarmachen, wobei darauf geachtet wurde, daß diese zwar typisch für viele andere sein sollen und leicht erkennen lassen, worauf es ankommt, dabei jedoch nicht theoretisch konstruiert, sondern wirklichkeitsgetreu sind: Übliche Bausparkassen/Sparkassengrundschuld z. B. für Bau- und Geschäftskredit u. ä., gegenüber einer Grundschuldbestellung zur Absicherung einer fremden Schuld; Gesellschaftsvertrag über eine GmbH zwischen Personen, die bereits mehrere solcher Gesellschaften gründeten (z. B. Unternehmer, Steuerberater, Wirtschaftsprüfer) gegenüber gleichem Vertrag über die Gründung einer „societas leonina"; güterrechtliche Vereinbarungen zwischen Ehegatten, die in einem Scheidungsrechtsstreit stehen und beide anwaltlich beraten sind[385] gegenüber einem Ehevertrag (Gütertrennung mit Ausschluß des Versorgungsausgleichs) zwischen Verlobten, deren Vermögensverhältnisse äußerst unterschiedlich sind; Berliner Testament zwischen Ehegatten in „normalen Vermögensverhältnissen" gegenüber umfangreichem, ausschließlich auf den Fortbestand des Unternehmens gerichteten Unternehmertestament; Kaufvertrag zwischen wirtschaftlich gleich starken (oder schwachen) Partnern über ein unbebautes Grundstück oder ein fertiges Haus bzw. eine fertige Eigentumswohnung gegenüber einem Kaufvertrag über eine noch zu errichtende Eigentumswohnung (die bisher nur geplant ist) zwischen einem Monopolunternehmen und einem wirtschaftlich völlig unterlegenen Käufer.

Anhand dieser wenigen Beispiele wird ersichtlich, daß die Belehrung durch den Notar zwar zu den grundlegenden Funktionen der notariellen Beurkundung gehört, ihr Umfang, Gegenstand und Ziel jedoch äußerst einzelfallbezogen ist und nach den Umständen des Einzelfalls auch ganz wegfallen kann[386]. Aus der Erkenntnis dieser Abhängigkeit

---

384 So z. B. auch *Jansen*, RNr. 13 zu § 17 BeurkG; *Seybold / Hornig*, RNr. 23 zu § 19 BNotO; *Winkler*, NJW 1972, 981 (987 r. Sp.) für die Fälle, daß die Beteiligten die rechtliche Tragweite kennen.

385 Vgl. den Fall BGH in NJW 70, 1183 (1185 l. Sp.), wo unter bes. Hervorhebung anwaltlicher Beratung die Formbedürftigkeit einer solchen scheidungserleichternden Vereinbarung entgegen der h. M. verneint wurde; ablehnend hierzu *Reinicke* in NJW 70, 1657 ff.

386 Als solche Fälle zählt Daimer / *Reithmann*, RNr. 115 - 119 auf: a) wenn die Beteiligten die rechtliche Gefahr ohnehin kennen, b) wenn erfahrungs-

vom Einzelfall hat wohl auch der Gesetzgeber von jeher die Konsequenz gezogen, daß in Rechtsnormen über die notarielle Belehrungspflicht nur ganz abstrakte, grobe Anhaltspunkte und allgemeine, für den Einzelfall wenig aussagekräftige Anweisungen gemacht werden können[387]. Die Ausfüllung und Konkretisierung des Begriffs Belehrungspflicht mußte deshalb weitgehend der Rechtslehre und Rechtsprechung überlassen bleiben. Aus diesen Feststellungen ergibt sich für die Frage der Verzichtbarkeit auf notarielle Belehrung, daß ein Verzicht i. S. des Aufgebens eines Rechtes überhaupt nicht notwendig ist, wenn der oder die Beteiligten zu erkennen geben, daß sie einer Belehrung überhaupt nicht bedürfen[388]. Dies ist ohne besondere Erklärung z. B. dann der Fall, wenn die Beteiligten in dauerndem Geschäftskontakt mit dem Notar stehen und es sich um gleichartige Beurkundungen handelt[389] oder wenn der Beteiligte ein Kollege[390] ist. Eine gesonderte Erklärung des Beteiligten dahingehend, daß er über die rechtlichen Auswirkungen Bescheid wisse, ist nicht als Rechtsgeschäft oder als rechtsgeschäftsähnliche Handlung, sondern als reine Wissenserklärung zu verstehen. Bei Abgabe einer solchen Erklärung hat der Notar deren mögliche Richtigkeit zu prüfen, wobei eine solche Überprüfung keinsfalls den Umfang und die Intensität der Belehrung annehmen muß. Wenn diese Prüfung die Richtigkeit der abgegebenen Erklärung ergibt, kann eine Belehrung genauso entfallen, wie wenn der Notar aus eigener Erfahrung wüßte, daß die Beteiligten über die rechtliche Tragweite des Geschäfts unterrichtet sind[391]. Der beurkundende Notar ist in einem solchen Fall zu einer allgemeinen Belehrung nicht verpflichtet; eine besondere Belehrungs- und Hinweispflicht besteht nur dann für ihn, wenn Gründe vorliegen, die ihm die Ablehnung seiner Amtstätigkeit nahelegen oder gebieten[392] oder ein Fall der besonders normierten

---

gemäß keine Gefahr besteht, c) wenn die Gefahr durch besondere rechtliche Gestaltung umgangen wird und d) wenn die Rechtslage nicht geklärt werden kann.

387 So lehnt auch *Grader*, S. 117 eine positivrechtliche Regelung der Belehrungspflichten des Notars als unmöglich ab. Vgl. zu der sehr umfangreichen Rechtsprechung des BGH zu diesen Pflichten des Notars besonders *Arndt*, S. 229 - 256.

388 Zur Begründung des Wegfalls der Belehrungspflicht in diesen Fällen weist Daimer / *Reithmann*, RNr. 115 zu Recht darauf hin, daß „die Belehrung kein Selbstzweck“ ist, sondern „dem Zweck dient, Gefahren zu vermeiden“.

389 z. B. viele Grundpfandrechtsbestellungen für die gleichen Banken eines Bauunternehmers oder -trägers.

390 Wozu neben den Notaren auch Rechtsanwälte, Richter und Staatsanwälte zu zählen sind; für Rechtsanwälte so auch ausdrücklich *Seybold / Hornig*, RNr. 23 zu § 19 BNotO.

391 z. B. weil sie erst kurze Zeit vorher bei ihm ein gleichgelagertes Geschäft abschlossen und ersie dabei belehrte; so auch *Arndt*, S. 247 (oben) und S. 248 (oben).

392 Nach §§ 4 BeurkG und 14 II BNotO.

Hinweispflichten nach §§ 17 II und III sowie 18 - 21 BeurkG vorliegt. Dies muß selbst dann gelten, wenn die von den Beteiligten in Kenntnis der rechtlichen Auswirkungen und Gefahren bewußt gewollte Ausgestaltung des Rechtsgeschäfts nicht die optimale (präziseste, ausgewogenste, sicherste, kosten- und steuergünstigste) Möglichkeit darstellt. Durch die notarielle Beurkundung wird zwar den Beteiligten die Chance zu einer solchen optimalen Verwirklichung ihrer Vorstellungen und Wünsche angeboten, die notarielle Belehrungspflicht ist das wesentliche Mittel zur Wahrung und Ausnützung dieser Chance, nach der eindeutigen gesetzlichen Regelung ist sie jedoch nicht zur Sicherung der Erfüllung des optimalen Erfolges geeignet[393], weil die Beteiligten die Herren der beurkundeten Erklärung bleiben. Vielmehr ist das Ziel der Belehrungspflicht darin zu sehen, daß den Beteiligten die rechtlichen Auswirkungen ihrer Erklärungen vor Augen gestellt werden[394].

c) Zu klären ist noch, ob auch ohne Abgabe einer solchen Wissenserklärung ein — abstrakter — Verzicht auf die notarielle Belehrung möglich ist. Dabei ist zu berücksichtigen, daß — wie bereits oben ausgeführt — ein Verzicht durch die Beteiligten sowohl die Kenntnis der Amtspflicht als auch der mit dem Verzicht verbundenen Gefahren voraussetzt. Die Belehrung der Beteiligten durch den Notar soll den Beteiligten jedoch gerade erst die erforderlichen Kenntnisse der Gefahren vermitteln[395]. Das gleiche gilt für die einzeln gesetzlich vorgeschriebenen Hinweispflichten, wobei sich aus der Betrachtung dieser Hinweispflichten[396] ergibt, daß der Gesetzgeber unter den Gefahren für die Beteiligten auch nicht ohne weiteres bekannte „Nebenwirkungen", die nachteilig sein können, verstanden wissen will. Da somit ein Verzicht auf die notarielle Belehrung im Sinne des Aufgebens eines Rechts das — zumindest wesentliche — Ergebnis der notariellen Belehrung seinerseits voraussetzt, ist ein isolierter Verzicht auf die Belehrung logisch undenkbar[397]. Dieses Ergebnis kann auch noch mit folgenden Überlegungen begründet werden:

Nach § 17 II BeurkG hat der Notar bei Zweifeln an der Gesetzmäßigkeit oder an der Übereinstimmung des Erklärten mit dem wahren Willen der Beteiligten eine gesteigerte Belehrungs- und Aufklärungs-

---

393 Dies ergibt sich aus § 17 II 2 BeurkG, vgl. dazu ausführlich oben FN 375.

394 Daimer / *Reithmann*, RNr. 58 sieht den Sinn des § 17 BeurkG darin, „ein Mindestmaß an Rechtsbelehrung zu sichern"; er hebt noch hervor, daß dies unerfahrenen Personen gegenüber besonders wichtig ist; vgl. dazu auch noch RNr. 156.

395 Dies ist der Weg zu dem von Daimer / *Reithmann*, RNr. 115 genannten Zweck der Belehrung: „Gefahren zu vermeiden."

396 §§ 17 III; 18 - 21, 53 BeurkG.

397 Für Beurkundungen mit ausländischem Recht (Fremdrechtsbeurkundungen) so auch *Grader*, Diss., S. 116.

pflicht[398]. Hieraus läßt sich die allgemeine Regel für die Belehrungspflicht entnehmen, daß die notarielle Belehrung umso intensiver und umfassender sein muß, je mehr Bedenken dem Notar als einem unparteiischen und sachkundigen Betrachter entstehen[399]. Durch die Belehrung und Aufklärung der Beteiligten soll deren Entscheidungsfähigkeit darüber, ob sie das Erklärte unter Berücksichtigung aller Aus- und Nebenwirkungen so wollen, vollständig hergestellt werden. Hieraus wird der bereits mehrfach erwähnte enge Zusammenhang zwischen der Schutzfunktion und der Belehrungspflicht besonders deutlich. Auch zwischen der Beweissicherungsfunktion[400] und der Aufklärungs- und Belehrungspflicht besteht ein enger Zusammenhang, da durch die notarielle Beurkundung nicht nur äußeren Veränderungen entzogene Beweismittel, sondern auch inhaltlich möglichst klare und vollständige[401] Zeugnisurkunden geschaffen werden sollen. Unter Berücksichtigung dieses engen und untrennbaren Zusammenhanges zwischen den Funktionen der notariellen Beurkundung und der Prüfungs-, Klärungs- und Belehrungspflichten des Notars muß deshalb die Möglichkeit eines Verzichts auf die Erfüllung dieser Pflichten durch die Beteiligten als dem Wesen der notariellen Beurkundung zuwiderlaufend abgelehnt werden.

4. Eine von diesem Ergebnis völlig zu trennende Frage ist es, ob die Beteiligten auf die Beratung des Notars verzichten können. Wie bereits oben ausgeführt, gehört die Beratung der Beteiligten nicht zur Urkundstätigkeit, sondern zur sonstigen Amtstätigkeit des Notars nach § 24 BNotO. In der Praxis läuft zwar die Beratung oft parallel mit der Beurkundungstätigkeit, bzw. bereitet diese vor[402]. Da die Beteiligten

---

[398] ... „so sollen die Bedenken mit den Beteiligten erörtert werden".

[399] Daimer / *Reithmann*, RNr. 13 weist zu Recht auf den engen Zusammenhang zwischen der Pflicht zur Unparteilichkeit (§ 14 I 2 BNotO) und der Belehrungspflicht, insbes. der Fürsorgepflicht für unerfahrene und ungewandte Beteiligte, hin. Daß hauptsächlich wegen der Prüfungs- und Belehrungspflichten des Notars dessen umfassende juristische Ausbildung erforderlich ist, liegt auf der Hand; vgl. dazu näher unten Abschnitt E III 6.

[400] Mit der die Befriedungsfunktion der notariellen Beurkundung aufs engste verbunden ist; daß gerade Beurkundungen zur „Vorsorgenden Rechtspflege" gehören, ist schon in § 1 BNotO klar ausgedrückt.

[401] Hierzu unterscheidet z. B. Daimer / *Reithmann*, RNr. 34 ff. eine Formulierungspflicht des Notars, die allerdings genauso wie eine „Verhandlung" entfallen kann, wenn die Beteiligten diese Pflichten und Tätigkeiten des Notars vorweggenommen haben.

[402] Häufig wird der Notar den Urkundentext selbst entwerfen, was einen Akt der notariellen Beratung darstellt, wenn die Beurkundung nicht sofort erfolgt (so z. B. Daimer / *Reithmann*, RNr. 161; *Seybold / Hornig*, RNr. 16; *Arndt*, Anm. 2.4. je zu § 24 BNotO). Daß dies zu keiner Mehrbelastung an Kosten für die Beteiligten führt (§ 145 KostO), ist kein Indiz für das Zusammenfallen mit der Beurkundungstätigkeit. Dadurch soll nur der kostenrechtliche Anreiz genommen werden, selbst oder von anderen „Beratern" entworfene Urkunden dem Notar „nur zum Beurkunden" vorzulegen.

jedoch in keiner Weise gehalten sind, die über die Beurkundungstätigkeit hinausgehende Amtstätigkeit des Notars in Anspruch zu nehmen, können die Beteiligten selbstverständlich auch auf eine solche Beratung verzichten. Diese verzichtbare Beratung umfaßt z. B. Vorschläge über andere Gestaltungsmöglichkeiten, Besprechung der Vor- und Nachteile der einzelnen Lösungsmodelle usw. In der Praxis wird sich diese beratende Tätigkeit des Notars regelmäßig aus einer Belehrung über die rechtliche Tragweite der Erklärungen ergeben, wenn diese Beratung nicht bereits der Beurkundung vorangeht. Hinsichtlich der Pflichten des Notars anläßlich der Beurkundung muß jedoch zwischen den beiden Tätigkeitsbereichen streng unterschieden werden[403].

Weitere Amtspflichten des Notars, auf deren Erfüllung die Beteiligten verzichten könnten, sind nicht ersichtlich. So stellen insbes. die Sollvorschriften des BeurkG hinsichtlich der Vermerke in der Niederschrift, der Behandlung der Urkunde usw.[404] keine solchen Amtspflichten des Notars dar, die ihm nur gegenüber den Beteiligten obliegen; bei diesen Bestimmungen handelt es sich vielmehr um allgemeine Amtspflichten des Notars aus objektivem Recht. Ein Verzicht der Beteiligten auf die Einhaltung dieser Amtspflichten scheidet deshalb aus.

IV. Ergebnis

Als Ergebnis der Untersuchung, die Amtspflichten des Notars in verzichtbare und unverzichtbare einzuteilen, ist festzuhalten, daß neben den im BeurkG selbst vorgesehenen Fällen eines möglichen Verzichts ein solcher Verzicht im Rechtssinne, insbes. hinsichtlich der notariellen Prüfungs-, Belehrungs- und Hinweispflichten, nicht möglich ist[405]. Es muß jedoch festgestellt werden, daß diese Pflichten des Notars ganz von den Umständen des Einzelfalls abhängen und aus vielerlei Gründen überhaupt entfallen können. Überträgt man dieses Ergebnis auf die Prüfung der Frage, was zum Kern der Beurkundungsvorschriften gehört, so stellen sich als Kern der Beurkundungsbestimmungen die Mußbestimmungen und die Vorschriften über die Prüfungs-, Klärungs- und Belehrungspflicht des Notars nach dem BeurkG

403 So auch *Seybold / Hornig*, RNr. 10 zu § 24 BNotO für die Aufgaben „Rechtsbelehrung und Beratung"; ebenso Daimer / *Reithmann*, RNr. 60.

404 So insbes. §§ 3 II 2, 9 II, 10 II, 11, 12, 13, 34, 40 IV, 44, 45 BeurkG.

405 Möglich ist jedoch die Abgabe der oben III 3 b genannten Wissenserklärung. Eine nähere Auseinandersetzung mit der in vielen Aufsätzen (s. FN 374) vertretenen Meinung, ein Verzicht auf die notarielle Belehrung sei möglich, kann nicht stattfinden, da in diesen Aufsätzen keine nähere Begründung für diese Auffassung gegeben wird. Nur bei *Rothoeft*, S. 126, findet sich zur Begründung ein Hinweis auf § 17 II 2 BeurkG; daß hieraus jedoch keine Verzichtbarkeit auf die Belehrung — sondern nur auf das Ergebnis der Belehrung — hergeleitet werden kann, wurde bereits oben III 3 c dargelegt.

dar. Damit werden alle diejenigen Vorschriften des formellen Beurkundungsrechts zum Kern gerechnet, die unmittelbar aber auch erschöpfend der Erfüllung der oben festgestellten Beurkundungsfunktionen dienen und damit den Erfolg der vom materiellen Recht geforderten Zwecke der notariellen Beurkundung gewährleisten. Dieses Ergebnis erscheint sachgerecht.

E. Steht die notarielle Prüfungs- und Belehrungspflicht einer Ersetzung der deutschen durch eine ausländische Beurkundung entgegen?

I. In einer Vielzahl neuerer Veröffentlichungen[406] wird die Meinung vertreten, die vom BeurkG vorgeschriebene Prüfungs- und Belehrungspflicht des Notars verbiete eine Ersetzung der deutschen durch eine ausländische notarielle Beurkundung. Zur Begründung wird darauf verwiesen, daß die Erfüllung dieser Pflichten des deutschen Notars eine so genaue Kenntnis aller Rechtsgebiete des deutschen Rechts einschließlich der dazu ergangenen Rechtsprechung voraussetze, wie sie ein ausländischer Notar im Regelfall nicht haben könne. Deshalb könne eine ausländische der deutschen notariellen Beurkundung nicht gleichwertig sein, ohne daß es einer besonderen Prüfung der Vergleichbarkeit des ausländischen Beurkundungsverfahrens und der Beurkundungsperson bedarf[407]. Diese Meinung wird auch in den bereits mehrfach zitierten Entscheidungen des OLG Hamm und des Landgerichts München I vertreten[408]. Zum Teil wird dieser Ausschluß der Ersetzbar-

[406] So insbes. *Winkler*, NJW 1972, 981 (987); *Brambring*, NJW 1975, 1255 (1259) und DNotZ 1976, 502 (504); *Schmidt*, DB 1974, 1216 (1219); *Behrens*, RNr. 99 und 101 Einleitung; auch Staudinger / *Großfeld*, RNr. 304 zu IntGesR meint, die „Sachkenntnis" bzw. der „generelle Sachverstand" des deutschen Notars seien für die Ablehnung der Gleichwertigkeit einer ausländischen Beurkundung entscheidend. Da der Notar seine Sachkenntnis stets über die Prüfungs-, Belehrungs- und Hinweispflichten nach §§ 17 ff. BeurkG in das Beurkundungsverfahren einbringt, ist auch dieser Ansatz hier einzureihen. Andeutungen in diese Richtung finden sich bereits bei *Weber*, NJW 1955, 1784 (1785 r. o.) und bei *Blumenwitz*, DNotZ 1968, 712 (737 ff.).

[407] So ausdrücklich *Brambring*, NJW 1975, 1255 (1260).

[408] NJW 1974, 1057 (1058 f.) und DNotZ 1976, 501, ebenso OLG Karlsruhe in RIW/AWD 1979, 567 ff.; die Frage der Vergleichbarkeit der ausländischen Beurkundung wurde in der Entscheidung des BayObLG in NJW 1978, 500 (501) ausdrücklich offengelassen. In dem Beschluß des OLG Hamm ist zwar noch die Gleichwertigkeit der Beurkundung eines Züricher Notars geprüft, was an sich jedoch inkonsequent ist, da bei Durchhalten der grundsätzlichen Ablehnung der Möglichkeit der Ersetzung der deutschen notariellen Beurkundung (wegen des hohen Ranges der Belehrungspflicht) eine solche Einzelfallprüfung entbehrlich ist. Der BGH (vgl. FN 1) ist demgegenüber der Auffassung, die Belehrungspflicht des Notars stünde als verzichtbare Sollvorschrift der Anerkennung ausländischer Beurkundungen grundsätzlich *nicht* entgegen.

keit auf bestimmte Arten von Beurkundungen beschränkt, und zwar auf diejenigen Fälle, in denen der notariellen Beurkundung eine „Rechtspflegefunktion" zukommen soll[409]. Die Vertreter dieser Meinung begründen ihre Ansicht gegenüber der bisher ganz allgemein angenommenen Möglichkeit der Ersetzung der notariellen Beurkundung nach deutschem Recht durch eine Beurkundung eines vergleichbaren ausländischen Notars damit, daß erst durch das BeurkG das konsultative Element der notariellen Beurkundung nach deutschem Recht diese starke Betonung und den jetzigen Rang innerhalb des formellen Beurkundungsrechts erhalten habe[410]. Dabei wird gelegentlich die Belehrungspflicht des Notars als die (jetzt) bestimmende und alle anderen Zwecke überlagernde Funktion der notariellen Beurkundung bezeichnet[411]. Verschiedentlich finden sich Andeutungen dahingehend, daß hinsichtlich der Belehrungs- und Prüfungspflichten des Notars durch das BeurkG eine wesentliche Neuerung eingetreten ist[412]. Unter Hinweis auf diese veränderte Rechtslage werden die frühere allgemeine Meinung und die ihr zugrundeliegenden Überlegungen als überholt behandelt, ohne daß hierauf überhaupt eingegangen wird[413]. Es wird deshalb in keiner der bisherigen Veröffentlichungen zu diesem Thema eine sachliche Auseinandersetzung mit der früher h. M. vorgenommen.

II. Dieser Ausgangspunkt muß näher untersucht werden. Zu diesem Zweck wird die Entwicklung der notariellen Prüfungs- und Belehrungspflicht zurückverfolgt.

1. Aus der amtlichen Begründung des Regierungsentwurfs zu den Bestimmungen über die Prüfungs- und Belehrungspflicht des Notars

---

409 So *Behrens*, RNr. 99 und 101 Einleitung, der damit die Differenzierung zwischen den Beurkundungen nach §§ 2, 53 GmbHG einerseits und denen nach § 15 GmbHG andererseits begründet. Im Ergebnis ebenso (mit der oben FN 406 genannten Begründung) Staudinger / *Großfeld*, RNr. 311 zu IntGesR.

410 So bei *Winkler*, NJW 1972, 981 (986): „Dadurch, daß § 17 BeurkG gegenüber dem bisherigen § 26 BNotO die Belehrungspflicht an die Spitze gestellt ... hat, kommt die Bedeutung der Beratung durch den Notar noch deutlicher als bisher zum Ausdruck", gleichlautend in NJW 1973, 222 (223); so dann auch OLG Hamm NJW 1974, 1057 (1059): „Das muß um so mehr gelten, nachdem das BeurkG in § 17 gegenüber dem bisherigen § 26 BNotO die Belehrungspflicht deutlich hervorgehoben ... hat." So auch *van Randenborgh*, BB 1974, 483: „Die dazu angeführte Begründung erscheint gerade unter Berücksichtigung der neuen Vorschriften des BeurkG überzeugend" und S. 485. Im Grundtenor ähnlich auch *Brambring*, NJW 1975, 1255 (1258 ff.).

411 So ausdrücklich bei *Winkler* und *Brambring*, Text FN 372.

412 So z. B. bei *Winkler*, NJW 1972, 981 (986) und NJW 1973, 222 (223) sowie bei *van Randenborgh*, BB 1974, 483 (Text s. FN 410).

413 *Weber*, NJW 1955, 1784 (1785 r. Sp.) setzt sich noch mit der Rechtsprechung des RG (RGZ 160, 225) auseinander, wobei er diese Entscheidungsgründe jedoch falsch versteht, worauf *Bokelmann*, NJW 1972, 1729 (1731) zu Recht hinweist.

im BeurkG[414] ergibt sich eindeutig, daß diese Bestimmungen nicht neu eingeführt wurden, sondern — teilweise in etwas redaktionell veränderter Form — die bisherigen Regelungen der BNotO übernehmen. So ist bei der Einzelbegründung von § 17 I und II BeurkG ausdrücklich ausgeführt, daß diese Vorschriften „in nur sprachlich veränderter Form"[415] aus der BNotO übernommen werden[416]. Die besonderen Hinweispflichten der §§ 17 III bis 21 BeurkG wurden teilweise im Umfang hinsichtlich untergeordneter Modalitäten (Vermerkpflicht in der Urkunde) verändert[417]. Im Grunde wurde jedoch durch das BeurkG an den Prüfungs- und Belehrungspflichten des Notars nichts geändert; insbes. wurden diese Pflichten gegenüber dem früheren Rechtszustand nicht erweitert. Als irreführend muß es bezeichnet werden, wenn der Eindruck erweckt wird, diese Verpflichtungen des Notars seien durch das BeurkG erst eingeführt worden[418]. Auch hinsichtlich der Intensität dieser Pflichten und der Sanktionen aus einer Verletzung dieser Pflichten hat das BeurkG keine Neuerung gebracht; die Prüfungs- und Belehrungspflichten des Notars sind nach wie vor „reine" Amtspflichten des Notars, deren Verletzung zwar möglicherweise Schadensersatzansprüche nach § 19 BNotO der Beteiligten gegen den Notar nach sich ziehen, auf die Wirksamkeit der Urkunde und des beurkundeten Rechtsgeschäfts jedoch keinen (unmittelbaren) Einfluß haben.

---

[414] BT-Drucksache V/3282, S. 32.

[415] BT-Drucksache V/3282, S. 32 (1. Sp. zu § 17); so auch Daimer / *Reithmann*, RNr. 34 ff. (FN 27 und 27 a).

[416] *Winkler*, NJW 1972, 981 (986) vertritt die Meinung, die notarielle Belehrungspflicht habe durch die Streichung der Worte „zu diesem Zweck" im früheren § 26 BNotO eine erhebliche Aufwertung erlebt. Dieser Meinung kann nicht gefolgt werden, da bei grammatikalischer Auslegung und Vergleichung der Gesetzestexte eine Ausdehnung der Belehrungspflicht nicht ersichtlich ist und auch nach den eindeutigen Materialien des Gesetzes eine sachliche Änderung nicht gewollt war. Daß die Belehrungspflicht auch jetzt kein Selbstzweck ist, sondern Gefahren und Schaden vermeiden will, hebt Daimer / *Reithmann*, RNr. 115 zu Recht hervor. In diesem Zusammenhang ist darauf hinzuweisen, daß durch das BeurkG die grundlegenden Belehrungspflichten von einer Mußvorschrift in eine Sollvorschrift verändert wurde (so außerdem die Pflichten, die aus §§ 27 I; 31 I BNotO übernommen wurden), ohne daß dies jedoch eine Abschwächung dieser Pflichten zur Folge hätte, da es sich nach wie vor um „bloße Amtspflichten" des Notars handelt.

[417] Die Normierung der Hinweispflicht auf ausländisches Recht und die Einschränkung der Belehrungspflicht insoweit stellt zwar eine gesetzgeberische Neuerung dar, entsprach aber der bereits vorher geübten Praxis und wohl auch der h. M.; vgl. insbes. *Grader*, Diss., S. 94 ff. und DNotZ 1959, 563 (570). Demgegenüber wurden die Hinweispflichten des Notars betreffend die gesetzlichen Vorkaufsrechte (§ 20 BeurkG) gegenüber § 33 BNotO eingeschränkt, worauf auch Daimer / *Reithmann*, RNr. 52 hinweist.

[418] Dieser Eindruck entsteht für den mit der Spezialmaterie nicht vertrauten Leser der in FN 410 wiedergegebenen Fundstellen. Als Anzeichen dafür, daß diese Ausführungen so zu lesen sind, spricht, daß *Behrens*, RNr. 99 und 101 Einl. dieser Bewertung folgt, ohne sich mit der früheren h. M. auseinanderzusetzen.

2. Bei Verabschiedung des Notarmaßnahmengesetzes im Jahre 1961, durch das die Reichsnotarordnung aus dem Jahre 1937 zur Bundesnotarordnung umgewandelt wurde, ist im Entwurf der Bundesregierung ebenfalls ausdrücklich festgestellt[419], daß sich das bisherige Notarrecht bewährt habe und deshalb im wesentlichen nach einer Bereinigung übernommen werden könne. Ein Teil dieser Bereinigung bestand darin, daß in der neuen Bundesnotarordnung alle diejenigen Rechtsvorschriften, die sich auf das Amt des Notars bezogen und früher außerhalb der Reichsnotarordnung standen, in der BNotO zusammengefaßt werden sollten. Nach dem Entwurf der Bundesregierung sollte nur die grundlegende Belehrungspflicht des heutigen § 17 I BeurkG in die BNotO übernommen werden, weil nur hinsichtlich dieser Vorschrift die Rechtsprechung die Rechtssatzqualität ausdrücklich festgestellt hatte[420]. Bei der Beratung des Entwurfs im Rechtsausschuß[421] wurden dann aber alle Vorschriften der Dienstordnung für Notare aus dem Jahre 1937, die sich auf die Prüfungs- und Belehrungspflichten des Notars bezogen, dem Grunde nach in die BNotO übernommen. Ausschlaggebend dafür war, daß nach Auffassung des Rechtsausschusses nicht nur die von der Bundesregierung bereits in die BNotO übernommene Vorschrift, sondern auch noch weitere Vorschriften über die Prüfungs- und Belehrungspflicht des Notars Rechtssatzcharakter hatten und deshalb aus rechtsstaatlichen Gründen, insbes. dem unter dem Eindruck des Dritten Reiches veränderten Verständnis der Gewaltenteilung und der daraus folgenden Beschränkungen der Exekutive hinsichtlich der Setzung von Rechtsnormen, in ein formelles Gesetz übernommen werden sollten. Bei den vorgenommenen sachlichen Veränderungen der notariellen Prüfungs- und Belehrungspflichten wurden die grundlegenden Bestimmungen, die heute in § 17 I und II BeurkG normiert sind, nicht verändert[422]. Einzelne Hinweispflichten wurden dagegen an die veränderte Gesetzeslage angepaßt; auch wurden früher bestehende Amtspflichten des Notars bei der Beurkundung von Rechtsgeschäften über Briefgrundpfandrechte, sowie bei Unterschriftsbeglaubigungen erheblich eingeschränkt[423].

---

[419] BT-Drucksache III/219, S. 18.

[420] BT-Drucksache III/219, S. 23 und BT-Drucksache III/zu 2128, S. 5.

[421] Vgl. Protokolle des Rechtsausschusses des 3. Deutschen Bundestages, Nr. 96/4 und 100/13; Ergebnisse dieser Beratungen in BT-Drucksache III/zu 2128, S. 5 ff.

[422] Damals als §§ 26, 31 BNotO aus dem vorhergehenden § 30 I i. V. m. § 35 DONot gebildet.

[423] So BT-Drucksache III/zu 2128, S. 5/6, wobei bemerkenswert ist, daß zur Begründung auf „in der Literatur ausgesprochene Wünsche“ bzw. „praktische Schwierigkeiten“ verwiesen wird; ferner wurden aus Mußbestimmungen (z. B. §§ 35 III, 41 III DONot) Sollbestimmungen gemacht (§§ 31 II, 36 III BNotO).

3. Somit kann festgestellt werden, daß seit 1937 für den Notar sowohl eine generelle Prüfungs- und Belehrungspflicht als auch besondere, einzeln bestimmte Hinweispflichten bestanden, die sich seither kaum veränderten und insbes. nicht erweitert wurden[424]. Bei weiterer Nachprüfung ergibt sich darüber hinaus, daß auch die Dienstordnung für Notare (DONot) im Jahre 1937[425] hinsichtlich der Prüfungs- und Belehrungspflichten kein neues Recht schuf, sondern lediglich den schon vorher bestehenden Rechtszustand, wie er insbes. durch die Rechtsprechung des RG seit Beginn des Jahrhunderts in sehr vielen Entscheidungen herausgebildet worden war, wiedergab und zusammenfaßte[426]. In der Rechtsprechung des RG finden sich zwar aus den ersten beiden Jahrzehnten dieses Jahrhunderts einige, vereinzelt gebliebene Entscheidungen[427], nach denen eine umfassende Verantwortlichkeit des Notars für den Inhalt der von ihm beurkundeten Urkunde abgelehnt und die Aufgabe des Notars ausschließlich in der Herstellung einer formal wirksamen Urkunde gesehen werden könnte (sog. Formtheorie). Demgegenüber wurde jedoch vom RG schon bald die Verantwortlichkeit des Notars für den Inhalt der Urkunde als „allgemein anerkannter Grundsatz“ behandelt[428], aus dem dann sowohl eine Prüfungspflicht hinsichtlich der Gesetzmäßigkeit und dem wahren Willen der Beteiligten als auch eine Belehrungspflicht über die rechtliche Tragweite des

---

424 Zumindest was die abstrakte Formulierung der Amtspflichten des Notars hinsichtlich seiner inhaltlichen Mitwirkung anbetrifft; welche Pflichten die Rechtsprechung aus diesen Normen in konkreten Einzelfällen ableitete, schwankte und hat sich — entsprechend der größeren Differenzierung der gesetzlichen Bestimmungen — weiter verfeinert: Daimer / *Reithmann*, RNr. 47 spricht von einer „ständigen Steigerung“. Auch *Geimer*, DNotZ 1981, 406 (409) spricht von „ständig verschärften Anforderungen des BGH an die Prüfungs- und Belehrungspflichten des deutschen Notars“ und wirft dem BGH (wegen des in FN 1 genannten Beschlusses) eine erstaunliche Diskrepanz zwischen diesem Beschluß und der genannten Rechtsprechung zur Notarhaftung vor. M. E. träfe der Ausdruck „ständige Weiterentwicklung“ — nämlich eine Anpassung an die veränderten gesetzlichen Bestimmungen und die komplexeren sozialen Verhältnisse — besser.

425 Vom 5. Juni 1939, abgedruckt in Deutsche Justiz 1937, 874 f., die Prüfungs- und Belehrungspflichten waren in §§ 30 - 42 geregelt.

426 Dazu ausführlich *Grader*, Diss., S. 20 ff. (23 - 37). Da diese Dissertation nicht gedruckt vorliegt, werden nachstehend Ergebnisse und Überlegungen von Grader ausführlicher wiedergegeben.

427 RG in JW 1912, 195 (hinsichtlich eines Hinweises auf entstehende doppelte Gebühren und Steuern) und in Warneyers Jahrbuch, Ergänzungsband 4 (1911), Nr. 233 (wobei allerdings besonders auf § 40 PrFGG verwiesen wurde, der bereits eine Aufklärungs- und Belehrungspflicht hinsichtlich der Gesetzmäßigkeit und Geschäftsfähigkeit normierte); ferner stark einschränkend in JW 1915, 1007 (Hinweispflicht auf § 28 HGB wurde verneint).

428 Aus der Vielzahl der RG-Entscheidungen zur Haftung und Verantwortlichkeit des Notars für den Inhalt der Urkunden werden hier nur die grundlegendsten erwähnt; RG in JW 1909, 139 (140); 1913, 490, 1152; 1914, 194, 354; 1915, 92, 513, 1007; 1916, 1116; 1920, 378; 1933, 1055 ff. (6 Entsch.) u. a. m. Das wörtliche Zitat findet sich in JW 1919, 502 = RGZ 95, 299 (301).

Geschäfts und eine besondere Fürsorgepflicht für ungewandte und unerfahrene Beteiligte abgeleitet wurde. Außerdem wurden für bestimmte Gruppen von Rechtsgeschäften besondere Prüfungs- und Hinweispflichten angenommen[429]. Alle diese Verpflichtungen des Notars wurden aus der Stellung und dem Amt des Notars als unabhängiger Urkundsperson herausentwickelt, ohne daß es für diese Pflichten eine gesetzliche Regelung gegeben hätte[430]. Das Ergebnis dieser jahrzehntelangen Rechtsprechung wurde dann in der 1937 erlassenen Dienstordnung für Notare zusammengestellt und als Amtspflichten der Notare konstituiert[431]. Wenn der Bogen ganz weit geschlagen wird, kann in diesem Zusammenhang bereits auf die ReichsnotariatsO vom 8. Okt. 1512 hingewiesen werden, in der bereits Hinweise auf eine inhaltsbezogene Mitwirkung des Notars enthalten sind[432].

---

429 So z. B. Fragepflicht bei Zweifeln, ob das Erklärte dem wirklichen Willen entspricht, Erforschung des Willens und Aufklärungspflicht (JW 1913, 490); Aufklärungspflicht hinsichtlich der Belastungen und Belehrungspflicht insoweit (JW 1913, 1152); Aufklärungspflicht über § 28 HGB (JW 1914, 194); Hinweispflicht auf evtl. Steuer trotz Bezeichnung als Schenkungsvertrag (JW 1915, 513); Hinweispflicht auf Wichtigkeit des Grundbuchstandes (JW 1919, 502); Belehrung über Wirksamkeit eines Testaments (JW 1920, 378); Hinweispflicht auf Sicherungsmöglichkeiten bzw. Gefahren der Vorleistung (JW 1933, 1055); Hinweispflicht auf Rechtsprechung des KG, auch wenn diese bestritten ist (DNotZ 1934, 36 f.); Pflicht zur Erörterung von Zweifeln an der Wirksamkeit des Geschäfts, selbst wenn die Ansicht des Notars letztlich objektiv richtig ist, aber die Rechtsprechung schwankt (JW 1935, 3457 f. mit insoweit ablehnender Anm. von *Seybold*).

430 Grundlegend für die Begründung war die Entscheidung des RG in JW 1915, 92 = RGZ 85, 409 (413), wo eine vertragliche Haftung des Notars entgegen früheren Entscheidungen abgelehnt wurde; so auch noch ausdrücklich BGH in DNotZ 1954, 329 (330).

431 Materialien zur DONot wurden nicht veröffentlicht. Zum gleichen Ergebnis kommt auch *Grader*, Diss., S. 28 f. bei einem Vergleich der Reichsgerichtsrechtsprechung und der DONot. Er formuliert sein Ergebnis (S. 29): „Nicht die Pflicht, rechtswirksame Urkunden zu fertigen, leitet sich aus den §§ 30 ff. DONot ab, sondern die §§ 30 ff. DONot wurden geschaffen, weil der Notar die Pflicht hat, formell und materiell wirksame Urkunden herzustellen.“ So formuliert auch der BGH in DNotZ 1954, 329 (330) hinsichtlich der Aufklärungs-, Erforschungs- und Belehrungspflichten: „Diese Pflicht folgt ohne weiteres aus der dem Notar als Organ der Rechtspflege eingeräumten Stellung und hat in § 30 DONot ihren Niederschlag gefunden.“

432 Hinsichtlich der Ausbildung der Notare war in Abschnitt IV § 2 (Schlußbestimmungen) vorgeschrieben: „Und in einer Summen, so sollen alle Notarien wissen und mercken: Daß sie recht gelehrt seyn sollen, aufs wenigst in den Dingen, die solch Notariats-Ampt betreffen, das ist die Summ desselben Notariats, damit sie Wissen haben mögen, die Partheyen, so vor ihnen contrahiren oder handeln, der Solennitäten und Clauseln, zu den Contracten und Händeln, und ihrer Beständigkeit gehörig, zu verständigen, und sich von den Contracten und Händeln, von Rechten verworfen und verbotten, zu enthalten, dieweil sie sonst ihrer Unwissenheit halber die Partheyen, so von ihnen versäumet würden, ihr Interesse abzulegen schuldig seynd.“

4. Auf eine Veränderung der Rechtslage durch das BeurkG kann deshalb eine grundlegend neue Meinung zur Frage der Ersetzbarkeit der deutschen durch eine ausländische notarielle Beurkundung nicht gestützt werden, da diese Belehrungspflicht schon seit langem ein ganz wesentliches Element der notariellen Beurkundung nach deutschem Recht darstellt. Dies ergibt sich eindeutig aus dem vorstehenden kurzen geschichtlichen Abriß der Entwicklung der Prüfungs- und Belehrungspflicht des Notars.

III. Da somit mit der veränderten Gesetzeslage, die insoweit keine sachlichen Neuerungen für die notarielle Beurkundung mit sich brachte, die Ablehnung der Anerkennung einer ausländischen notariellen Beurkundung bei Geltung deutschen Geschäftsrechts nicht begründet werden kann, ist zu untersuchen, ob aus sachlichen Gründen der Erfüllung der Belehrungspflicht oder sonstiger wesentlicher Teile der notariellen Beurkundung eine Ersetzung der deutschen durch eine ausländische notarielle Beurkundung abzulehnen ist.

1. Als Ausgangspunkt ist zu berücksichtigen, daß bis zu Beginn der erneuten Diskussion der hier behandelten Fragen in der ersten Hälfte der 70er Jahre die allgemeine Meinung dahinging, daß eine solche Ersetzbarkeit grundsätzlich besteht[433]. Generelle Ausnahmen hiervon wurden lediglich für die vollstreckbaren Beurkundungen nach § 794 I Nr. 5 ZPO wegen der darin enthaltenen ausdrücklichen Beschränkung und die Auflassung gemacht[434]. Diese Meinung ging, soweit ersichtlich, auf frühere Reichsgerichtsentscheidungen zurück, in denen die Ersetzbarkeit der deutschen notariellen Beurkundung ohne weitere Begründung angenommen wurde[435]. In allen Kommentaren — die vor 1973 erschienen sind — wird dann auch zu dieser Frage nichts weiter ausgeführt, als daß die ausländische Beurkundung unter bestimmten Vor-

[433] So z. B. Staudinger / *Firsching*, RNr. 17 ff., Soergel / *Kegel*, RNr. 14, 25, Erman / *Arndt* (5. Aufl.), RNr. 11, Palandt / *Lauterbach* (31. Aufl.), Anm. 3 jeweils zu Art. 11 EGBGB; eingehend hierzu *Bärmann*, AcP 159 (1959/60), 1 (18 - 25) und *Blumenwitz*, DNotZ 1968, 712 (732 - 739). Ferner ebenso *Raape*, S. 214 ff.; *Kegel* (3. Aufl.), S. 250; *Wolff*, S. 128 f.; *Frankenstein*, I, S. 535 ff.; *Nußbaum*, S. 94 f.; so auch schon *Bar* in „Theorie und Praxis", S. 345 (als unstreitiger Inhalt der Regel locus regit actum). Für einzelne Beurkundungen ebenso: Staudinger / *Ferid*, RNr. 117 vor § 2346 (für Erbverzichtvertrag); Staudinger / *Gamillscheg*, RNr. 414 f. zu Art. 15 EGBGB (für Eheverträge); *Barz* in Großkommentar zum AktG, Anm. 5 zu § 23; Schlegelberger / *Quassowski*, RNr. 6 zu § 16 AktG; Baumbach / *Hueck*, Anm. 2 A zu § 16 AktG und Anm. 3 A zu § 2 GmbHG; Hachenburg / *Schilling*, Anm. 3 zu § 2 und Anm. 35 zu § 15 GmbHG. A. A. bis 1972 waren nur *Mosheim*, DNotZ 1953, 250; *Saage*, DNotZ 1953, 584; *Weber*, NJW 1955, 1784; *Reithmann*, RNr. 147 ff.

[434] Vgl. hierzu ausführlich unten Abschnitt G.

[435] So wurde insbes. auf RGZ 88, 227 (231) hingewiesen (z. B. bei *Barz*, Anm. 5 zu § 23 AktG; Baumbach / *Hueck*, Anm. 2 A zu § 16 AktG und 3 A zu § 2 GmbHG).

aussetzungen möglich sei[436]. Bei vielen Kommentatoren ist allerdings nicht ersichtlich, ob es sich dabei um die Zulassung einer Ortsform nach Art. 11 I 2 EGBGB oder um die Anerkennung der Ersetzbarkeit handelt; aus den regelmäßig mit einschränkenden Zusätzen versehenen Formulierungen kann jedoch entnommen werden, daß dabei zumindest auch an die Frage der Ersetzbarkeit gedacht ist[437]. In vereinzelt gebliebenen Aufsätzen aus den Jahren 1953 und 1955 wurde von *Mosheim, Saage* und *Weber*[438] die Meinung vertreten, daß bei Geltung deutschen Geschäftsrechts nur eine Beurkundung und Beglaubigung durch deutsche Notare in Betracht komme, wenn das deutsche Recht notarielle Beurkundung oder Beglaubigung verlangt. Die nur im Endergebnis insoweit überstimmenden Meinungen wurden unterschiedlich begründet: *Mosheim,* der sich explizit nur mit den Urkunden englischer Notare befaßt, sein Ergebnis dann aber allgemein formuliert, hebt ausschließlich auf den Beweissicherungszweck ab und schließt daraus auf die ausschließliche Zuständigkeit deutscher Notare, Gerichte und Konsulate, wobei bemerkenswert ist, daß er auch in den Fällen zur ausschließlichen deutschen Zuständigkeit gelangt, in denen nach deutschem Recht öffentliche Beurkundung oder Beglaubigung vorgeschrieben ist. In seinen Ausführungen ist weiter erstaunlich, daß er zur Erleichterung des Rechtsverkehrs mit England die Ernennung von Wahlkonsuln in den größeren Städten außerhalb Londons vorschlägt, obwohl diese in aller Regel wohl keine Rechtskenntnisse besitzen dürften[439]. *Saage,* der auf Mosheims Aufsatz erwidert und ihm hinsichtlich der Ersetzbarkeit beim Erfordernis der öffentlichen Beurkundung oder Beglaubigung widerspricht, begründet seine Meinung, beim Erfordernis der gerichtlichen oder notariellen Beurkundung oder Beglaubigung sei eine Ersetzung durch eine ausländische Beurkundung oder Beglaubigung nicht möglich, nicht näher[440]. *Weber* stellt ausschlaggebend auf

---

[436] Vgl. die in FN 433 aufgeführten Kommentare.

[437] So z. B. *Barz,* Anm. 5 zu § 23 AktG; Baumbach / *Hueck,* Anm. 2 A zu § 16 AktG und Anm. 3 A zu § 2 GmbHG; eindeutig dagegen Hachenburg / *Schilling,* Anm. 3 zu § 2 und Anm. 35 zu § 15 GmbHG sowie Anm. 48 der Einleitung, der den Ortsformgrundsatz als durch das Personalstatut ausgeschlossen behandelt und nur die Ersetzung der notariellen Beurkundung durch eine ausländische Beurkundung zuläßt.

[438] DNotZ 1953, 250 (253 f.); DNotZ 1953, 584 (587); NJW 1955, 1784 (1786). *Mosheims* Aufsatz erfuhr von *Mann,* NJW 1955, 1177 (1178, FN 8) eine vernichtende Kritik.

[439] So in DNotZ 1953, 250 (254); wie ich aus einem Schreiben des Auswärtigen Amts vom 10. 4. 1978 entnehme, hat nur ein einziger von 242 Honorarkonsuln der Bundesrepublik Deutschland die besondere Beurkundungsbefugnis nach § 19 III KonsG; die Honorarkonsuln, die die Befähigung zum Richteramt haben, dürften höchst selten sein.

[440] DNotZ 1953, 584 (587), wozu für die gegenüber *Mosheim* abweichende Stellungnahme hinsichtlich der öffentl. Beurkundung und Beglaubigung auf eine Auskunft der deutschen Botschaft in London verwiesen wird.

den formalen Gesichtspunkt ab, die Bestimmungen des deutschen Rechts, die die gerichtliche oder notarielle Beurkundung vorschreiben, seien Zuständigkeitsvorschriften und könnten sich deshalb nur auf deutsche Gerichte und Notare beziehen[441]. Seine Überlegungen hinsichtlich des Wesens und der Funktion der notariellen Beurkundung stellt er nur den Ausführungen Manns gegenüber, ohne hierauf seine ablehnende Auffassung zu stützen[442]. Trotz dieser ablehnenden Meinungen verblieben die Vertreter der h. H. bei der früheren Ansicht[443]; lediglich *Reithmann*[444] schloß sich der Meinung Webers an. Obergerichtliche Entscheidungen zur Frage der Ersetzbarkeit der deutschen durch eine ausländische Beurkundung sind in der Zeit von 1945 bis 1974 nicht ersichtlich mit Ausnahme einer Entscheidung des OLG Köln[445] zur Frage der Beurkundung der Auflassung durch einen ausländischen Notar. Von den Landgerichten wurde die ausländische notarielle Beurkundung weitestgehend als der deutschen vergleichbar anerkannt, so ergingen hier interessierende Entscheidungen in Erbscheins- und Adoptionsverfahren[446]. Der Gedanke der Unersetzbarkeit der deutschen notariellen Beurkundung[447] wurde dann 1972 von *Winkler*[448] ausführlich begründet; seiner Meinung schloß sich dann das OLG Hamm in dem mehrfach zitierten Beschluß an, ohne der Begründung von *Winkler* neue Argumente hinzuzufügen[449]. Unter Berufung auf diese Entschei-

441 NJW 1955, 1784 (1786 unter 5 II).

442 Insoweit wird der Aufsatz *Webers* von *Winkler*, NJW 1972, 981 (987, FN 90) zur Begründung seiner Auffassung herangezogen.

443 Am eingehendsten begründet und ausgeführt von *Bärmann*, AcP 159 (1959/60), 1 (18 - 25) und *Blumenwitz*, DNotZ 1968, 712 (732 - 739).

444 In Internationales Vertragsrecht, 2. Aufl., RNr. 147 f., wobei zur Begründung dieser Meinung zu Unrecht auf Staudinger / *Firsching* und *Blumenwitz* verwiesen wird. Bemerkenswert ist, daß sich *Reithmann* mit der Gegenmeinung in keiner Weise auseinandersetzt, ja die Vertreter dieser Meinung — die zumindest damals eindeutig herrschend war — überhaupt nicht anführt.

445 DNotZ 1972, 498. Auch vom BGH wurde in der Entscheidung in WPM 1968, 1170 (1171) als obiter dictum festgestellt, daß eine vor einem notary public in New York erklärte Auflassung unwirksam ist, wobei freilich nicht untersucht wurde, ob eine Auflassung vor einem ausländischen Notar nie erklärt werden kann oder ob es hier an der Vergleichbarkeit (die nach Art. 11 II EGBGB auf jeden Fall gegeben sein muß) fehlte.

446 z. B. LG Mainz in NJW 1958, 1496 (eidesstattliche Versicherung im Erbscheinsverfahren); LG Berlin in IPRSpr. 1956/57, Nr. 140 (Adoptionsvollmacht), jeweils einen nordamerikanischen notary public betreffend.

447 Nicht mehr bei bloßer Beglaubigung, vgl. dazu oben Einleitung insbes. FN 4.

448 NJW 1972, 981 (985 ff.).

449 NJW 1974, 1057. Die Übernahme einer vereinzelten Literaturmeinung wurde von *Stephan*, NJW 1974, 1596; *Wuppermann*, AWD des BB, 1974, 255; *Bokelmann*, NJW 1975 1625 (1630 f.) und *Rothoeft*, S. 115 ff. heftig kritisiert. Auch *Schmidt*, DB1974, 1216 (1217 r. Sp.) zeigt hierüber Verwunderung. Dabei wurde insbes. darauf hingewiesen, daß das OLG Hamm sachlich von der

dung des OLG Hamm entschied dann das LG München I, daß auch eine Beurkundung über die Abtretung eines GmbH-Anteils nur durch einen deutschen Notar beurkundet werden könne[450].

2. Der Aufsatz von *Winkler* und insbes. die Entscheidung des OLG Hamm lösten in der Fachliteratur eine außerordentlich umfangreiche und kontroverse Diskussion aus[451]. In den seither erschienenen Standardkommentaren findet sich kaum eine eingehende Auseinandersetzung mit der von *Winkler* und dem OLG Hamm vertretenen Meinung[452]. Dagegen wird in den kürzeren und längeren monographischen Beiträgen[453], die Kritik an dem Beschluß des OLG Hamm und der Meinung von *Winkler* und der ihm folgenden Notare üben, eine Fülle von Argumenten für die Ersetzbarkeit der deutschen notariellen Beurkundung vorgebracht. Dabei fällt allerdings auf, daß in keinem dieser Aufsätze der Inhalt und Umfang der notariellen Belehrungspflicht näher aufgefächert und untersucht wird, obwohl die Vertreter der eine Ersetzbarkeit ablehnenden Meinung dies jetzt alle mit dem Erfordernis der Belehrungspflicht und der hierzu erforderlichen besonderen Kenntnisse des deutschen Rechts begründen.

Für die Zulässigkeit der Ersetzung werden insbes. angeführt: Ein unabweisbares Bedürfnis des Rechtsverkehrs an Erleichterung durch

---

Reichsgerichtsrechtsprechung abgewichen sei und deshalb nach § 28 FGG dem BGH hätte vorlegen müssen, ferner daß es die ständige Gutachtenspraxis der IPR-Institute und die Rechtsprechung der Instanzgerichte übergangen habe (so *Stephan,* NJW 1974, 1596). Das Vorgehen des OLG Hamm verteidigt *Kuntze* (Vorsitzender Richter des entscheidenden Senats) in NJW 1974, 2167. Bemerkenswert erscheint mir, daß *Winkler* in Rechtspfleger 1978, 44 den Beschluß des OLG Hamm als „hervorragend begründet" bezeichnet.

[450] DNotZ 1976, 501 und folgte damit der von *Winkler,* NJW 1974, 1032 (1033 r. Sp.), *Schmidt,* DB 1974, 1216 (1219 r. Sp.), *Kuntze,* DB 1975, 193 (194 r. Sp.) und *Brambring,* NJW 1975, 1255 im Anschluß an den Beschluß des OLG Hamm vertretenen Meinung. Dieser Beschluß fand Zustimmung von *Brambring* in DNotZ 1976, 502 und *Schmidt,* DB 1976, 2202, wurde aber vom BayObLG aufgehoben (NJW 1978, 500).

[451] Vgl. die in FN 2 wiedergegebenen Fundstellen. So spricht *Kropholler,* ZHR 140 (1976), 394 (395) von der „meist diskutierten kollisionsrechtlichen Entscheidung der letzten Jahre". Ähnlich auch *Brambring,* NJW 1975, 1255; *Schmidt,* DB 1976, 2202; *Mann* spricht in ZHR 138 (1974), 448 von einem „umfangreichen, von Notaren beherrschten Schrifttum". Das OLG Karlsruhe (RIW/AWD 1979, 568) und *Eder* (BWNotZ 1982, 74, 77) bezeichnen die Ablehnung der Gleichwertigkeit als herrschende Meinung.

[452] Erman / *Arndt,* RNr. 11, Palandt / *Heldrich,* Anm. 2 und 4 je zu Art. 11 EGBGB; ausführlicher dagegen *Spellenberg* in Münchner Kommentar, RNr. 10 ff. zu Art. 11 EGBGB. *Behrens,* RNr. 99 und 101 der Einleitung und Staudinger / *Großfeld,* RNr. 302 ff. zu IntGesR befassen sich ausführlich mit diesen Problemen und stimmen (mit unterschiedlicher Begründung) im Ergebnis dem OLG Hamm für die statusbezogenen Rechtsakte der GmbH zu.

[453] So insbesondere *Kropholler,* ZHR 140 (1976), 394 (407 ff.), der die Kritik unter 4 Punkten zusammenfaßt.

Abschlußmöglichkeit auch formgebundener Geschäfte im Ausland[454]; Schaffung von mehr Freizügigkeit im Interesse und im Einklang mit den politischen Einigungsbestrebungen in Westeuropa[455]; gesetzgeberische Bewertung der Interessen des internationalen Rechtsverkehrs gegenüber den nationalen Formvorschriften in Art. 11 I 2 EGBGB[456]; die Einzelfallbezogenheit, Verzichtbarkeit und die Ausgestaltung als Sollvorschriften der notariellen Belehrungspflicht[457]. Als Argument gegen die eine Ersetzbarkeit ablehnende Meinung wird sehr häufig darauf verwiesen, daß hinter dieser Ansicht nur die Gebühreninteressen deutscher Notare stehen[458]. Zu der dogmatischen Einordnung der Prüfungs- und Belehrungspflicht im BeurkG vertritt *Mann*[459] die Auffassung, daß die Prüfungs- und Belehrungspflicht des Notars nichts mit der Beurkundungsform zur Erfüllung der materiellen Formvorschriften zu tun hat, sondern lediglich eine weitere Amtspflicht des Notars darstellt. Er formuliert das Verhältnis zwischen Belehrungspflicht und Beurkundung dahingehend, daß der Notar nur zur Vermeidung seiner Haftung, jedoch nicht zur Herstellung einer wirksamen Urkunde belehrt. Dies schließt *Mann* daraus, daß die Belehrungspflicht nur in Sollvorschriften des BeurkG enthalten ist und deshalb eine unterbliebene, mangelhafte oder falsche Belehrung auf die Wirksamkeit der Beurkundung keinen Einfluß hat. *Rothoeft*[460] stellt die Überlegungen zur Vergleichbarkeit des ausländischen Beurkundungsorgans und -verfahrens im Rahmen einer Eingrenzung des Art. 11 I 2 EGBGB an, weil er die These aufstellt, nur eine der Form des Geschäftsrechts vergleichbare Form könne das Tatbestandsmerkmal „notarielle Beurkundung" ersetzen. Als Kriterium für die Vergleichbarkeit nennt *Rothoeft* dabei die als „standing" bezeichneten Amtseigenschaften des deutschen Notars. Wegen des Erfordernisses der Belehrungspflicht verweist *Rothoeft* auf die Ver-

---

[454] So z. B. Staudinger / *Ferid*, RNr. 117 von § 2346 BGB; *Stephan*, NJW 1974, 1596 (1598 mehrmals).

[455] So *Bokelmann*, NJW 1972, 1729 (1734).

[456] So Staudinger / *Ferid*, RNr. 117 vor § 2346 BGB und *Kropholler*, ZHR 140 (1976), 394 (408).

[457] So z. B. *Rothoeft*, S. 126 f. — Verzichtbarkeit —; *Mann*, ZHR 138 (1974), 448 (454 f.) u. a. — Sollvorschrift, Einzelfallabhängigkeit —; *Kropholler*, ZHR 140 (1976), 394 (409) (alle 3 Aspekte); in diesem Zusammenhang muß bereits hier auf das in FN 465 erwähnte obiter dictum hingewiesen werden.

[458] So wohl am deutlichsten *Bokelmann*, NJW 1975, 1625 (1631); ähnlich scharf *Müller-Gindullis*, RabelsZ 38 (1974), 641 (643 ff.); *Rothoeft*, S. 130, 133 f., FN 20. Die so angegriffenen Notare wenden ein, ihre Kritiker verstünden nichts von der notariellen Prüfungs- und Belehrungspflicht, so *Winkler*, NJW 1973, 222 (223 r. Sp.); ähnlich schon *Weber*, NJW 1955, 1784 (1786).

[459] ZHR 138 (1974), 448 (454 ff.). Die Begründung des BGH (FN 1) erinnert sehr stark an diese Ausführungen, obwohl *Mann* in dem Beschluß nicht zitiert ist.

[460] S. 121 ff.

zichtbarkeit und sieht im Gang zu einem ausländischen Notar den stillschweigenden Verzicht auf eine Belehrung. Hinsichtlich der Vergleichbarkeit beim Beweiszweck stellt *Rothoeft* darauf ab, ob dieser Zweck im Interesse nur der unmittelbar Beteiligten oder der Allgemeinheit verfolgt wird.

3. Zu diesen Überlegungen ist folgendes festzustellen: Die Argumente der Bedürfnisse des Rechtsverkehrs und der politischen Rahmenbedingungen können kaum geeignet sein, bei der Prüfung der konkreten Frage, wann eine Gleichwertigkeit der ausländischen Beurkundung vorliegt, sachliche Kriterien zu liefern; aus diesen Argumenten läßt sich höchstens die Folgerung ableiten, daß eine Ersetzbarkeit überhaupt geprüft werden muß[461]. Auch der Hinweis auf die gesetzgeberische Wertung in Art. 11 I 2 EGBGB ist zu allgemein, um daraus wesentliche Ergebnisse zu gewinnen für den Fall, daß die Konstellation des Art. 11 I 2 EGBGB gerade nicht vorliegt[462]. Dagegen erscheinen die Hinweise auf die Eigenarten der notariellen Belehrungspflicht eher geeignet, bei der Entscheidung der hier anstehenden Frage hilfreich zu sein. Insbes. muß auch das Verhältnis zwischen Soll- und Mußvorschriften im BeurkG mit den Unterschieden der Sanktionen bei Verletzungen dieser Pflicht in diesem Zusammenhang näher untersucht werden. Auch der Kreis der durch die einzelnen Bestimmungen des BeurkG bzw. durch die Intentionen des Gesetzgebers, die zur Einführung der Beurkundungspflicht führten, geschützten Interessen muß berücksichtigt werden, wobei insoweit auf die obigen Ausführungen[463] verwiesen werden kann. M. E. ist in erster Linie für diese Überlegungen auf den Kreis der geschützten Personen abzustellen, wobei diese Abgrenzung nicht nur für die Beweisfunktion, sondern gerade auch für die Schutzfunktion der notariellen Beurkundung gilt.

4. Bereits bei der Untersuchung, ob die notarielle Prüfungs- und Belehrungspflicht zum Kernbereich der notariellen Beurkundung zu zählen ist, wurden die Besonderheiten dieser Amtspflichten des Notars festgestellt, insbes. die Einzelfallabhängigkeit und die Möglichkeit des Entfallens der Belehrungspflicht[464]. Auch wurde bereits dort ein Ver-

---

[461] Deshalb wurden diese Argumente bereits oben bei der Einführung zum 2. Teil behandelt und bewertet.

[462] Daß die Anwendung des Ortsformgrundsatzes die Prüfung der Vergleichbarkeit der ausländischen Beurkundung ausschließt, ist allgemeine Meinung, vgl. z. B. BayObLG, NJW 1978, 500 (501 unter Nr. 3); ferner *Jansen*, RNr. 32 Einl. BeurkG; *Bokelmann*, NJW 1972, 1729 (1731 r. Sp.); *Kropholler*, ZHR 140 (1976), 394 (405). So auch der BGH (FN 1), der die Frage der Anwendbarkeit des Art. 11 I 2 EGBGB ausdrücklich offenläßt.

[463] s. o. 1. Teil B II 2 f - h.

[464] s. o. D III 3 des 2. Teils, wo auch das folgende Ergebnis ausführlich begründet wurde.

zicht auf die Belehrungspflicht im Sinne einer rechtsgeschäftlichen Erklärung abgelehnt, wohingegen die Abgabe einer Wissenserklärung, die dem Notar ersichtlich macht, daß eine Belehrung nicht mehr erforderlich ist, möglich ist und diese weitestgehend überflüssig macht. Zu untersuchen ist noch der bereits erwähnte Unterschied zwischen Soll- und Mußvorschriften[465], insbes. was die Sanktionen bei einer Verletzung dieser Pflichten angeht. Wie bereits mehrfach hervorgehoben, ist die Erfüllung der Belehrungspflicht für den Notar lediglich eine Amtspflicht, nicht jedoch Voraussetzung für eine wirksame Beurkundung. Einzige Sanktion für eine Verletzung der Belehrungspflicht ist eine mögliche Haftung des Notars für einen daraus etwa entstehenden Schaden. Wenn nur diese Sanktion berücksichtigt wird, liegt der von *Mann*[466] gezogene Schluß nahe, daß der Notar nur zur Vermeidung seiner Haftung, nicht jedoch zur Errichtung einer wirksamen Urkunde belehre. Hieran ist richtig, daß zur Herstellung einer formell wirksamen Urkunde die Erfüllung der Belehrungspflicht nicht notwendig ist, da nur die Verletzung der Mußvorschriften die Wirksamkeit der Urkunde berührt[467]. Wie die obigen Ausführungen zur Geschichte der Belehrungspflicht[468] zeigten, erschöpft sich der Sinn und Zweck der notariellen Beurkundung jedoch *nicht* in der Herstellung bzw. Gewährleistung von formell wirksamen Urkunden, sondern geht darüber hinaus. Es ist schon von jeher zum Inhalt der notariellen Beurkundung — nach deutschem Recht — zu rechnen, daß diese weitgehend sicherstellen soll, daß die beurkundete Erklärung sowohl dem wahren, wohlüberlegten Willen der Beteiligten als auch den gesetzlichen Vorschriften entsprechen. Der Erreichung dieses Zweckes dienen die Bestimmungen über die notarielle Prüfungs-, Belehrungs- und Hinweispflichten. Wenn der Notar diese Pflichten erfüllt, so nimmt er eine Funktion wahr, die zwar nicht zur Errichtung einer formell wirksamen Urkunde, aber zur Erreichung des darüber hinaus gehenden Beurkundungszwekkes (in vielen Fällen) erforderlich ist. Diesen Beurkundungszweck der Einflußnahme auf den Inhalt der von ihm beurkundeten Erklärung

---

465 In einer Entscheidung des V. Ziv. Sen. des BGH (NJW 1969, 1760) wurde in den Gründen (S. 1761, r. Sp. Mitte) ein Einwand der Revision, der sich auf das Verhältnis der Belehrungs- und Hinweispflichten zur Erreichung des Zwecks der Beurkundung eines Grundstückskaufvertrags bezog mit der knappen Begründung „Der Hinweis der Revision auf §§ 35, 36 BNotO versagt schon deshalb, weil es sich hierbei lediglich um Sollvorschriften handelt“ zurückgewiesen.

466 ZHR 138 (1974), 448 (454).

467 Wenn das beurkundete Rechtsgeschäft wegen der fehlenden, mangelhaften oder falschen Belehrung des Notars nach Abschluß mit Erfolg angefochten wird (z. B. nach §§ 119, 123, 2078 BGB), so berührt dies die Wirksamkeit der Beurkundung als solcher nicht.

468 s. oben II in diesem Abschnitt.

läßt die Formulierung von *Mann* außer Betracht, weshalb diese Aussage wenn nicht falsch, so doch zumindest unvollständig ist. Andererseits dürfte es die nur unvollkommene Absicherung der notariellen Prüfungs-, Belehrungs- und Hinweispflichten durch Sanktionen, die gegenüber Verletzungen von Mußvorschriften erheblich zurückstehen, verbieten, diese Pflichten zum wesentlichen und alle anderen Funktionen übersteigenden Zweck der notariellen Beurkundung zu machen[469]. Vielmehr muß festgestellt werden, daß die Prüfungs- und Belehrungspflichten trotz ihres hohen Stellenwerts für die Erfüllung der Funktionen der notariellen Beurkundung wegen der anderen Ausgestaltung ihrer Absicherung und der anders gearteten Sanktionen bei der Verletzung dieser Pflichten eine Sonderstellung einnehmen und besonders zu prüfen ist, welche Rückschlüsse hieraus auf die Frage der Ersetzbarkeit der deutschen durch eine ausländische notarielle Beurkundung gezogen werden können.

5. Dabei bedürfen die Absicherungen, die das deutsche Beurkundungsverfahrensrecht und das Amtsrecht der Notare zur Erfüllung dieser Pflichten getroffen hat, besonderer Beachtung. Bei Durchsicht des BeurkG und der BNotO auf solche Absicherungen ist festzustellen, daß keine speziellen Vorkehrungen für die Erfüllung der Prüfungs- und Belehrungspflicht getroffen wurden. Wie bereits oben erwähnt, sichern die Mußvorschriften des BeurkG, die ein förmliches Beurkundungsverfahren gewährleisten, zwar die Ermöglichung der Erfüllung dieser Pflichten dadurch ab, daß sowohl die Beteiligten als auch der beurkundende Notar Kenntnis vom Inhalt der Urkunde erlangen, nicht jedoch die Erfüllung dieser konsultativen Pflichten selbst. Die Erfüllung der Prüfungs-, Belehrungs- und Hinweispflichten des Notars ist deshalb nur als durch die allgemeinen Voraussetzungen der Bestellung zum Notar gewährleistet anzusehen. Als solche Voraussetzungen, die zugleich als Absicherungen für die Erfüllung der genannten Pflichten angesehen werden können, kommen in Betracht: Volljuristische Ausbildung des Notars[470]; Aufsicht der Landesjustizverwaltungen über die Notare[471]; Amtshaftung der Notare (nach § 19 BNotO) mit Versicherungspflicht, wobei letztere weniger als Absicherung der Erfüllung der Pflichten, sondern mehr als Regulativ und Sanktion bei einer

---

[469] Wie dies in einigen Aufsätzen geschieht, z. B. *Winkler,* NJW 1972, 981 (986 r. Sp.) und *Brambring,* NJW 1975, 1255 (1259 l. u.); wegen der Formulierung vgl. FN 372.

[470] § 5 BNotO; oder zumindest spezielle Ausbildung des Notars mit umfassenden Kenntnissen in allen Rechtsgebieten für die Notare im OLG-Bezirk Stuttgart, soweit sie nicht Rechtsanwalts-Notare sind, s. § 114 III BNotO.

[471] Nach §§ 92 - 110 BNotO; Aufsichtsstelle ist in 1. Linie der Landgerichtspräsident.

Pflichtverletzung anzusehen ist, deren finanzielle Absicherung (in gewissen Grenzen) gesetzlich vorgeschrieben ist und überwacht wird[472]. Bei Durchsicht aller Bestimmungen, die sich mit der notariellen Beurkundung befassen, finden sich keine weiteren, die der Sicherung der Erfüllung der Prüfungs- und Belehrungspflichten zu dienen bestimmt sein könnten.

Dabei muß noch die Aufsicht über die Notare und ihre Amtsführung als Absicherung der Erfüllung dieser Amtspflichten weitgehend ausscheiden, da sowohl die Prüfung des beurkundeten Rechtsgeschäfts als auch die Belehrung unmittelbar bei der Beurkundung selbst erfolgen. Die Aufsichtsorgane, die bei der Beurkundung nicht anwesend sind, können deshalb nur nachträglich bei Beschwerden über mangelnde Belehrung oder im Rahmen der in § 32 DONot vorgeschriebenen regelmäßigen Geschäftsprüfungen den Notar zur besseren Erfüllung seiner Pflichten in ähnlichen Fällen anhalten. Diese nachträglich eingreifende Aufsicht ist nur sehr eingeschränkt wirksam. Zwar ist die Vereinbarkeit mit gesetzlichen Vorschriften noch relativ leicht zu prüfen, dagegen ist eine Divergenz zwischen dem Urkundeninhalt und dem wirklich Gewollten kaum mehr festzustellen. Bei der Belehrung scheidet regelmäßig eine Nachholung aus und auch für künftige, ähnlich gelagerte Fälle können eindeutige, genaue Anweisungen nur zu den besonderen Belehrungs- und Hinweispflichten nach §§ 18 - 21 BeurkG gegeben werden. Wegen der Belehrungspflicht aus § 17 BeurkG ist jeder Beurkundungsvorgang anders gelagert, weshalb sich insoweit kaum Regeln aufstellen lassen. Die nachträgliche Überprüfung knüpft sich — außer bei Vorliegen von (sich im Regelfall widersprechenden) Erklärungen der Beteiligten des Beurkundungsvorganges — nur an die in der Urkunde enthaltenen Vermerke an, die durchweg nur die Tatsache der Belehrung über die oder jene gesetzliche Bestimmung oder Auswirkung der getroffenen Regelung, nicht aber den Inhalt und Wortlaut der Belehrung selbst — auf den es ganz wesentlich ankommt — wiedergeben können. Dies stellt eine weitere, für diese Amtspflichten spezifische Einschränkung der Effizienz der Aufsicht dar.

Somit bleibt als einzige wirksame Absicherung für die Erfüllung der Prüfungs- und Belehrungspflicht die fachgerechte Ausbildung des Notars. Erst diese ermöglicht ihm die Prüfung des Inhalts der zu beurkundenden Erklärungen bzw. Vorgänge und die Belehrung über die

---

472 Nach § 19 a BNotO (in Kraft seit 1. Jan. 1983) ist der Abschluß einer Berufshaftpflichtversicherung in Höhe von mindestens 500 000,— DM gesetzlich vorgeschrieben und über §§ 6 a, 50 I Nr. 8 BNotO auch abgesichert. Bereits früher gehörte eine „angemessene" Haftpflichtversicherung zu den Amtspflichten der Notare (vgl. § 11 der Allgemeinen Richtlinien für die Berufsausübung der Notare bei Seybold / *Hornig*, S. 815, 818). Das Bestehen einer solchen Versicherung wurde bei den o. g. Prüfungen nachgeprüft.

rechtliche Tragweite der abgegebenen Erklärungen[473]. In dieser Möglichkeit zur Erfüllung dieser Amtspflicht ist gleichzeitig aber auch die einzige Sicherheit für die Erfüllung dieser Pflicht zu sehen, wenn einmal Pflichtbewußtsein und Berufsethos des Notars außer acht gelassen werden, weil es sich dabei um keine objektiv feststell- und nachprüfbaren Eigenschaften handelt[474]. Neben der Ausbildung ist für die selbständige Übernahme des Amts eines Notars noch eine gewisse, in den Ländern unterschiedliche Berufserfahrung erforderlich, wobei dieses Erfordernis sicherlich nicht nur positive Auswirkungen hat[475].

6. Wenn somit festgestellt werden kann, daß die fachliche, qualifizierte Ausbildung des Notars die einzige Absicherung für die Erfüllung der Prüfungs- und Belehrungspflicht ist, so ist noch zu prüfen, ob für eine Ersetzung der deutschen durch eine ausländische notarielle Beurkundung bei der ausländischen Beurkundungsperson ähnlich umfassende Kenntnisse des deutschen Rechts erforderlich sind oder ob eine vergleichbare juristische qualifizierte Ausbildung in der Heimatrechtsordnung als ausreichend anzusehen ist. Wenn auf die Erfüllung der Belehrungspflicht abgestellt wird, ist jetzt der Schluß, den die deutschen Notare und das OLG Hamm ziehen, nahezu zwingend: Über die rechtliche Tragweite eines Rechtsgeschäftes bzw. einer Rechtshandlung, auf die deutsches Recht anzuwenden ist, kann nur eine Urkundsperson belehren, die im deutschen Recht umfassend bewandert ist. Das gleiche gilt auch für die Erfüllung der in §§ 18 bis 20 BeurkG vorgesehenen besonderen Hinweispflichten. Insoweit ist dieses Ergebnis durchaus logisch begründet[476]. Trotzdem muß es kritisch überprüft werden, weil dabei zwei wichtige Umstände der Belehrungspflicht nicht berücksichtigt wurden: Zum ersten ist bei vielen Beurkundungen, wie bereits oben ausgeführt, aus den verschiedensten Gründen eine Belehrung nicht erforderlich, zum anderen hat der deutsche Gesetzgeber die Be-

---

473 Die umfassende juristische Ausbildung des Notars ist im wesentlichen zur Erfüllung der Prüfungs- und Belehrungspflicht erforderlich. Wenn der Notar nur „Schreiber" i. S. eines unbeteiligten Werkzeugs der Beteiligten wäre, benötigte er keine solch qualifizierte Ausbildung. Darauf weisen *Winkler*, NJW 1972, 981 (986) und *Weber*, NJW 1955, 1784 (1785 l. u.) zu Recht hin.

474 Auch *Grader*, S. 118, schließt seine Untersuchungen mit einem Hinweis auf die Pflichterfüllung des Notars und sein Ethos, auf dem die „ars notariae" aufbaut.

475 So werden im OLG-Bezirk Stuttgart zu Rechtsanwaltsnotaren im Regelfall nur Rechtsanwälte von mehr als 55 Jahren ernannt. Daß in diesem Alter die Einarbeitung in eine neue Materie und insbes. die Umstellung auf ein ganz neues, der bisherigen Arbeitsweise fremdes, teilweise entgegenstehendes Aufgabengebiet: vom engagierten Parteivertreter zum unparteiischen Betreuer aller Beteiligten, sicherlich nicht jedem Bewerber leichtfällt, liegt auf der Hand.

476 Von diesem Überlegensein des inländischen Notars geht auch *Rothoeft*, S. 126 aus.

lehrungspflicht bei einer notariellen Beurkundung ausdrücklich auf deutsches Recht beschränkt und damit eine Differenzierung zwischen der internen und der internationalen Beurkundung eingeführt[477]. Unter Berücksichtigung dieser Einschränkungen der notariellen Prüfungs- und Belehrungspflicht kann deshalb die Fragestellung nicht dahingehen, ob die ausländische Beurkundungsperson die notarielle Prüfung und Belehrung in vollem Umfang, insbes. auch die Belehrung über die rechtliche Tragweite und die Prüfung der Vereinbarkeit mit deutschen Gesetzen, erbringen kann, sondern muß im Sinne einer Parallelwertung zum deutschen Beurkundungsrecht so formuliert werden: Ist die ausländische Beurkundungsperson aufgrund ihrer Ausbildung und der Stellung ihres Amtes in der Lage, die Prüfungs- und Belehrungspflichten des § 17 I und II BeurkG ohne Belehrung über den Inhalt der deutschen — in diesem Fall dann ausländischen — Rechtsordnung zu erfüllen und solche Fälle zu erkennen, in denen eine Beurkundung ohne eine solche Belehrung nicht vorgenommen werden kann, weil eine Belehrung unbedingt notwendig ist. Nur diese Anforderungen stellt das deutsche Recht an eine Fremdrechtsbeurkundung. Aus § 17 III BeurkG läßt sich entnehmen, daß der deutsche Notar nicht nur über ausländisches Recht nicht belehren muß, sondern daß auch eine Prüfungspflicht hinsichtlich der Vereinbarkeit des beurkundeten Rechtsgeschäfts mit ausländischen Gesetzen nicht besteht. Insgesamt ist dem deutschen Notar die Kenntnis einer ausländischen Rechtsordnung nicht zuzumuten[478]. Trotz dieser eingeschränkten Prüfungs- und Belehrungspflicht des Notars stellt eine solche Beurkundung eine vollwertige (nicht nur wirksame) notarielle Beurkundung dar. Dabei ist dem Erfordernis, daß solche Beurkundungen ausgeschieden werden, bei denen eine notarielle Belehrung über die rechtliche Tragweite bzw. die Prüfung der Vereinbarkeit mit ausländischem Recht unbedingt erforderlich ist, besondere Beachtung zu widmen. Dieses Erfordernis ist nicht ausdrücklich im Gesetz normiert, kann jedoch aus den Bestimmungen der §§ 17

---

[477] Durch § 17 III BeurkG; wofür folgende Begründung gegeben wurde (BT-Drucksache V/3282, S. 32 l. u.): „In Abs. III wird bestimmt, daß der Notar die Beteiligten zwar darauf hinweisen soll, wenn ausländisches Recht zur Anwendung kommen könnte, daß sich seine Belehrungspflicht jedoch nicht auf das ausländische Recht erstreckt. Eine Ausdehnung der Rechtsbelehrungspflicht des Notars auf ausländische Rechtsordnungen und die damit verbundene Haftung für die Richtigkeit einer solchen Belehrung können dem Notar nicht zugemutet werden. Sie könnten ferner ein ernstliches Hemmnis für die zügige Behandlung der Beurkundungsvorgänge sein." Zur Vereinfachung werden nachstehend die Begriffe Eigenrechts- und Fremdrechtsbeurkundung gebraucht.

[478] Zu diesem Ergebnis kommt *Grader*, S. 94 ff. und DNotZ 1959, 563 (570) bei seinen Untersuchungen über die Prüfungs- und Belehrungspflichten des Notars bei Fremdrechtsbeurkundungen. *Grader* lehnt, S. 94, auch eine Einteilung der ausländischen Rechtsordnungen in solche, die der Notar kennen muß und die er nicht zu kennen braucht, ausdrücklich ab.

I 2 und 4 BeurkG entnommen werden[479]. Ohne diese Einschränkung könnte die Beurkundung im Ausland — auch in der Bundesrepublik Deutschland, wenn auf das Rechtsgeschäft ausländisches Recht anwendbar ist — ihrem Schutzzweck in keiner Weise gerecht werden[480]. Der Ausnützung der Unerfahrenheit, Unkenntnis und Ungewandtheit sowie wirtschaftlichen und intellektuellen Unterlegenheit eines Beteiligten durch einen anderen Beteiligten wären bei einer Beurkundung im Ausland keine Grenzen gesetzt. Deshalb gelten nach deutschem Beurkundungsrecht auch bei Anwendung ausländischen Rechts die Prüfungs- und Belehrungspflichten des § 17 I und II BeurkG mit den vorstehend genannten Einschränkungen; es verbleibt also insbes. bei der Schutzpflicht für unerfahrene und ungewandte Beteiligte und die Pflicht zur Klärung[481]. Da sich diese Pflichten unabhängig von der je-

---

[479] Das Erfordernis, seine Grenzen am konkreten Fall zu erkennen und zu respektieren, hat nicht nur bei Fremdrechtsbeurkundungen, sondern auch bei allen nicht alltäglichen Eigenrechtsbeurkundungen seine Berechtigung. So wird ein gut beratener und vorsichtiger Notar bei komplizierten Unternehmens- oder Wettbewerbsverträgen die Prüfung der Gesetz- und Zweckmäßigkeit (insbes. auch in steuerlicher Hinsicht) einem in solchen Verträgen versierten Kollegen oder Steuerberater/Wirtschaftsprüfer überlassen und nicht „alles selbst machen wollen". Dies ist vor allem im Interesse der optimalen Verwirklichung des Bestrebens der Beteiligten, aber auch zur Vermeidung einer Haftung des Notars erforderlich, da heute wohl kein Jurist mehr in allen Gebieten, die in der notariellen Praxis vorkommen können, Fachmann sein kann, die Haftung des Notars theoretisch jedoch davon ausgeht, daß der beurkundende Notar gerade auch in diesem Rechtsgebiet, zu dem das beurkundete Rechtsgeschäft gehört, über umfassende Kenntnisse verfügt.

[480] Daß eine Fremdrechtsbeurkundung den Beteiligten jeglichen Schutz durch den Notar entzieht und damit zum Tummelplatz unredlicher Geschäftemacher wird, befürchten offenbar die Vertreter der die ausländische Beurkundung ablehnenden Auffassung, so ausdrücklich *Brambring*, DNotZ 1976, 502 (504).

[481] Dies wird offenbar von dem in FN 480 angeführten Vertreter der ablehnenden Meinung übersehen. Ein kurzes und alltägliches Beispiel soll diesen Sachverhalt verdeutlichen: Bei der Beurkundung (nicht bei bloßer Beglaubigung) einer Vollmacht für ein Rechtsgeschäft, auf das fremdes Recht anwendbar ist, ist der Vollmachtgeber durch den Notar darüber zu belehren, daß mit der Unwiderruflichkeit, dem Befreien vom Verbot des Selbstkontrahierens, der Übergabe der Urkunde usw. möglicherweise Gefahren verbunden sind und der Vollmachtgeber evtl. nur auf persönliche Ansprüche gegen den Bevollmächtigten angewiesen ist, jedoch Dritten Beschränkungen aus dem Auftragsverhältnis nicht entgegengehalten werden können, wenn sie nicht aus der Vollmacht ersichtlich sind. Diese Gefahren sind von der genauen rechtlichen Ausgestaltung in einer Rechtsordnung unabhängig, sondern genauso wie das Institut der Vollmacht „systemneutral". Damit kann ich auch *Bokelmann*, NJW 1972, 1729 (1732 l. Sp.), der wegen der notariellen Belehrungspflicht „Gemeinsamkeiten der Rechtskreise" zwischen dem deutschen und ausländischen Recht verlangt, nicht folgen. Vielmehr wird hier von einer „systemneutralen Ordnungsfunktion" der Beurkundung, Bestätigung oder Bekräftigung von privaten Erklärungen durch Zuziehen einer juristisch gebildeten Person ausgegangen, die auch in Rechtskreisen mit völlig verschiedenem systematischen Aufbau und unterschiedlicher Tra-

weiligen nationalen Rechtsordnung (und Gesellschaftsordnung) darstellen, sind zur Erfüllung dieser Pflichten keine besonderen Kenntnisse der Rechtsordnung, die auf das beurkundete Rechtsgeschäft anwendbar ist, erforderlich[482]. Zu prüfen ist lediglich, wie die Einhaltung dieser Pflichten, die in einem sehr engen und untrennbaren Zusammenhang mit der notariellen Amtspflicht der Unparteilichkeit und mit dem bereits erwähnten Berufsethos des Notars stehen, durch objektive Eigenschaften und Einrichtungen gewährleistet werden kann. Dazu erscheint neben der Unabhängigkeit des Notars und der umfassenden juritischen Ausbildung hauptsächlich eine sachliche und personelle Aufsicht durch Gerichte oder Verwaltungsbehörden geeignet[483]. Hinsichtlich der Unabhängigkeit des Notars dürfen aber bei der Prüfung der Vergleichbarkeit keine höheren Anforderungen gestellt werden, als dies das deutsche Recht tut. So ist insbes. die Verbindung zwischen dem Amt des Notars mit dem des Anwalts unschädlich[484]. Auch die Überwachung durch eine Aufsicht muß auf keinen Fall strenger und effektiver als im deutschen Recht sein. Wenn diese Voraussetzungen vorliegen (umfassende juristische Ausbildung, Pflicht zur Unparteilichkeit, Aufsicht über die Amtsführung), kann bei dem ausländischen Notar davon ausgegangen werden, daß er in der Lage ist, bei einer Beurkundung mit deutschem Recht zu prüfen, ob die Beteiligten eine Belehrung über die rechtliche Tragweite unbedingt benötigen oder ob eine solche nicht erforderlich ist. Auch kann bei diesem „standing" des Notars davon ausgegangen werden, daß er dazu in der Lage ist, die nach deutschem Recht unbedingt notwendigen Amtspflichten des § 17 I und II BeurkG zu erfüllen. Damit ergibt sich, daß ein solcher auslän-

---

dition zu vergleichbaren Ergebnissen führt; vgl. für das englische Recht unten Abschnitt H.

482 Diese Pflichten stehen weit mehr mit Lebens- und Berufserfahrung, persönlicher Integrität und Menschenkenntnis in Beziehung als mit der Kenntnis der genauen Regelung einer Rechtsordnung, wobei allerdings ein in juristischem Denken geschulter und daran gewöhnter Verstand vorausgesetzt wird. Da jene Eigenschaften jedoch nicht objektiv nachprüfbar sind, sondern als sonstige Voraussetzungen zum Amt des Notars und zu der notariellen Praxis gehören, kann auf ihr Vorhandensein — sowohl beim inländischen als beim ausländischen Notar — nur aus der Amtsstellung insgesamt — dem „standing" im Sinne *Rothoefts* (S. 125 ff.) — geschlossen werden.

483 Hier hat die Aufsicht nichts mit der Erfüllung der Prüfungs- und Belehrungspflicht des Notars zu tun, sondern wird als Indiz für die genannte Amtsstellung des Notars bewertet.

484 § 3 II BNotO. Nach dem Aufbau der BNotO stehen beide Formen des Notariats gleichberechtigt und gleichwertig nebeneinander. Eine kurze Darstellung der Entstehungsgeschichte und einen detaillierten Überblick über den jetzigen Rechtszustand der verschiedenen Notariatsformen geben *Kersten / Bühling / Appell*, S. 1 - 7 und *Seybold / Hornig*, Kommentierung zu § 3. Außerdem schadet das Bestehen eines öffentlich-rechtlichen Dienstverhältnisses nichts, da auch die BNotO das Beamtennotariat in Baden-Württemberg unberührt ließ.

discher Notar genauso wie der deutsche Notar in der Lage ist, die Erfüllung der Funktionen der notariellen Beurkundung nach deutschem Recht, wenn eine Fremdrechtsbeurkundung vorliegt, zu gewährleisten.

Als Ergebnis kann deshalb festgehalten werden, daß die notarielle Prüfungs- und Belehrungspflicht nach deutschem Recht eine Ersetzung der deutschen durch eine ausländische notarielle Beurkundung nicht schlechthin ausschließt, sondern lediglich hinsichtlich der Beurkundungsperson die Erfüllung bestimmter Kriterien verlangt[485].

F. Prüfung der Voraussetzungen der Ersetzbarkeit der deutschen notariellen Beurkundung bei Tatsachenbeurkundungen

Wie oben[486] dargelegt wurde, besteht für den Notar nach deutschem Recht bei einer Tatsachenbeurkundung keine bzw. nur eine sehr eingeschränkte Prüfungs- und Belehrungspflicht. Zu untersuchen ist nun, ob aus dieser Feststellung die Folgerung gezogen werden kann, daß die Ersetzung der notariellen Beurkundung in einem solchen Fall keinerlei Einschränkungen unterliegen. Hierbei ist zu berücksichtigen, welche Funktionen die notarielle Beurkundung in diesen Fällen hat. Bereits oben[487] wurde als Hauptfunktion in diesen Fällen die Herstellung klarer, sicherer, manipulationsgeschützter Urkunden genannt. Als Bestandteil der Sicherheit und Klarheit der Urkunden ist auch anzusehen, daß diese in juristischer Terminologie abgefaßt sind, damit möglichst wenig Auslegungsstreitigkeiten entstehen. Insoweit besteht auch zwischen dieser Funktion und der umfassenden juristischen Ausbildung des Notars ein enger Zusammenhang. Darüber hinaus dürfte die Sicherung der Seriösität des zu beurkundenden Vorgangs als weitere Funktion der not. Beurkundung von Tatsachen angesehen werden[488]. Wegen dieser weiteren Funktionen der notariellen Tatsachenbeurkundung über die einfache Beweissicherung hinaus ist es aus sachlichen Gründen geboten, hinsichtlich der Kriterien, die die Anerkennung einer

---

485 Daneben ist — wie oben Abschnitt D I 4 dargestellt — auch die Gleichwertigkeit des Beurkundungsverfahrens nach den Mußvorschriften des BeurkG erforderlich, wobei hinsichtlich des Vorlesens unter den o. g. Voraussetzungen eine abweichende Modalität möglich ist.

486 Abschnitt C IV.

487 Im 1. Teil B II 2 h (am Schluß).

488 Dabei dürfte es sich nicht lediglich um einen Reflex der not. Beurkundung handeln. Dies wird daraus geschlossen, daß die Beurkundungszuständigkeiten für Tatsachenbeurkundungen nicht über den Kreis der Notare hinaus erweitert sind. Durch diese Beschränkung auf den mit einem gewissen „standing“ ausgestatteten Notar kann nur die damit verbundene größere Seriosität bezweckt sein.

ausländischen notariellen Beurkundung bei Geltung deutschen materiellen Rechts einschränken, nicht nach der Art des Gegenstandes der Beurkundung zu unterscheiden.

G. Beurkundung der Auflassung über ein deutsches Grundstück nur durch deutschen Notar

1. Im Rahmen dieser Untersuchung muß noch die bisherige h. M.[489] überprüft werden, die Auflassung über ein in der Bundesrepublik Deutschland gelegenes Grundstück könne nur vor einem deutschen Notar erklärt werden. Zur Begründung wird teilweise die Auffassung vertreten, § 925 BGB stelle eine versteckte Kollisionsnorm dar[490]. Für diese Auffassung gibt es jedoch weder im BGB noch in Verfahrensvorschriften den geringsten Anhaltspunkt; auch läßt sich diese Auffassung nicht aus systematischen Überlegungen heraus begründen. Sie muß deshalb als Begründung für die h. M. ausscheiden[491].

2. Meist wird die einengende h. M. damit begründet, daß sich die Beschränkung auf deutsche Notare aus der Entstehungsgeschichte des § 925 BGB in seiner jetzigen Form ergibt[492]. Aus dieser Entstehungsgeschichte sei über den Wortlaut des § 925 BGB hinaus, der keinen Anhaltspunkt für eine solche Einschränkung enthält, zu entnehmen, daß nur ein deutscher Notar zuständig sein könne. Dies wird darauf gestützt, daß sich aus den Gesetzesmaterialien zum Gesetz „zur Wiederherstellung der Gesetzeseinheit auf dem Gebiet des Bürgerlichen

---

489 So Staudinger / *Firsching*, RNr. 18, Soergel / *Kegel*, RNr. 25, Erman / *Arndt*, RNr. 11, Palandt / *Heldrich*, Anm. 2, 4 jeweils zu Art. 11 EGBGB; so auch OLG Köln, DNotZ 1972, 489; a. A. *Wolff*, S. 130 (ohne nähere Begründung) und *Mann*, NJW 1955, 1177 (1178 f.) und ZHR 138 (1974), 448 (456) ausdrücklich entgegen der allg. Meinung unter Berufung auf die Entstehungsgeschichte und allgemeine Erwägungen. So auch bereits *Bar*, S. 617 und *Zitelmann*, II, 336 (für den Rechtszustand vor 1900). Von 1900 bis 1953 war diese Frage für den deutschen Bereich ausdrücklich gesetzlich geregelt.

490 So *Wuppermann* in AWD des BB 1974, 255 (257).

491 *Weber*, NJW 1955, 1784 ff. stellt ausschließlich darauf ab, daß § 925 BGB — wie auch die anderen deutschen Bestimmungen, die die notarielle Beurkundung vorschreiben — Zuständigkeitsvorschriften seien, die sich nur auf deutsche Rechtspflegeorgane beziehen könnten. In dieser Auffassung steckt als Kern, jede solche deutsche Bestimmung stelle zugleich eine Kollisionsnorm dar, die besagt, daß dieses Tatbestandsmerkmal nur im Inland verwirklicht werden kann. Vgl. dazu auch *Römer*, S. 66 ff., der für die Prüfung der Umgehungsbeständigkeit jede dt. zwingende Vorschrift darauf untersucht, ob sie zugleich eine versteckte Kollisionsnorm enthalte (und damit auch bei einer Umgehungshandlung anwendbar ist).

492 So z. B. *Winkler*, NJW 1972, 981 (985 l. Sp.) und die folgenden Schriftsteller, die nur ganz kurz „historische Gründe" anführen; *Kegel*, Lehrbuch, S. 284; Soergel / *Kegel*, RNr. 25 zu Art. 11 EGBGB; *Stephan*, NJW 1974, 1596 (1597).

Rechts"[493] aus dem Jahre 1953 eindeutig ergibt, daß durch die Änderung des Wortlauts des § 925 BGB keine sachliche Änderung gegenüber dem vorherigen Rechtszustand geschaffen werden sollte. Bis zum Jahr 1953 war kraft ausdrücklicher gesetzlicher Regelung jeder deutsche Notar neben jedem deutschen Amtsgericht und dem Grundbuchamt zur Entgegennahme der Auflassung zuständig. Dieser Ausgangspunkt der einschränkenden Auffassung ist richtig; durch das RechtsbereinigungsG sollte kein neues Recht geschaffen, sondern der bestehende Rechtszustand nur redaktionell bereinigt werden[494]. Allerdings wurde bel der Überleitung der Zuständigkeitsverordnung von 1934 in § 925 BGB ganz bewußt das Wort deutsch gestrichen, weil der Gesetzgeber keine Reduzierung der Zuständigkeit auf die Notare in der Bundesrepublik wollte, sondern ein Stück „gesamtdeutschen Rechts" beibehalten wollte[495]. Deshalb wurde 1953 nur der alte Rechtszustand fortgeschrieben, das heißt jeder deutsche Notar blieb zur Beurkundung der Auflassung über ein deutsches Grundstück zuständig. Tatsächlich war der gesetzlichen Regelung aber doch ein neuer Gehalt beigelegt worden, weil durch die Formulierung aus dem Jahr 1953 eine — wenn auch seinerzeit negierte — Rechtsgrenze übersprungen werden sollte. Diese Grenze hat sich zwischenzeitlich aufgrund der politischen Entwicklung für das Rechtsgebiet des Notariats zu einer von den übrigen Grenzen der Bundesrepublik Deutschland nicht zu unterscheidenden Grenze entwickelt; ein Notar in der DDR ist ein ausländischer Notar und die DDR ist für einen Notar mit Amtssitz in der Bundesrepublik Deutschland Ausland[496]. Unter Berücksichtigung dieser politischen Entwicklung der ausdrücklichen gesetzgeberischen Entscheidung aus dem Jahr 1953 muß § 925 BGB so ausgelegt werden, daß für die Beurkundung der Auflassung über ein Grundstück in der Bundesrepublik eine Ersetzbarkeit der deutschen durch eine ausländische notarielle Beurkundung grundsätzlich möglich ist. Da es keine rechtlichen Gründe dafür gibt, die Ersetzbarkeit ausschließlich für die Notare in der DDR anzuwenden, kann entgegen der h. M. aus der Entstehungsgeschichte keine restriktive Auslegung des § 925 BGB entnommen werden. Deshalb ist

[493] BT-Drucksache I/3824, S. 17; Bericht des Rechtsausschusses BT-Drucksache I/4054, S. 2; abschließende Beratung des Gesetzes, stenographische Protokolle des I. Dt. Bundestags, S. 11918. Ausführlich zur Entstehungsgeschichte des § 925 BGB: *Riedel,* DNotZ 1955, 521 ff. (zum Gesetz vom 5. 3. 1953: S. 532 f.).

[494] Vgl. BT-Drucksache I/3824, S. 14, 17 und auch die Äußerungen bei der abschließenden Beratung in der Plenarsitzung, Protokolle des Bundestags, S. 11918 (B).

[495] Vgl. dazu BT-Drucksache I/3824, S. 17 (r. Sp.).

[496] So allgemeine Meinung, z. B. *Seybold / Hornig,* RNr. 7 zu § 11; *Kersten / Bühling / Appell,* S. 18; *Arndt,* Anm. 5 zu § 11 zählt alles außerhalb der Bundesrepublik Deutschland zum Ausland.

diese Vorschrift ihrem Wortlaut entsprechend auszulegen und steht, genauso wie die sonstigen materiellen Vorschriften, die eine notarielle Beurkundung vorschreiben[497], einer Ersetzung der deutschen durch eine ausländische notarielle Beurkundung nicht im Wege[498].

3. Zu untersuchen ist noch, ob aus sachlichen Gründen eine Ersetzbarkeit abzulehnen ist: Als solche Gründe werden der besonders nahe Bezug zwischen der Beurkundung der Auflassung und dem Grundbuchverfahren genannt[499]; auch wird das besondere Bedürfnis nach sicheren und klaren Urkunden zur Begründung der ausschließlichen Beurkundungszuständigkeit angeführt[500]. Ferner wird auf die Auswirkungen der Auflassung nach öffentlichem Recht hingewiesen, so insbes. behördliche Genehmigungen der Grundstücksveräußerung und die Entstehung der Grunderwerbssteuer[501]. Wenn der Ausgangspunkt zugrunde gelegt wird, daß die notarielle Beurkundung privaten Interessen zu dienen hat[502], kann die für den Rechtsübergang neben der Auflassung noch erforderliche Grundbucheintragung der Beurkundung durch einen ausländischen Notar nicht im Wege stehen; vielmehr spricht dieses notwendige Eintragungsverfahren eher für die Zulassung der ausländischen notariellen Beurkundung, da neben dem Notar auch noch das Grundbuchamt die Voraussetzungen für einen wirksamen Rechtsübergang prüft[503] und damit einer optimalen Verwirklichung des Parteiwillens förderlich ist. Hinsichtlich der Beweissicherung steht die Ur-

497 Mit Ausnahme des § 794 I Nr. 5 ZPO — vollstreckbare Urkunden — auf Grund des eindeutigen Gesetzeswortlautes.

498 So auch *Mann* in NJW 1955, 1177 (1178 f.). Bemerkenswert ist, daß *Beitzke* in der Kommentierung des § 925 BGB in RGR-Kommentar (9. Aufl. 1939) Anm. 15 die Meinung vertrat, Auflassungen über deutsche Grundstücke könnten trotz des damals eindeutigen Wortlauts auch vor einem Notar in Österreich oder dem Sudetenland — die damals „angeschlossen" waren — erklärt werden, obwohl in diesen Gebieten eine Auflassung unbekant war und deshalb diese Notare mit der Auflassung „nichts anfangen konnten" (darauf stellt *Winkler*, NJW 1972, 981, 985, entscheidend ab).

499 Bei *Rothoeft*, S. 127 als „gesteigerter Inlandsbezug" bezeichnet. Dieser Gesichtspunkt klingt auch bei *Kropholler*, ZHR 140 (1976), 394 (411) stark an.

500 So *Riedel*, DNotZ 1955, 521 (524).

501 Diese Argumente (größere Gewähr für richtige Urkunden und bessere Zusammenarbeit mit öffentlichen Behörden) führt *Kropholler*, ZHR 140 (1976), 394 (411) für seine Meinung an.

502 Dies ist Ausgangspunkt und Zweck des gesamten Beurkundungsrechts nach der ausdrücklichen Feststellung in der amtlichen Begründung des BeurkG, BT-Drucksache V/3282, S. 23 (r. Sp.) — Text s. FN 195.

503 Das Argument der Entlastung des Grundbuchamts hat ausschließlich justizpolitischen Charakter und kann deshalb bei der Auslegung von Beurkundungsvorschriften nicht berücksichtigt werden, vgl. dazu auch oben 1. Teil B II 7 e. Auch der BGH (vgl. FN 1, ganz am Schluß der veröffentlichten Gründe) geht ausschließlich von den Interessen der Beteiligten bzw. des Rechtsverkehrs aus und lehnt ein „Entlastungsinteresse" des Registergerichts offenbar ab. Dies muß entsprechend für das Grundbuchamt gelten.

kunde eines ausländischen Notars der eines deutschen nicht nach. Selbstverständlich wächst die Gefahr von Fehlern bei der Bezeichnung des Grundstücks mit der Entfernung vom zuständigen Grundbuchamt[504]; diese Gefahr ist jedoch bereits innerhalb der Bundesrepublik gegeben. Den daraus resultierenden Gefahren ist durch die Prüfung der Urkunde durch das Grundbuchamt und durch eine vom Grundbuchamt zu verlangende „Nachbesserung" der Auflassung im Wege der Zwischenverfügung nach § 18 GBO zu begegnen. Ebenso sind für die Einholung der behördlichen Genehmigung und der steuerlichen Unbedenklichkeitsbescheinigung sowie für die Anzeige an die Gemeinde wegen eines eventuell bestehenden Verkaufsrechts nach dem BBauG und dem StädtebauförderungsG in dem für das Grundbuchamt geltende Verfahrensrecht ausführliche Absicherungen vorgesehen, so daß auch die öffentlich-rechtlichen Voraussetzungen für die Eintragung der Eigentumsänderung im Grundbuch der Möglichkeit einer ausländischen Beurkundung der Auflassung nicht entgegenstehen. Außerdem knüpfen sich die meisten öffentlichrechtlichen Folgen primär an den schuldrechtlichen Grundstückskaufvertrag und nicht an die Auflassung[505]. Der Zweck des § 925 BGB muß ausschließlich in der Beweissicherung für die Eigentumsübertragung an Grundstücken gesehen werden; eine Schutzfunktion für die Beteiligten tritt, soweit sie überhaupt noch besteht, völlig in den Hintergrund. Unter dem Gesichtspunkt des Schutzes der Beteiligten ist das der Auflassung zugrundeliegende Kausalgeschäft viel wesentlicher[506]. In diesem Zusammenhang ist darauf hinzuweisen, daß der Schutz der Beteiligten durch die notarielle Belehrung bei der Beurkundung einer Auflassung durch die rechtstatsächlichen Verhältnisse nahezu verdrängt wurde, weil in den allermeisten Fällen die Auflassung durch einen bevollmächtigten Bürovorsteher oder eine Sekretärin des Notars namens der Parteien erklärt wird und diese Person nicht belehrt werden muß, weil sie über den Inhalt und das Ausmaß der Rechtswirkungen einer Auflassung Bescheid weiß[507].

---

504 Dies war nach den Motiven zu 925 BGB (vgl. Motive zum BGB III, 314 ff.) der Grund dafür, daß ursprünglich die Auflassung nur vor dem zuständigen Grundbuchamt „vor offenem Buch" erklärt werden konnte.

505 So knüpfen z. B. die Grunderwerbssteuer nach dem GrEStG 1983, § 1 I Nr. 1, Vorkaufsrecht der Gemeinde nach §§ 24 ff. BBauG und 17 StBauFG, Genehmigung nach § 2 GrdstVG sowie landesrechtliche Vorkaufsrechte nach Naturschutz- und Waldgesetzen immer an den Kaufvertrag bzw. das schuldrechtliche Geschäft ihre Rechtsfolge und nur subsidiär an die Auflassung an. Nur § 19 II Nr. 1 BBauG knüpft ausschließlich an die Auflassung an.

506 Hierauf weist auch *Rothoeft*, S. 122 hin.

507 Dazu ergab eine Umfrage bei 32 freiberuflichen Notaren in Stuttgart, daß in den letzten Jahren bei den Auflassungen, die getrennt vom Kausalgeschäft beurkundet wurden, in über 90 % der Fälle die Beteiligten durch eine „Bürobevollmächtigte" vertreten wurden. Eine Beurkundung mit den

4. Zu prüfen ist noch, ob die besondere Auslegung des § 925 BGB, die dieser durch die höchstrichterliche Rechtsprechung erfuhr[508], einer Ersetzung der Beurkundung durch einen ausländischen Notar entgegensteht. Nach feststehender Rechtsprechung ist die Erklärung der Auflassung vor der zuständigen Stelle aufgrund der besonderen Fassung des § 925 BGB auch dann wirksam, wenn die Beurkundung fehlt oder unwirksam ist. Aus dieser Besoderheit gegenüber den anderen materiell-rechtlichen Bestimmungen, in denen eine notarielle Beurkundung vorgeschrieben ist, kann jedoch für die Frage der Ersetzbarkeit der Beurkundung durch einen ausländischen Notar nichts entscheidendes hergeleitet werden, weil auch nach deutschem Recht die Beurkundung der Auflassung zur Erfüllung der Vorschriften des Verfahrensrechtes erforderlich ist[509]. Nach ganz h. M. kann das Grundbuchamt eine Eigentumsumschreibung nur aufgrund einer beurkundeten Auflassung, nicht jedoch einer Tatsachenbeurkundung des Notars über die vor ihm abgegebene Einigungserklärung vornehmen[510].

Damit ergibt sich, daß auch aus sachlichen Gründen die Beurkundung der Auflassung über ein in der Bundesrepublik Deutschland gelegenes Grundstück nicht notwendig durch einen deutschen Notar beurkundet werden muß. Aufgrund der ausdrücklichen gesetzlichen Regelung in Art. 11 II EGBGB kommt für die Beurkundung der Auflassung jedoch nur die Beurkundung durch einen solchen Notar in Betracht, der einem deutschen Notar nach den oben entwickelten Kriterien vergleichbar ist, weil insoweit der Ortsformgrundsatz nicht gilt[511].

Beteiligten selbst findet nur dann statt, wenn außerdem noch andere Erklärungen zu beurkunden sind oder in dem Fall irgendwelche Besonderheiten vorliegen. Nach meinen Kenntnissen dürften die Verhältnisse in anderen Gebieten Deutschlands ähnlich liegen. Zum Wegfall der Belehrungspflicht in solchen Fällen s. o. FN 383.

508 RGZ 99, 65 (67) und 132, 406 (408); BGHZ 22, 312 (315); diese Rechtsprechung wird allgemein anerkannt, vgl. z. B. Staudinger / *Seufert*, RNr. 48, Soergel / *Baur*, RNr. 25, Erman / *Ronke*, RNr. 20, Palandt / *Bassenge*, Anm. 3 a je zu § 925 BGB; Meikel / Imhoff / *Riedel*, RNr. 48 b zu § 20 GBO; *Westermann*, S. 390.

509 So die h. M. vgl. *Horber*, Anm. 3 A d zu§ 20 GBO; zuletzt so *Huhn* in Rechtspfleger 1977, 199 ff.

510 So auch KG in HRR 1934, Nr. 652; a. A. OLG Celle in MDR 1948, 258, dessen Ansicht sich aber nicht durchsetzen konnte.

511 Deshalb ist auch das obiter dictum in dem in WPM 1968, 1170 (1171) mitgeteilten BGH-Urteil im Ergebnis zutreffend, da der notary public des Staates New York dem deutschen Notar nicht vergleichbar ist; so auch ausdrücklich *Mann* in ZHR 138 (1974), 448 (456).

H. Prüfung der Vergleichbarkeit einer ausländischen notariellen Beurkundung am Beispiel des englischen Notars[512]

Die im 2. Teil dieser Arbeit entwickelten Grundsätze über die Anerkennung einer ausländischen notariellen Beurkundung sollen anhand der notariellen Beurkundung in England konkret geprüft werden.

I. Einleitung

In der deutschen Literatur, die sich mit der Frage der Gleichwertigkeit einer ausländischen notariellen Beurkundung befaßt, finden sich zum englischen Notar nur sehr wenige Äußerungen, wobei diese ein widersprüchliches Bild ergeben. In neuerer Zeit[513] war es zuerst *Mosheim*[514], der sich hierzu äußerte und die Vergleichbarkeit der Beurkundung oder Beglaubigung eines englischen Notars in jedem Fall ablehnte. In seinem Aufsatz ist auch eine kurze Darstellung der nach englischem Recht mit Beurkundungen befaßten Personen und deren Arbeitsgebiete enthalten[515]. Nach seiner Darstellung sind die englischen Notare regelmäßig Rechtsanwälte (solicitors), die nebenher als Notare fungieren[516]. Amt und Aufgaben der englischen Notare seien nicht näher gesetzlich geregelt, sondern nur gewohnheitsrechtlich entwikkelt[517]. Nach *Mosheims* Ansicht kann ein englischer Notar nur dann für das deutsche Rechtsgebiet beurkunden, wenn er dazu von deutscher Seite aus ausdrücklich ermächtigt wurde[518]. Zur Erleichterung des Rechtsverkehrs zwischen England und Deutschland wird die Ernennung von deutschen Wahlkonsuln in englischen Städten außerhalb Londons vorgeschlagen[519]. Demgegenüber nahm *Saage*[520] einen differenzierenden Standpunkt ein: Nach seiner Ansicht kann der englische Notar in allen Fällen wirksam beurkunden und beglaubigen, in denen

---

512 Für wertvolle Hinweise auf Literatur und Entscheidungen zum Recht der englischen Notare und Durchsicht dieses Kapitels, sowie Mitteilung der Usancen der Londoner Scrivener-Notare bin ich den Herren Notaren J. M. *Waugh* und J. D. *Woodward* in London zu herzlichem Dank verpflichtet, den ich auch an dieser Stelle zum Ausdruck bringen möchte.

513 Aus der Zeit vor dem 1. Weltkrieg ist in dem Sammelwerk „Das öffentliche Urkundswesen der europäischen Staaten", S. 255 ff., eine Darstellung der englischen Rechtsverhältnisse von *Leader* enthalten, wobei hervorzuheben ist, wie fundiert und detailliert diese Darstellung im Vergleich zu den Veröffentlichungen nach dem 2. Weltkrieg ist.

514 DNotZ 1953, 250 ff.

515 DNotZ 1953, 250 - 252.

516 DNotZ 1953, 251 unten.

517 DNotZ 1953, 252 f.

518 DNotZ 1953, 253.

519 DNotZ 1953, 254.

520 DNotZ 1953, 584 ff.

das deutsche Recht öffentliche Beurkundung oder Beglaubigung verlangt[521]; wird dagegen notarielle Beurkundung oder Beglaubigung verlangt, so kann auch nach der Meinung *Saages* der englische Notar nicht wirksam beurkunden oder beglaubigen. *Saage* teilt in diesem Aufsatz unter Berufung auf eine Auskunft der deutschen Botschaft in London mit, daß die englischen Notare zur Beurkundung von Urkunden aller Art, die zur Verwendung im Ausland bestimmt sind, allgemein zuständig seien und ihre Urkunden öffentlichen Glauben genießen. Entgegen der Meinung *Mosheims* hält Saage deshalb eine besondere Ermächtigung englischer Notare durch deutsche Behörden zur Beurkundung nicht für erforderlich[522]. In einem wenig später erschienen Aufsatz von *Mann*[523] wird dann die Auffassung vertreten, daß der englische Notar gleichzustellen sei und deshalb Beurkundungen dieser Notare auch das Erfordernis der notariellen Beurkundung bzw. Beglaubigung nach deutschem Recht erfüllen[524]. Auch hinsichtlich der Ausführungen über das Amt und die Aufgaben des englischen Notars widerspricht *Mann* den Ausführungen *Mosheims*. Nach den Ausführungen *Manns*[525] muß der englische Notar eine siebenjährige[526] Ausbildung durchlaufen, wird gerichtlich bestellt und überwacht. Da er ausschließlich in internationalen Rechtsbeziehungen tätig wird, weil das englische Recht keine notarielle Beurkundung kennt, muß der englische Notar ausländische Sprachen und auch bestimmte Teile des ausländischen Rechts kennen. *Mann* nennt ferner noch die Hauptarbeitsbereiche des englischen Notars und die für eine wirksame Urkunde erforderlichen wesentlichen Bestandteile. In Erwiderung hierauf vertrat *Weber*[527] im Ergebnis den gleichen Standpunkt wie *Saage*. Nach seiner Meinung kann die Urkunde eines ausländischen Notars in keinem Fall das Erfordernis der notariellen Beurkundung oder Beglaubigung nach deutschem Recht erfüllen. Auf die Prüfung der Gleichwertigkeit des ausländischen Notars kommt es deshalb nach seiner Meinung nicht an[528]. Unabhängig davon verneint er jedoch die Gleichwertigkeit der Beurkundung des englischen Notars mit der Begründung, daß nach der „englisch-amerikanischen Form“ der Notar lediglich einen Zusatz zur Privaturkunde hinzufüge und deshalb seine Tätigkeit höchstens der Unterschriftsbeglaubigung nach deutschem Recht vergleichbar

---

521 DNotZ 1953, 587, dort auch das Folgende.

522 DNotZ 1953, 588.

523 NJW 1955, 1177 ff.

524 NJW 1955, 1178.

525 NJW 1955, 1178 (r. Sp.).

526 Zur jetzigen Dauer der Ausbildung vgl. unten Fußnote 548.

527 NJW 1955, 1784 ff.

528 NJW 1955, 1784, 1785, 1786 (l. Sp.).

sei[529]. Dagegen werde eine Beurkundung eines englischen Notars den materiell-rechtlichen Erfordernissen der deutschen notariellen Beurkundung nicht gerecht. In der Kommentierung zu Art. 11 EGBGB vertritt Staudinger / *Firsching*[530] unter Bezugnahme auf Mann die Auffassung, daß die Beurkundung eines englischen Notars im Gegensatz zu der eines amerikanischen Notars den Zwecken der deutschen Formvorschriften genüge. *Winkler*[531] erwähnt in seinem umfangreichen Aufsatz zur Anerkennung ausländischer notarieller Urkunden die englischen Notare überhaupt nicht; er stellt lediglich die kontinental-europäischen und südamerikanischen — lateinischen — Notare den nordamerikanischen Notaren gegenüber[532]. *Jansen*[533] lehnt die Vergleichbarkeit beim notary public des anglo-amerikanischen Rechtskreises ohne näheres Eingehen auf die englischen Verhältnisse ab. Aus seinen weiteren Ausführungen[534] ist jedoch zu entnehmen, daß er darunter auch den englischen notary public versteht. *Stephan*[535] meint, Beurkundungen von Urkundspersonen des „angelsächsischen Rechtskreises" könnten die Beurkundungen nach deutschem Recht nicht ersetzen, wobei er offenbar nur vom US-amerikanischen notary public ausgeht, dann aber die englischen Rechtsverhältnisse unbesehen in das Resultat mit einbezieht[536]. Auch bei *Brambring*[537] bleibt unklar, ob er unter dem „anglo-amerikanischen notary public" auch den englischen Notar (der genau denselben Titel führt) mit erfassen möchte. Unter Berücksichtigung dieser Quellenlage in der deutschen Fachliteratur erscheint es erforderlich, die Einrichtung des Notariats in England gründlicher zu untersuchen und darzustellen, bevor die Vergleichbarkeit zwischen der Beurkundung eines deutschen und eines englischen Notars untersucht wird.

---

[529] NJW 1955, 1786 (r. o.).

[530] RNr. 25 (S. 190 ff.). So auch *Spellenberg* in Münchner Kommentar, RNr. 10 zu Art. 11 EGBGB unter Bezugnahme auf *Mann* und Staudinger / *Firsching.*

[531] NJW 1972, 981 - 988.

[532] NJW 1972, 985 (r. u.), ebenso auch Keidel / Kuntze / *Winkler,* RNr. 47 Einl. z. BeurkG.

[533] RNr. 32 Einl. z. BeurkG.

[534] FN 36 (S. 15), wo die Aufsätze *Mosheims* und *Manns,* die sich nur mit den englischen Rechtsverhältnissen befassen, zitiert sind.

[535] NJW 1974, 1596 (1597 f.); als Belege für seine Meinung zitiert er zwei Gutachten der Max-Planck-Institute in München und Hamburg, die sich mit Urkunden US-amerikanischer Notare befaßten und die Gleichwertigkeit ablehnten.

[536] Bereits *Frankenstein,* S. 536 faßt die Urkunden englischer und nordamerikanischer Notare ohne jede Differenzierung und nähere Darstellung zusammen und lehnt bei ihnen pauschal eine Gleichwertigkeit der Beurkundung ab.

[537] NJW 1975, 1255 (1256 l. u.).

II. Überblick über den gegenwärtigen Rechtszustand des Notariats in England

In diesem Abschnitt soll deshalb ein kurzer Überblick über den gegenwärtigen Rechtszustand des Notariats in England (einschließlich Wales, jedoch ohne Schottland)[538] gegeben werden, wobei einige historische Hinweise zum Verständnis unerläßlich sind[539].

1. In England gibt es schon seit Jahrhunderten — wie in anderen europäischen Ländern — Notare[540]. Anfangs waren die Notare in erster Linie für die geistlichen Gerichtshöfe tätig, die vielfache Rechtsbeziehungen zum Ausland unterhielten. Im Laufe der Zeit wurden die Notare dann in allen Rechtsangelegenheiten, die Auslandsberührung hatten und bei denen im Ausland Urkunden verwendet werden sollten, tätig. Das englische „Common Law" blieb jedoch von der Institution des Notariats und der notariellen Beurkundung unbeeinflußt, ebenso wie es gegenüber dem römischen Recht weitgehend verschlossen blieb[541]. Deshalb kennt das englische Recht auch heute kein Formerfordernis der notariellen Beurkundung oder Beglaubigung. Das Amtsrecht der Notare in England wurde erstmals im Jahre 1801 durch formelles Gesetz geregelt[542]. Darin wurden insbesondere die persönlichen Voraussetzungen für die Ernennung zum Notar, nähere Bestimmungen

538 In Schottland sind die Mehrzahl der praktizierenden Rechtsanwälte, die vor höheren Gerichten nicht auftreten können (solicitor), gleichzeitig Notare, wie sich aus der Law List of Scotland ergibt. Die Zulassung als solicitor ist Voraussetzung zur Bestellung zum Notar, s. *Brooke*, S. 44.

539 Im nachfolgenden wird häufig außer auf formelle Gesetze und Verordnungen auch auf das „Üblichsein" verwiesen, das in England eine weit größere Bedeutung hat als in Deutschland. Auf diesen Unterschied in der Rechts- und Gesetzestradition wurde bereits oben FN 310 hingewiesen. Aus diesem Unterschied kann keine Ungleichwertigkeit abgeleitet werden, da diese Übungen, die dem „common sense" entspringen, in Streitfällen — zumindest weitgehend — als Gewohnheitsrecht anerkannt werden und deshalb wie im deutschen Recht verbindlich sind. Zwar wird durch die umfassende Geltung von Gewohnheitsrecht in England die Rechtssicherheit beeinträchtigt, dieser Nachteil wird jedoch durch die größere Flexibilität und Kontinuität ausgeglichen. M. E. kann aus diesem Unterschied nicht auf eine Ungleichwertigkeit geschlossen werden.

540 Vor einiger Zeit erschien dazu eine umfangreiche Monographie „Notaries public in England in the 13th and 14th centuries" von *C. R. Cheney*, in der die ersten in England nachweisbaren notariellen Beurkundungen sowie Herkunft, Ausbildung und Stellung der ersten englischen Notare untersucht werden. Eine kürzere Zusammenfassung über die geschichtliche Entwicklung des Notariats in England gibt *Brooke*, S. 7 - 14; s. dazu auch *Holdsworth*, V, 114 f.

541 s. dazu *Holdsworth*, IV, 252 - 293; Zusammenfassung der Ergebnisse S. 292 f.

542 The Public Notaries Act 1801 (41 Geo. 3 c. 79) vom 27. Juni 1801; in Kraft getreten am 1. 8. 1801, abgedruckt in *Halsburys* Statutes of England, Vol. 23, 1121 ff.

über die erforderliche Ausbildung des Notars und die Möglichkeiten, die Bestellung eines Notares zurückzunehmen, geregelt. Dieses Gesetz wurden verschiedentlich abgeändert und ergänzt[543], insbesondere wurde die Unterscheidung zwischen Notaren innerhalb Londons und im übrigen England eingeführt.

2. Nach dem gegenwärtigen Rechtszustand können die Notare in England entsprechend den Grenzen ihrer Beurkundungszuständigkeit in folgende Gruppen eingeteilt werden[544]:

a) Hauptberufliche Notare in London, die zwar überall in England beurkunden können, für London jedoch das Beurkundungsmonopol haben; zur besseren Untercheidbarkeit werden diese gelegentlich als „Scrivener-Notare" bezeichnet, weil diese Notare Mitglied der Scrivener-Companie in London sein müssen[545].

b) Notare, die zwar in ganz England, nicht jedoch in London, beurkunden können (sog. „General-Notaries")[546].

c) Notare, die nur in einem bestimmten Amtsbezirk außerhalb Londons beurkunden können (sog. „District-Notaries")[547].

3. Die Scrivener-Notare sind freiberuflich tätige Notare in London, die nicht zugleich Rechtsanwalt (solicitor oder barrister) sind. Sie stellen den dritten Zweig der englischen Juristenberufe neben solicitors und barristers dar. Sie müssen vor der Bestellung zum Notar eine spezielle Notariatsausbildung absolvieren und mit zwei Prüfungen ab-

---

543 So insbes. durch The Public Notaries Act 1833 (3 & 4 Will. c. 70), The Public Notaries Act 1843 (6 & 7 Vict. c. 90), the Administration of Justice Act 1969 (1969 c. 58), abgedruckt nach dem in FN 542 genannten Gesetz.

544 s. dazu auch *Brooke,* S. 29 ff. und *Halsbury's* Laws of England, Vol. 28, 114.

545 Die Scrivener Companie erhielt 1616 die ersten Privilegien, s. *Brooke,* S. 13 (FN 1). Zu den genauen Grenzen der Jurisdiktionsgewalt der Scrivener-Companie s. sec. 13 Public Notaries Act 1801; danach umfaßt diese the City of London, the liberties of Westminister, the borough of Southwark and a circuit of three miles of the City of London. Zur Entwicklung und Geschichte der Scrivener-Companie vgl. ausführlichst: *Steer,* A History of the worshipful Compagny of Scriveners of London.

546 Teilweise (so z. B. *Halsbury's* Statutes of England, Vol. 23, S. 1117 f.) werden auch die Londoner Scrivener-Notare zu den „general Notaries" gerechnet; da dann jedoch eine weitere Unterteilung dieser Kategorie unerläßlich ist, erscheint mir die hier vorgenommene Aufteilung besser und klarer. Für die general notaries außerhalb Londons wurden durch den Public Notaries Act 1843 verschiedene Sonderbestimmungen eingeführt, wodurch die Unterscheidung zu den Scrivener-Notaren noch deutlicher und stärker wurde.

547 Diese Art der Bestellung von Notaren wurde durch The Public Notaries Act 1833, sec. 2 eingeführt. District notaries dürfen nur in Gebieten, die mindestens 10 Meilen von der City of London entfernt sind, amtieren und ihren Amtssitz haben, s. sec. 3 dieses Gesetzes.

schließen. Diese Ausbildung dauert jetzt fünf Jahre[548] und setzt — ebenso wie eine Ausbildung zum solicitor oder barrister — kein Universitätsexamen voraus. Bei den jetzt in Ausbildung befindlichen und in den letzten Jahren ernannten Notaren ist es jedoch üblich, daß sie vor Beginn der praktischen Ausbildung eine Universität besuchen und dort mit dem Grad des Bachelor of Laws nach dreijährigem Studium abschließen. Die Ausbildung zum Notar erfolgt in Form einer praktischen Lehre bei einem praktizierenden Notar in London. Für ihre Ausbildung und Prüfung besteht eine sehr differenzierte Ausbildungs- und Prüfungsordnung der Scrivener-Companie vom 18. Juli 1969[549]. Darin ist bestimmt, daß jeder Kandidat vor der Ernennung zum Notar zwei Prüfungen abzulegen hat, in denen neben den Gebieten des englischen materiellen Rechts (Sachenrecht, Schuldrecht, Handelsrecht, Gesellschaftsrecht, Wechselrecht, Erbrecht, Schiffs- und Seerecht, internationales Privatrecht) insbesondere auch das Recht und die Praxis des Notariats und zwei Fremdsprachen geprüft werden. Außerdem wird ausländisches Wechselrecht und die Grundzüge des Rechts des Landes, dessen Sprache als erste Fremdsprache gewählt wurde, hinsichtlich des Immobilienrechts, Erbrechts, Gesellschaftsrechts und formellen Beurkundungsrechts geprüft. Bei der Prüfung der ersten Fremdsprache müssen zwei Übersetzungen von Urkunden, Verträgen usw. angefertigt werden, und zwar eine aus der gewählten Fremdsprache ins Englische und eine vom Englischen in diese Fremdsprache. Als erste Fremdsprache kann französisch, spanisch, deutsch, italienisch, portugiesisch oder russisch gewählt werden, was über die Wahl der Sprache hinaus auch Auswirkungen auf das zu prüfende ausländische Recht hat. In der zweiten Fremdsprache muß eine Übersetzung eines Vertrages usw. ins Englische angefertigt werden. Der Kreis der als zweite Fremdsprache wählbaren Sprache ist um niederländisch, polnisch, griechisch und die skandinavischen Sprachen erweitert. Um sich die Fertigkeiten in der ersten Fremdsprache und die Kenntnisse des Rechts dieses Landes aneignen zu können, ist es üblich, daß jeder Kandidat vor der zweiten Prüfung ca. 1 Jahr im Ausland bei einem Notar arbeitet. Der übliche Ausbildungsgang eines Londoner Notars gestaltet sich somit folgendermaßen: Nach dem Abschluß der weiterbildenden

---

548 Durch sec. 29 des Administration of Justice Act 1969 wurde die Ausbildungszeit für die Scrivener Notare von 7 auf 5 Jahre mit Wirkung vom 1. Dez. 1969 herabgesetzt. Deshalb war *Manns* Mitteilung in NJW 1955, 1177 (1178) seinerseit zutreffend, was die Londoner Notare betraf. Für die general notaries war die Ausbildungszeit bereits durch the Public Notaries Act 1843 sec. 3 auf 5 Jahre verkürzt worden.

549 Diese Ausbildungs- und Prüfungsordnung wurde m. W. nicht veröffentlich, ist jedoch für alle Kandidaten verbindlich. Die Rechtsmacht der Scrivener-Companie zur Regelung dieser Fragen beruht auf sec. 13 des Public Notaries Act 1801 bzw. dem Act of Council von 1752.

Schule wird eine englische Universität für drei Jahre besucht und das dortige Studium mit dem Bachelor of Laws (oder Bachelor of Arts) abgeschlossen. Daran schließen sich vier Jahre praktische Ausbildung bei einem Notar in London an, wobei frühestens nach zwei Jahren eine Prüfung in einem Teil der aufgezählten Fachgebiete abgelegt wird. Entweder nach der vierjährigen Ausbildung in London oder nach der ersten Prüfung nach zwei Jahren der praktischen Ausbildung in London geht der Kandidat für ein Jahr ins Ausland zu einem ausländischen Notar oder einer entsprechenden Urkundsperson in das Land, dessen Sprache er als erste Fremdsprache gewählt hat .Frühestens nach insgesamt vier Jahren der praktischen Ausbildung kann in London die Abschlußprüfung abgelegt werden. Nach deren erfolgreichem Abschluß erfolgt die Bestellung zum Notar in London, wenn der Kandidat seit Beginn der praktischen Ausbildung insgesamt mindestens fünf Jahre bei einem Notar arbeitet, wodurch sich möglicherweise vor der Bestellung noch eine einjährige Mitarbeit als Praktikant bei einem Londoner Notar ergibt. Bei seiner Bestellung hat er folgenden Amtseid zu leisten[550]:

> Ich, ... schwöre, daß ich das Amt eines öffentlichen Notars gewissenhaft ausüben werde. Ich werde gewissenhaft Verträge und Urkunden für oder zwischen allen Parteien machen, die mich darum bitten, und ich werde weder etwas hinzufügen noch davon wegtun ohne die Kenntnis und Zustimmung der Partei oder der Parteien, die den Inhalt der Tatsachen verändern können; ich werde keinen Vertrag, Akt oder Urkunde machen oder beglaubigen, bei dem ich sehe, daß Gewalt oder Betrug dabei ist; und in allen Dingen werde ich aufrichtig und gerecht arbeiten im Beruf eines öffentlichen Notars, entsprechend meiner besten Geschicklichkeit und Fähigkeit. Dazu helfe mir Gott.

Die Ausbildung von Kandidaten übernimmt der Notar erst nach mehrjähriger Praxis.

4. Im Gegensatz hierzu haben die Notare außerhalb Londons im allgemeinen keine spezielle Ausbildung, sondern sind praktizierende Rechtsanwälte (solicitors), die das Amt des Notars nebenberuflich ausüben. Hinsichtlich der erforderlichen Ausbildung besteht zwischen den „General Notaries" und den „District Notaries" folgender Unterschied: Die General Notaries (außerhalb Londons) müssen eine fünfjährige praktische Ausbildung hinter sich haben, wobei sie diese bei einem nebenberuflichen Notar oder bei einem Solicitor-Partner eines nebenberuflichen Notars machen können[551]; es muß bei der Ausbildung somit

---

550 Vorgeschrieben durch sec. 7 des Public Notaries Act 1843, der englische Wortlaut ist bei *Halsbury's* Statutes of England, Vol. 23, S. 1133 abgedruckt.

ein — wenn auch möglicherweise loser — Zusammenhang mit der Tätigkeit in einem Notariat bestehen. Demgegenüber haben die District Notaries keinerlei besondere Ausbildung für die notarielle Tätigkeit[552]. Eine Prüfung hinsichtlich der Kenntnisse im Notariatswesen müssen beide Arten von nebenberuflichen Notaren nicht ablegen. Da der englische Notar regelmäßig nur in Fällen mit Auslandsberührung tätig wird, hat die Mehrzahl der englischen Notare außerhalb Londons ihren Amtssitz in einer Hafenstadt. Die Zahl der in London ansässigen hauptberuflichen Notare betrug 1977 insgesamt 24[553], wobei die meisten dieser Notare in Sozietäten (Partnerships) tätig sind. Die Anzahl der Londoner Notare ist gesetzlich oder administrativ nicht begrenzt. Insgesamt sind in England mehrere hundert Notare tätig, wobei für die Bestellung eines „District Notary" eine Bedürfnisprüfung stattfindet[554]. Zur Feststellung dieses Bedürfnisses ist ein umfangreiches und genau geregeltes Verfahren eingerichtet[555]. Obwohl die Kandidaten für die Ernennung zum „District Notary" keine spezielle Ausbildung oder Prüfung ablegen müssen, ist es erforderlich, daß zwei praktizierende Notare dem Antragsteller formell bescheinigen, daß sie ihn für die Übernahme des Amts eines Notars geeignet halten. Ob eine Ernennung erfolgt, entscheidet der Court of Faculties, gegen die beabsichtigte Ernennung können die bereits bestellten Notare, die in dem Bezirk ihren Amtssitz haben, Rechtsmittel einlegen[556].

5. Alle englischen Notare unterliegen der Aufsicht des genannten Court of Faculties, der ihnen bei Verstößen gegen ihre Amtspflichten die Berechtigung zur Amtsausübung entziehen kann[557]. In jedem Jahr müssen sich die hauptberuflichen Notare eine jährliche, gebührenpflichtige Bescheinigung über die Erlaubnis zum Praktizieren beim

---

551 Public Notaries Act 1843 sec. 1; die Begrenzung auf Notare außerhalb der Jurisdiktionsgewalt der Scrivener-Companie ergibt sich aus sec. 6.

552 Dies ergibt sich aus sec. 1 des Public Notaries Act 1833; so auch ausdrücklich *Brooke*, S. 33 und *Halsbury's* Laws of England, Vol. 28, S. 118 (Nr. 139).

553 Vgl. The Bar List of the United Kingdom 1977, S. 75 f.; für die Notare außerhalb der Scrivener-Companie vgl. die Aufstellung ebenda, S. 77 - 87.

554 Die Basis für dieses Erfordernis ist in sec. 2 des Public Notaries Act 1833 enthalten.

555 Vgl. dazu ausführlich *Brooke*. S. 33 ff. m. w. N. insbes. einer stattlichen Anzahl vor Urteilen.

556 *Halsbury's* Laws of England, Vol. 28, 118 (Nr. 139).

557 Besondere Fälle des „struck off the roll" sind in the Public Notaries Act 1801, sec. 10; Public Notaries Act 1833, sec. 4 und Public Notaries Act 1843, sec. 9 besonders geregelt. Zu der allgemeinen Befugnis des Court of Faculties, die Amtsbefugnis zu entziehen, s. *Halsbury's* Laws of England, Vol. 28, 120 (Nr. 144 m. w. N. in FN g). Gegen die Entscheidung des Master of the Faculties ist bei Entziehung der Amtsbefugnis Rechtsmittel zum Chancellor of England möglich, s. sec. 5 des Public Notaries Act 1843.

Court of Faculties erteilen lassen[558]. Die Erteilung dieser Bescheinigung ist Wirksamkeitserfordernis für die Beurkundung. Da die nebenberuflichen Notare als Rechtsanwalt für jedes Jahr eine ähnliche Bescheinigung benötigen, müssen sie gegenüber dem Court of Faculties nur das Fortbestehen ihrer Zulassung als Rechtsanwalt nachweisen.

6. Weder in den formellen Gesetzen von 1801, 1833, 1843 noch in den dazu ergangenen Verordnungen ist die Zuständigkeit der Notare ausdrücklich geregelt. Diese ergibt sich vielmehr aus Gewohnheitsrecht und dessen Fortentwicklung durch Gerichtsentscheidungen, wie dies ja bei den allermeisten Rechtsgebieten in England der Fall ist[559]. In *Brooke*'s Buch über das Notariat in England wird die Zuständigkeit der Notare wie folgt beschrieben[560]:

Die Hauptfunktionen eines Notars bestehen in der Aufnahme aller Akte und Verträge, welche nach gesetzlicher Vorschrift und dem Wunsch der Parteien authentisch zu machen sind; in Verleihung der erforderlichen Glaubwürdigkeit für diese Urkunden; Festsetzung deren Datum, Erhaltung der Originale oder Protokolle der Urkunden, die den Namen Originalurkunden erhalten, wenn sie im Stil des Notars entworfen wurden und mit seinem Siegel versehen sind sowie Erteilung authentischer Abschriften solcher Urkunden.

Halsbury's Laws of England, die wohl umfassendste Sammlung des englischen Rechts, beschreibt die Funktion der englischen Notare wie folgt[561]:

„(1) Vorbereitung von Urkunden, z. B. Verträge, Abmachungen und Testamente über Vermögen in England; von Verträgen und Urkunden aller Art, die im Ausland verwendet werden sollen, in der Form und Sprache, die dem Recht entspricht, unter dem diese Urkunden verwendet werden sollen; Beglaubigung der Unterzeichnung von Verträgen, Vollmachten und sonstigen Urkunden; Vorbereitung von Verträgen usw. über Schiffe, Schiffsladungen und ähnliche Handelspapiere; Übersetzung und Beglaubigung von Übersetzungen von fremdsprachigen Urkunden ins Englische oder umgekehrt.

(2) Protestierung in- und ausländischer Wechsel wegen Nichtannahme oder Nichtzahlung.

---

558 *Brooke*, S. 41 f., wobei die dort genannten Gebührensätze zwischenzeitlich überholt sind; vgl. dazu auch *Halsbury's* Statutes of England, Vol. 23, 1119.

559 Vgl. dazu z. B. *Blumenwitz*, S. 4 ff., 45 f. und *Coing*, S. 135 f., 308 ff.

560 S. 16 FN a), wobei ausdrücklich auf frühere Auflagen dieses Werkes verwiesen wurde.

561 Vol. 28, S. 120 ff. (Nr. 145 - 149).

(3) Annahme von Schiffprotesten, d. h. Erklärungen des Kapitäns oder der Seeleute, wenn auf der Fahrt irgendwelche Unfälle oder Unregelmäßigkeiten vorfielen und dadurch Schaden am Schiff oder der Ladung entstand.

(4) Auslosung von Schuldverschreibungen.

(5) Beurkundung von Eiden und eidesstattlichen Versicherungen für alle möglichen Zwecke."

Außerdem können die englischen Notare, die im allgemeinen von den Rechtsanwälten (Solicitors) wahrgenommenen Aufgaben bei der Übertragung von Vermögen, insbesondere von Grundstücken und Rechten daran (Conveyancing), die weit über die Beurkundung des Vertrages hinausgehen, durchführen[562]. Da die Zuständigkeit der englischen Notare nicht positivrechtlich geregelt ist, und damit kein abschließender Zuständigkeitskatalog besteht, konnte sich deren Tätigkeitsbereich in der Vergangenheit stets ohne Schwierigkeiten und zeitliche Zäsur an die veränderten Bedürfnisse des Rechtsverkehrs anpassen. Deutlich wird dies, wenn die oben dargestellten Hauptaufgaben der Notare verglichen werden: So werden z. B. Verträge über das Chartern von Schiffen heute kaum mehr beurkundet. Demgegenüber spielen heute die Vorbereitung und Durchführung von internationalen gesellschaftsrechtlichen Akten und die Bestellung von Sicherheiten an ausländischen Schiffen aufgrund der internationalen Wirtschaftsverflechtungen und der Verlagerung der Schiffskapazitäten ins Ausland eine erhebliche Rolle.

7. Da dem englischen Recht die notarielle Beurkundung und Beglaubigung fremd ist, gibt es auch kein das Verfahren bei derartigen Akten regelndes Gesetz. Trotzdem wurden durch Gerichtsentscheidungen und durch die Rechtslehre eine Reihe von Wirksamkeitsvoraussetungen für notarielle Urkunden aufgestellt[563]. Hierzu werden folgende Angaben für die Urkunde gerechnet:

Ort und Zeit[564] der Errichtung; Name des Notars, der Beteiligten und evtl. Zeugen; Erklärung, daß die Beteiligten vor dem Notar erschienen und Zweck des Erscheinens; Erklärungen der Beteiligten oder Vorgang, der Inhalt der Urkunde ist; Erklärung, daß die Urkunde von den Parteien gelesen und genehmigt wurde; Unterschriften der Beteiligten und Zeugen sowie des Notars und dessen Siegel. Die Bezeichnung der Beteiligten und Zeugen muß zweifelsfrei sein; in der Urkunde sollten die Worte „vor mir" verwendet werden. An der Urkunde dürfen keine

---

562 *Brooke*, S. 18.

563 *Brooke*, S. 46 f., nach diesem Werk werden die folgenden Entscheidungen zitiert.

564 Beenlen v. Hockin (1846), 16 L.J.C.P. 49.

Veränderungen, Ausbesserungen usw. vorgenommen worden sein. Hinsichtlich der Verwendung des Siegels wurde entschieden[565], daß dies nur dann erforderlich ist, wenn die Urkunde im Ausland verwendet werden soll. Ferner wurde in einer Entscheidung die Regel aufgestellt[566], daß eine falsche Ortsangabe die Beurkundung nicht nichtig macht, wenn nachgewiesen wird, daß auch der Ort, an dem die Beurkundung tatsächlich erfolte, innerhalb des Amtsbezirks des beurkundenden Notars liegt.

8. Da das englische Recht selbst das Erfordernis der notariellen Beurkundung oder Beglaubigung nicht kennt, enthält es auch keine Bestimmungen darüber, in welchen Fällen die Form der Beurkundung (public instrument) oder die der Beglaubigung der Unterschrift zu wahren ist. Die Entscheidung hierüber überläßt das englische Recht ausschließlich dem Recht des Staates, in dem die Urkunde verwandt werden soll. Hinsichtlich der zu wahrenden Form richten sich die englischen Notare ganz nach den Anforderungen des ausländischen Rechts, so z. B. hinsichtlich der Frage, ob nur die Unterzeichnung eines Dokuments beglaubigt oder ob eine Verhandlungsniederschrift errichtet wird. Ferner richtet sich die Frage, ob Zeugen zugezogen werden müssen und in welcher Sprache die Urkunde abgefaßt wird, nach den Anforderungen des ausländischen Rechts. Verlangt das ausländische Recht die Verlesung der Niederschrift, so verlesen auch die englischen Notare ihre Niederschrift und vermerken dies darin. Häufig errichten die englischen Notare Urkunden (Niederschriften und Beglaubigungsvermerke) in einer ausländischen Sprache (wenn die Beteiligten und der Notar dieser mächtig sind) oder übersetzen eine von ihnen errichtete englische Urkunde in eine Fremdsprache.

9. Das Standesrecht der englischen Notare hat folgende Grundzüge: Der Londoner Nur-Notar darf sich nicht mit einem Rechtsanwalt zusammenschließen, während dies den nebenberuflichen Notaren erlaubt ist. Der Notar kann seine Amtstätigkeit nicht ablehnen[567]. Aufgrund seines Amtseides ist er verpflichtet, jedem Antragsteller behilflich zu sein. Der Notar schuldet jedem Klienten solche Kenntnis, Fähigkeiten und Sorgfalt, wie sie ein geschickter und verständiger Notar in dem betreffenden Fall unter den gegebenen Umständen anwenden würde[568]. Der Haftungsmaßstab ist somit objektiviert. Aus einer Verletzung die-

---

565 Smyth v. Smyth (1831), 4 Hagg. Ecc. 72 (76 - 77), Cruttenden v. Bourbell (1808), 1 Taunt. 144.

566 Hamel v. Panet (1876), 2 App. Cas. 121.

567 Dieser nicht ganz unbestrittenen Auffassung sind bereits *Ayliffe*, S. 382 und *Brooke*, S. 19 f.

568 *Brooke*, S. 21.

ser Sorgfaltspflichten haftet er den Klienten wie ein Rechtsanwalt (Solicitor)[569]. Der Notar muß seine Aufgaben persönlich erfüllen. Er kann — mit Ausnahme des Wechselprotests — keinen Vertreter für sich handeln lassen[570]; auch kann ihm von keiner Behörde ein Vertreter betellt werden. Der Notar ist bei allen Geschäften, an denen er ein irgendwie geartetes Interesse hat, von der Mitwirkung ausgeschlossen[571]. Englische Notare machen keinerlei Werbung für ihre Tätigkeit. Vor englischen Gerichten dürfen Notare in keinem Verfahren auftreten. Sie können auch nicht unmittelbar einen Rechtsanwalt beauftragen, der vor einem höheren Gericht auftritt (barrister). Diese Beauftragung kann nur über einen Solicitor erfolgen. Die Rechtsbeziehungen zwischen dem englischen Notar und seinem Auftraggeber sind rein privatrechtlicher, vertraglicher Natur[572]. Für seine Tätigkeit kann der englische Notar eine „angemessene" Gebühr verlangen, die er im Falle des Bestreitens oder der Nichtzahlung vor den ordentlichen Gerichten wie jeder andere Gläubiger einklagen muß. Die Höhe der notariellen Gebühren ist gesetzlich nicht geregelt; sie hängt in erster Linie vom Umfang des Geschäfts ab und richtet sich nur ausnahmsweise nach dem Geschäftswert der beurkundeten Erklärung bzw. des Rechtsvorganges.

10. Der englische Notar ist verpflichtet, die Urkunden, die in Form einer Niederschrift aufgenommen wurden, entweder im Original oder — falls dieses im Ausland benötigt wird — in Abschrift auf Dauer aufzubewahren. Dagegen werden die vom Notar beglaubigten Urkunden meist nur eine gewisse Zeit (ca. 10 Jahre) aufbewahrt. Zu den verwahrten Urkunden führt der Notar einen Index oder Namenskartei. Für Wechsel- und Schiffsproteste gibt es besondere Sammelbände.

11. Die Verantwortlichkeit des englischen Notars entsprechend seinem Amtseid erstreckt sich auch auf den Inhalt der von ihm beurkundeten Erklärungen. Über seinen Amtseid hinaus besteht keine besondere Aufzählung von Pflichten des Notars bei der Abfassung von Urkunden[573], außer den bereits erwähnten Formerfordernissen.

---

569 Die Haftung gründet sich auf Vertrag; Groom v. Crocker (1939) 1 K.B. 194.

570 *Brooke*, S. 20 f.

571 *Ayliffe*, S. 382; Bailleau Case (1904) P. 180 (186).

572 Groom v. Crocker (1939) 1 K. B. 194.

573 *Brooke*, S. 21, schreibt bei der Verantwortlichkeit des Notars: „He should, of course, carry out his client's instructions, explain to him his position, rights and liabilities, and see that every precaution is taken to protect his interests." In England wird somit von einer Belehrungs- und Fürsorgepflicht als Selbstverständlichkeit ausgegangen, auch wenn diese nicht ausdrücklich normiert ist.

III. Entspricht der englische Notar den im 2. Teil dieser Arbeit gefundenen Kriterien der Gleichwertigkeit

Unter Berücksichtigung dieser Rechtslage der englischen Notare soll nunmehr geprüft werden, ob der englische Notar den im 2. Teil dieser Arbeit gefundenen Kriterien der Gleichwertigkeit entspricht:

1. Umfassende juristische Ausbildung

Wie oben dargestellt, gibt es zwei verschiedene Ausbildungen, die zum Amt des Notars in England befähigen, je nachdem, ob er in London oder außerhalb davon praktizieren will. Beide setzen kein abgeschlossenes juristisches Studium an einer Universität voraus, sondern stellen praktische Ausbildungen dar. Insofern bestehen ganz grundsätzliche Unterschiede zwischen den Juristenausbildungen in England und der Bundesrepublik in methodischer und systematischer Hinsicht. Zu berücksichtigen ist dabei ferner, daß auch bei der Ausbildung zum 3. englischen Juristenberuf, dem des Barristers (der auch die Möglichkeit zur Ernennung zum Richter eröffnet), der Praxisbezug weit stärker betont wird, als in der bundesdeutschen Juristenausbildung. Dies ergibt sich daraus, daß der Unterricht an den Inn of Courts in London, an denen die Ausbildung zum Barrister erfolgt, weitestgehend von Praktikern erteilt wird und diese Inns schon räumlich den englischen Gerichten zugeordnet sind. Die Unterscheidung umfaßt also das gesamte Ausbildungssystem für englische bzw. deutsche Juristen. Aus dieser Andersartigkeit, die für einen deutschen Juristen verwunderlich ist, kann jedoch keinesfalls auf eine qualitative Unterscheidung der englischen Juristen insgesamt und der Notare im besonderen geschlossen werden[574]. Vielmehr ergibt eine genauere Betrachtung der bestehenden Ausbildungs- und Prüfungsordnung für die Londoner Notare, daß diese Ausbildung für die besonderen Anforderungen des englischen Rechtsverkehrs an die Notare hervorragend geeignet ist und hinsichtlich des Inhalts der für diese Prüfungen erforderlichen Kenntnisse auch den Vergleich mit einer deutschen JAPO besteht. Daß die Ausbildung zum englischen Notar auf den Gebieten des Straf- und öffentlichen Rechts nur die für die notarielle Praxis relevanten Teile umfaßt, läßt sie nicht weniger qualifiziert erscheinen, da sie den Kandidaten auf seine berufsspezifischen Aufgaben weit besser vorbereitet als die deutsche (Einheits-)Juristenausbildung. Da sich der englische Notar neben den praktischen Gebieten des Beurkundungswesens auch im materiellen Recht auskennen muß, kann hier auf keinen Fall von einer nur „hand-

[574] Vgl. zur Gleichwertigkeit der Juristenausbildung in den Ländern des Common Law, *Ferid*, RabelsZ 37 (1973), 264, der ebenfalls zur Gleichwertigkeit kommt.

werklich-praktischen" Ausbildung gesprochen werden[575], auch wenn ein abgeschlossenes Jurastudium nicht vorausgesetzt wird. Somit kann bei aller Verschiedenheit in der Methode und Systematik der Ausbildungen von einer Ungleichwertigkeit keine Rede sein. Für die Notare, die außerhalb Londons dieses Amt im Nebenberuf neben dem eines Rechtsanwalts (solicitors) ausüben, bestehen im Grundsatz von der Ausbildung her keine besonderen Voraussetzungen. Die detaillierte Darstellung des Ausbildungsgangs eines englischen Solicitors ist hier nicht erforderlich, da sich die Vergleichbarkeit dieser Ausbildung mit der eines deutschen Rechtsanwalts schon aus der vergleichbaren Funktion ergibt, die der Solicitor im Verhältnis zum deutschen Rechtsanwalt erfüllt. Obwohl der zum Notar ernannte englische Solicitor keine Spezialkenntnisse im Recht der Notare und der Beurkundung nachweisen muß, kann er doch mit dem deutschen Rechtsanwaltsnotar in jeder Hinsicht verglichen werden. Da das deutsche Recht zwischen Nurnotaren und RA-Notaren hinsichtlich der Befugnisse und Zuständigkeiten nicht differenziert und beide Notariatsformen völlig gleichstellt, erscheint auch hinsichtlich der Gleichwertigkeit der englischen Solicitor-Notare unter dem Gesichtspunkt der umfassenden juristischen Ausbildung eine Differenzierung nicht möglich.

2. Unabhängigkeit der Notare

Hinsichtlich der Londoner Notare bestehen im wesentlichen die gleichen Bestimmungen wie für die deutschen Nurnotare; so ist ihnen der Zusammenschluß mit Rechtsanwälten untersagt. Auch dürfen sie nicht mit Maklern oder dergleichen Personen in dauernden Geschäftsverbindungen stehen. Hinsichtlich der persönlichen und sachlichen Beteiligung des Notars bestehen in England für alle Notare die gleichen, gegenüber den deutschen Vorschriften strengeren Bestimmungen. Auch von den Solicitor-Notaren wird verlangt, daß sie zwischen den Funktionen des Solicitors als Parteivertreter und denen des Notars als unabhängiger Urkundsperson streng unterscheiden können. Somit ergibt sich auch unter diesem Gesichtspunkt keine Ungleichwertigkeit zwischen deutschem und englischem Notar.

3. Aufsicht über die Tätigkeit des Notars

Die Aufsicht über die Notare in England übt die Scrivener Company und der Court of Faculties aus, wobei diese nicht von Amts wegen

[575] Ob der „Vorwurf" der handwerklich-praktischen Ausbildung eine negative Bewertung überhaupt darstellt, erscheint fraglich: von jeher wird — gerade im lateinischen Notariat — von der „ars notarii" gesprochen. M. E. ist die Verbindung zwischen Kunst und Handwerk enger als die zwischen Kunst und Wissenschaft.

tätig werden. Eine regelmäßige Überprüfung der Amtstätigkeit der Notare findet nicht statt. Durch die jährliche Erteilung der Praxisbescheinigung wird jedoch eine gewisse Vorauskontrolle ausgeübt. Im übrigen setzt das Eingreifen dieser Institutionen eine Beschwerde eines Beteiligten voraus. Bei der Bewertung dieses Unterschieds muß jedoch folgender Umstand berücksichtigt werden: Der englische Notar hat nahezu ausschließlich mit Personen zu tun, die irgendwelche internationale Rechts- oder Geschäftsbeziehungen haben. Bei diesen Klienten läßt sich viel eher von einem „mündigen Bürger" ausgehen, der selbst auf den Schutz und die Durchsetzung seiner Rechte bedacht ist, als bei den alle sozialen Gruppen umfassenden Beteiligten bei deutschen Beurkundungen, wobei ein Großteil der Klienten sowohl rechtlich als auch wirtschaftlich unerfahren und ungewandt ist. Außerdem ist zu berücksichtigen, daß bei der relativ kleinen Anzahl englischer Notare den Aufsichtsorganen ein viel besserer Überblick möglich ist, als bei der teilweise großen Anzahl von Notaren in der Bundesrepublik Deutschland. Für die Annahme eines vergleichbaren und gleichwertigen Status des englischen Notars reicht die Tatsache aus, daß Aufsichtsorgane mit Disziplinargewalt bestehen. Somit führt auch die Prüfung der Gleichwertigkeit in diesem Punkt zum Ergebnis, daß die Stellung der englischen Notare auch insoweit mit der der deutschen Notare gleichwertig ist.

4. Gleichwertigkeit des Beurkundungsverfahrens

Neben diesen sich auf den Status und die Stellung des Notars beziehenden Vergleichbarkeitskriterien muß noch untersucht werden, ob das von den englischen Notaren zu beachtende Beurkundungsverfahren mit dem deutschen Beurkundungsverfahren insoweit vergleichbar und diesem gleichwertig ist, als das deutsche Beurkundungsverfahren die Erfüllung der Funktionen und Zwecke des deutschen materiellen Rechts sichert. Als solche Bestimmungen wurden die Mußvorschriften des deutschen BeurkG angesehen, wobei hinsichtlich des Vorlesens der Urkunde ein anderer Modus für möglich gehalten wurde, wenn er mit gleicher Sicherheit die Kenntnisnahme des Inhalts durch die Beteiligten und den Notar gewährleistet. Wie bereits oben dargestellt, hat das englische Recht keine Bestimmungen über das Beurkundungsverfahren; vielmehr richten sich die englischen Notare hierbei nach den ausländischen Bestimmungen. So werden alle für den Gebrauch in Deutschland bestimmten Urkunden den Beteiligten vom Notar vorgelesen, obwohl dies nicht zu den Wirksamkeitsvoraussetzungen einer notariellen Urkunde nach den oben genannten Regeln gehört. Daß der englische Notar bei der Beurkundung grundsätzlich das ausländische

Beurkundungsrecht berücksichtigt, unter dem die Urkunde verwendet werden soll, ist insoweit bemerkenswert, als grundsätzlich jeder Notar bei der Beurkundung sein nationales Beurkundungsverfahren anzuwenden hat[576]. Daß sich das englische Recht in dieser Hinsicht äußerst zurückhält und nur die Wirksamkeitsvoraussetzungen festlegt, ist nur aus der besonderen Situation des Notariats in England zu erklären, das praktisch nur für die Bedürfnisse des internationalen Rechts- und Geschäftsverkehrs zur Verfügung gestellt wird, ohne daß es für den innerenglischen Rechtsverkehr eine Funktion erfüllt. Bei näherer Untersuchung zeigt sich jedoch, daß auch das deutsche Beurkundungsrecht und Amtsrecht der Notare Bestimmungen über die Zuständigkeit und die Behandlung der Urkunden für die Fälle der Verwendung der Urkunde im Ausland enthält[577]. Im Verhältnis zu der Gesamtheit der Bestimmungen des Beurkundungs- und Notarrechts spielen diese Bestimmungen im deutschen Recht selbstverständlich nur eine untergeordnete, meistens unwesentliche, Rolle, wie ja auch bei den meisten Notaren in Deutschland die Beurkundungen, die sich auf das Ausland beziehen, von untergeordneter Bedeutung sind. Da im englischen Recht die inländische Beurkundung jedoch ganz wegfällt, kann es nicht verwunderlich sein, daß sich das englische formelle Beurkundungsrecht nur auf das allerwesentlichste beschränkt und alles übrige dem ausländischen Recht überläßt.

Jedenfalls ist dieser Standpunkt weder dem deutschen Notarrecht noch der deutschen Rechtslehre zur Zuständigkeit des deutschen Notars im internationalen Verkehr fremd. Nach einhelliger Auffassung[578] kann der deutsche Notar auch solche Erklärungen und Vorgänge beurkunden, die entweder dem deutschen Recht fremd sind oder nach deutschem Recht nicht zu beurkunden sind, wenn es sich nur dem Wesen nach um die Beurkundung von Rechtsgeschäften, privater Erklärungen oder Tatsachen im Interesse von Privatpersonen handelt. Da sich somit das englische Beurkundungsrecht gar nicht so wesentlich vom deutschen unterscheidet, wie es zunächst den Anschein erweckt, muß auch hinsichtlich des englischen Beurkundungsverfahrens von einer Gleichwertigkeit ausgegangen werden, zumal die Wirksamkeitserfordernisse nach englischem Recht erheblich über die nach deutschem Recht hin-

---

576 So die allgemeine Meinung, vgl. z. B. Staudinger / *Firsching*, RNr. 20 zu Art. 11 EGBGB; Keidel / Kuntze / *Winkler*, RNr. 56 ff. und *Jansen*, RNr. 30 jeweils Einl. z. BeurkG.

577 §§ 22, 22 a BNotO begründen Zuständigkeiten des deutschen Notars für den internationalen Rechtsverkehr, die er im internen Bereich nicht hat. § 45 BeurkG läßt für die Bedürfnisse des internationalen Rechtsverkehrs ein Vorgehen zu, das im nationalen Bereich verboten ist.

578 Vgl. z. B. Staudinger / *Firsching*, RNr. 17 zu Art. 11 EGBGB; Keidel / Kuntze / *Winkler*, RNr. 45 und *Jansen*, RNr. 30 jeweils Einl. z. BeurkG.

ausgehen und im übrigen deutsches Beurkundungsverfahrensrecht angewandt wird[579].

Zusammenfassend läßt sich damit festhalten, daß die Beurkundungen aller englischen Notare geeignet sind, das Wirksamkeitserfordernis „notarielle Beurkundung" bei Geltung deutschen Rechts — auch als Formstatut — zu ersetzen. Andererseits hat die Darstellung des englischen Rechts gezeigt, daß die Ortsformregel nie zum Geltungsgrund für die Urkunden englischer Notare dienen kann, weil das als Ortsrecht anwendbare englische Recht die notarielle Beurkundung und Beglaubigung als Wirksamkeitserfordernis für Rechtsgeschäfte oder Rechtshandlungen nicht kennt.

---

579 Hinsichtlich des Streitpunktes des Vorlesens der Urkunde (vgl. dazu oben Abschnitt D I 4) ergibt sich damit für die Urkunden englischer Notare, daß das deutsche Mußerfordernis auch bei diesen Urkunden eingehalten wird, weil englische Notare deutsches Verfahrensrecht insoweit anwenden. Aber selbst wenn der englische Notar das Vorlesen unterläßt, weil er andere als deutsche Verfahrensbestimmungen anwendet, liegt bei Beurkundung durch den englischen Notar eine der deutschen notariellen Urkunde vergleichbare vor, weil der englische Notar die Urkunde zu seiner eigenen macht und sich seine Verantwortung auch gerade auf den Inhalt erstreckt. Damit ist das wesentliche Erfordernis einer Beurkundung i. S. deutscher Formvorschriften, wie es in BGHZ 37, 79 (86) definiert und klar umschrieben ist, erfüllt. Anderes gilt selbstverständlich von den nur notariell beglaubigten Erklärungen, bei denen der englische Notar zu der Privaturkunde nur einen Vermerk — der jedoch wesentlich umfangreicher als ein deutscher Beglaubigungsvermerk ist — beifügt. Da der englische Notar diesen Vermerk — oft sind Teile davon vorgedruckt — meist vor den Urkundentext heftet, kann eine englische notariell beglaubigte Urkunde leicht den Eindruck einer notariellen Urkunde erwecken; bei Durchsicht des Textes der Gesamturkunde bzw. des Beglaubigungsvermerks ergibt sich jedoch sehr schnell und eindeutig, ob es sich um eine notariell beurkundete oder beglaubigte Urkunde handelt.

Literaturverzeichnis

Aktiengesetz: Großkommentar, 3. Aufl. (bearbeitet von *Barz* u. a.), Berlin 1970 ff.

Arndt, Herbert: Bundesnotarordnung, Köln (u. a.) 1974

Asch, Adolf: Anmerkung zur Entscheidung des RG v. 10. 2. 1923 in JW 1928, 2455

Ayliff, John: Parergon Juris Canonici Anglicani or a commentary by way of supplement to the Canons and Constitutions of the church of England, London 1734

Bärmann, Johannes: Die Freizügigkeit der notariellen Urkunde in AcP 159 (1959/60), 1 ff.

— Freiwillige Gerichtsbarkeit und Notarrecht, Berlin u. a. 1968

Bar, Ludwig von: Theorie und Praxis des internationalen Privatrechts, 2. Aufl., Hannover 1889

— Lehrbuch des internationalen Privat- und Strafrechts, Stuttgart 1892

Baumbach / Hueck: Aktiengesetz, 13. Aufl., München 1968

— GmbH-Gesetz, 12. Aufl., München 1966

Baur, Fritz: Lehrbuch des Sachenrechts, 8. Aufl., München 1975

Beitzke, Günther: Juristische Personen im internationalen Privatrecht und Fremdenrecht, München u. a. 1938

— Internationalrechtliches zur Gesellschaftsfusion in Probleme des europäischen Rechts, Festschrift für Walter Halstein, Frankfurt 1966

Bertram, Helene: Die Gesetzesumgehung im internationalen Privatrecht, Bonn 1928

Blumenwitz, Dieter: Zum Kollisionsrecht der notariellen Urkunde in DNotZ 1968, 712 ff.

— Einführung in das Anglo-Amerikanische Recht, 2. Aufl., München 1976

Bokelmann, Gunther: GmbH-Gesellschafterversammlungen im Ausland und Beurkundung durch ausländische Notare in NJW 1972, 1729 ff.

— Beurkundung von Gesellschaftsakten durch einen ausländischen Notar in NJW 1975, 1625 ff.

Brambring, Günther: Anerkennung der ausländischen Beurkundung bei Geltung des deutschen Rechts in NJW 1975, 1255 ff.

— Anmerkung zur Entscheidung des LG München I v. 5. 5. 1976 in DNotZ 1976, 502 ff.

Brookes: Treatise on the office and practise of a Notary of England, 9. Aufl., bearbeitet von *J. Charlesworch,* London 1939

Cheney: Notaries Public in England in the 13th and 14th centuries, Oxford 1972

Coing, Helmut: Grundzüge der Rechtsphilosophie, 2. Aufl., Berlin 1969

Conrad, Hermann: Deutsche Rechtsgeschichte Bd. I, 2. Aufl., Karlsruhe 1962

Daimer / Reithmann: Die Prüfungs- und Belehrungspflicht des Notars, 4. Aufl., Köln u. a. 1974

Eder, Helge: Die internationale Zuständigkeit des deutschen Notars in BW-NotZ 1982, 74 ff.

Erman, Walter: Handkommentar zum BGB, 6. Aufl. (herausgegeben von Harm Peter Westermann), Münster 1975

Ferid, Murad: Das französische Zivilrecht (2 Bände), Frankfurt u. a. 1971

— Im Ausland erfüllte Tatbestandsmerkmale inländischer Sachnormen in GRUR international 1973, 472 ff.

— Internationales Privatrecht, Berlin 1975

Fikentscher, Wolfgang: Probleme des internationalen Gesellschaftsrechts in MDR 1957, 71 ff.

Fischer / Henle: Bürgerliches Gesetzbuch — Handausgabe, 14. Aufl., herausgegeben v. Heinrich Titze, München 1932

Frankenstein: Ernst: Internationales Privatrecht (Grenzrecht), Berlin 1926

Gamillscheg, Franz: Anmerkung zum BGH-Urteil in JZ 1955, 703 ff.

Geimer, Reinhold: Auslandsbeurkundungen im Gesellschaftsrecht — Bemerkungen zum Urteil des BGH v. 16. 2. 1981, II ZB 8/80 — in DNotZ 1981, 406 ff.

Geßler / Hefermehl / Eckardt / Kropff: Aktiengesetz, München 1973 ff.

Godin / Wilhelmi: Aktiengesetz, Bd. 1, 4. Aufl., bearbeitet von *Sylvester Wilhelmi,* Berlin u. a. 1971

Grader, Hubert: Ausländisches und internationales Privatrecht in deutschen Notariatsurkunden, München 1958 (maschinenschriftlich)

— Die Belehrungspflicht des Notars in Fällen mit Auslandsberührung in DNotZ 1959, 563 ff.

Großfeld, Bernhard: Besprechung des von Behrens bearbeiteten internationalprivatrechtlichen Teils des GmbHG-Kommentars v. Hachenburg in RabelsZ 41 (1977), 399 ff.

Gutermann, Wilhelm: Die Beurkundung gesellschaftsrechtlicher Tatbestände bei einer österreichischen GmbH durch einen deutschen Notar in DNotZ 1963, 174 ff.

Gutzwiller, Max: Besprechung von Bertrams Gesetzesumgehung im IPR in JW 1929, 3474

Hachenburg: GmbHG-Großkommentar, 7. Aufl. (bearbeitet von *Barz, Behrens* u. a.), Berlin 1975 ff.

Häsemeyer, Ludwig: Die gesetzliche Form der Rechtsgeschäfte, Frankfurt/M. 1971

Halsbury's Laws of England: 3nd Edition, Bd. 28, London 1959

Halsbury's Statutes of England: 3nd Edition, Bd. 23, London 1970

Heldrich, Karl: Die Form des Vertrages, in AcP 147 (1941), 89 ff.

Herb, Martin: Beurkundung von Eheverträgen mit ausländischen Beteiligten in BWNotZ 1962, 150 ff.

Holdesworth, William: A History of English Law, 7. Edition, London 1956 ff.

Horber, Ernst: Grundbuchordnung, 14. Aufl., München 1977

Huhn, Diether: nochmals: Form und Nachweis der Auflassung in der DRpfl 1977, 199 ff.

Jansen, Paul: Freiwillige Gerichtsbarkeit (3. Bd. = BeurkG), 2. Aufl., Berlin 1971

Jayme, Erik: Anm. zum BGH-Urteil in NJW 1972, 1618 f.

Kegel, Gerhard: IPR, 4. Aufl., München 1977

Keidel / Kuntze / Winkler: FGG, 11. Aufl., München 1978

Kersten / Bühling / Appell: Formularbuch der notariellen Praxis, 16. Aufl., Köln 1975

Kleinmann, Werner: Warum keine GmbH-Gesellschafterversammlung im Ausland? in NJW 1972, 373 ff.

Klunzinger, Eugen: Zur Wirkung einer Gesetzesänderung auf das Beharrungsvermögen einer „ständigen" Rechtsprechung in BWNotZ 1974, 125 f.

Kölner-Kommentar zum AktG: (herausgegeben von Wolfgang Zöllner) Köln u. a. 1970 ff.

Kralik, Winfried: Locus regit actum und die ausländische Beurkundung, in Festschrift für Hans Schima, Wien 1969

Kropholler, Jan: In Deutschland errichtete Testamente von Niederländern in NJW 1968, 1561 ff.

— Auslandsbeurkundungen im Gesellschaftsrecht in ZHR 140 (1976), 394 ff.

Kuntze, Joachim: Zum internationalen Beurkundungsrecht in NJW 1974, 2167 ff.

— Anmerkung zur Entscheidung des OLG Hamm v. 1. 2. 1974 in DB 1975, 193 ff.

Larenz, Karl: Methodenlehre der Rechtswissenschaft, 3. Aufl., Berlin u. a. 1975

Leader, Sydney: Länderbericht Großbritannien in „Das öffentliche Urkundswesen der europäischen Staaten", herausgegeben vom ständigen Ausschuß des internationalen Notarkongresses, Halle an der Saale, ohne Jahr (1912)

Lewald, Hans: Das Deutsche Internationale Privatrecht, Leipzig 1931

Lotz, François: Drois civile alsacien-lorain, Paris 1978

Ludwig, Georg: Zur Form der ausländischen Vollmacht für inländische Gegenstände, insbesondere Liegenschaften in NJW 1983, 495 ff.

Maier-Reimer, G.: Veräußerung von GmbH-Anteilen vor schweizer Notaren in DB 1974, 1230 ff.

Makarov, Alexander: Grundriß des IPR, Frankfurt/M. 1970

Mann, Frederick-Alexander: Die Urkunde ausländischer, insbes. englischer Notare und der deutsche Rechtsverkehr in NJW 1955, 1177 ff.

— Zur Auslegung des Art. 11 EGBGB in ZHR 138 (1974), 448 ff.

Marsch, Reinhard: Der Favor Negotii im deutschen IPR, Bielefeld 1976

Materialien zum IPR: herausgegeben von Oskar Hartwieg und Friedrich Korkisch, Tübingen 1973

Meijers, Eduard M.: L'histoire des principes fondamentaux du droit international privé a partir du moyen age spécialement dans l'Europe occidentale in Recueil des Cours 49, (1934 III), 543 ff.

Meikel / Imhof / Riedel: Grundbuchrecht, Kommentar zur GBO, 6. Aufl., Berlin 1965 ff.

Melchior, George: Die Grundlagen des deutschen internationalen Privatrechts, Berlin u. a. 1932

Metzger, Ernst: Besprechung von Leo Raapes Lehrbuch des IPR in JZ 1956, 136

Mosheim, B.: Die Ausübung der notariellen Tätigkeit in England in DNotZ 1953, 250 ff.

Motive zu dem Entwurfe eines bürgerlichen Gesetzbuches für das deutsche Reich, amtliche Ausgabe, Berlin 1888

Müller-Gindullis, Dierk: Besprechung der FGG-Kommentare von Jansen und Keidel-Winkler in RabelsZ 38 (1974), 640 ff.

Neuhaus, Paul-H.: Die Grundbegriffe des IPR, 2. Aufl., Tübingen 1976

— Besprechung von Marsch's „Der Favor Negotii im deutschen IPR" in RabelsZ 41, (1977) 802 f.

Nußbaum, Arthur: Deutsches IPR, Tübingen 1932

Palandt: Bürgerliches Gesetzbuch, 38. Aufl., (bearbeitet von *Bassenge* u. a.), München 1979

Parra, Gonzala A.: Der Satz locus regit actum und die Formen der Testamente, München 1957

Planck: BGB- und EinführungsG, 3. Aufl., Berlin 1905

Protokolle der Kommission für die 2. Lesung des Entwurfs des BGB, im Auftrag des Reichsjustizamts, herausgegeben von Achilles, Gebhard, Spahn, Berlin 1897 ff.

Protokolle des 28. Dt. Juristentages in Kiel, 1906

Raape, Leo: Der Notar und das IPR in DNotZ 1950, 188 ff.

— IPR, 5. Aufl., Berlin u. a. 1961

Rabel, Ernst: The Conflict of Laws, a comparative Study, 2. Aufl. (herausgegeben v. Ulrich Drobnig), Ann Arbor 1960

Randenborgh, Wolfgang van: Anmerkung zu dem Beschluß des OLG Hamm in BB 1974, 483 ff.

Reithmann, Christoph: Internationales Vertragsrecht, 2. Aufl., Köln 1972

RGR-Kommentar zum BGB, 11. Aufl. (bearbeitet von *Genecke* u. a.), Berlin 1959 ff.

Riedel, Fritz: Erklärung der Auflassung vor einem ausländischen Notar? in DNotZ 1955, 521 ff.

Röll, Ludwig: Die Beurkundung von GmbH-Gesellschafterbeschlüssen in DNotZ 1979, 644 ff.

Römer, Gustav: Gesetzesumgehung im dt. IPR, Berlin 1955

Rothoeft, Dietrich: Von der Ortsform zur Geschäftsform? in Dogmatik und Methode, Josef Esser zum 65. Geburtstag, Kronberg 1975

Saage, Erwin: Nochmals: Die Ausübung der notariellen Tätigkeit in England in DNotZ 1953, 584 ff.

Samtleben, Jürgen: Anmerkung zum Urteil des BGH v. 4. 7. 1969 in NJW 1970, 378 ff.

Santschi, Alfred: Die Organe der öffentlichen Beurkundung in den schweizerischen Kantonen in DNotZ 1962, 626 ff.

Saupp, Bruno: Der württembergische Notar in NJW 1975, 2134

Savigny, Friedrich-Carl von: System des heutigen römischen Rechts, 8. Band, Berlin 1849

Schlegelberger: HGB, Kommentar, 5. Aufl. (bearbeitet von *Geßler* u. a.), München 1973 ff.

Schlüter, Wilfried: Veräußerung und Abtretung von GmbH-Anteilen als Formproblem in Entwicklungstendenzen im Wirtschafts- und Unternehmensrecht, Festschrift für Horst Bartholomeyczik, Berlin 1973

Schmidt, Holger: Beurkundungen im Ausland in DB 1974, 1216 f.

— Anmerkung zu dem Beschluß des LG München I v. 5. 5. 1976 in DB 1976, 2202 f.

Schoetensack, Friedrich: Der Notar und das internationale Urkundsverfahrensrecht in DNotZ 1952, 265 ff.

Schumacher, Herman: Die Entwicklung der inneren Organisation der AG im deutschen Recht bis zum allgem. dt. HGB, Stuttgart 1937

Seybold, Karl, u. *Hornig,* Erich: BNotO, Kommentar, 5. Aufl., München 1976

Soergel / Siebert: BGB mit EinfG und Nebengesetzen, 10. Aufl., Stuttgart u. a. 1967 ff.

Sohm, Rudolf: Zur Geschichte der Auflassung in Festgabe f. Heinrich Thöl, Straßburg 1879

Spellenberg, Ulrich: in Münchner Kommentar zum BGB, Band 7, München 1983

Staub: Kommentar zum HGB, 14. Aufl. (bearbeitet von *Pinner* u. a.), Berlin u. a. 1933

Staudinger, Julius von: Kommentar zum BGB mit EG und Nebengesetzen, 11. (10./11.) Aufl., Berlin 1954 ff.

Stephan, Hans: Zum internationalen Beurkundungsrecht in NJW 1974, 1596 ff.

Sturm, Fritz: IPR (6. Aufl. des von Leo Raape begr. Werkes, I. Bd.), München 1972

Vortisch, Friedrich: Anmerkung zur Entscheidung des LG Freiburg v. 1. 6. 1926 in NJW 1926, 2860

Wächter, Karl-G. v.: Die Collision der Privatrechtsgesetze verschiedener Staaten in AcP 24 (1841), 230 ff., AcP 25 (1842) 1 ff., 161 ff. u. 361 ff.

Weber, Oskar: Nochmals: Die Urkunde ausländischer, insbes. englischer Notare und der dt. Rechtsverkehr in NJW 1955, 1784 ff.

Weber, Wolfgang: Das Haager Übereinkommen zur Befreiung ausländischer öffentlicher Urkunden von der Legalisation in DNotZ 1967, 469 ff.

Weissler, Adolf: Länderbericht deutsches Reich und Überschau in „Das öffentliche Urkundswesen der europäischen Staaten", herausg. vom ständigen Ausschuß des internat. Notarkongresses, Halle an der Saale ohne Jahr (1912)

Wengler, Wilhelm: Anm. zu dem Urteil des BGH v. 4. 7. 1969 in NJW 1969, 2237 ff.

Westermann, Harry: Sachenrecht, Nachdruck der 5. Aufl., Karlsruhe 1973

Will, Bruno: Die notarielle Niederschrift über die Hauptversammlung einer AG in BWNotZ 1977, 133 ff.

Winkler, Karl: Beurkundungen im Ausland bei Geltung deutschen Rechts in NJW 1972, 981 ff.

— GmbH-Gesellschafter-Versammlungen im Ausland und Beurkundung durch ausl. Notare in NJW 1973, 222 ff.

— Beurkundung gesellschaftlicher Akte im Ausland in NJW 1974, 1032 ff.

— Übertragung eines GmbH-Anteils im Ausland — Zugleich Anmerkung zu dem Beschluß des BayObLG vom 18. 10. 1977 — in Der Deutsche Rechtspfleger 1978, 44 ff.

Wolf, Manfred: Käuferschutz durch notarielle Beurkundung von Grundstückskaufanwärterverträgen in JZ 1971, 80 ff.

Wolff, Martin: Das IPR Deutschlands, 3. Aufl., Berlin u. a. 1954

Wolfsteiner, Hans: Auslandsbeurkundung der Abtretung von Geschäftsanteilen einer dt. GmbH in DNotZ 1978, 532 ff.

Wuppermann, Michael: Auslandsbeurkundungen von Gesellschafterbeschlüssen im Widerstreit zwischen Kostenersparnis und Rechtssicherheit in AWD des BB 1974, 255 ff.

Zitelmann, Ernst: Internationales Privatrecht, 2. Bd., München u. a. 1912

FSC
www.fsc.org
MIX
Papier | Fördert
gute Waldnutzung
FSC® C083411

Kolibri 360 GmbH
Ferdinand-Jühlke-Straße 7
99095 Erfurt, Deutschland
produktsicherheit@kolibri360.de

Druck:
CPI Druckdienstleistungen GmbH
im Auftrag der
Kolibri 360 GmbH
Ferdinand-Jühlke-Str. 7
99095 Erfurt